Anonymous

Das Sklavenwesen in den Vereinigten Staaten von Nordamerika

Anonymous

Das Sklavenwesen in den Vereinigten Staaten von Nordamerika

ISBN/EAN: 9783743431355

Hergestellt in Europa, USA, Kanada, Australien, Japan

Cover: Foto ©ninafisch / pixelio.de

Weitere Bücher finden Sie auf **www.hansebooks.com**

Das Sklavenwesen
in den Vereinigten Staaten von Nordamerika.

Erster Abschnitt.
Geschichte der amerikanischen Sklaverei.

Man hat es oft gesagt und wiederholt, daß die Vereinigten Staaten von Amerika ein großes sociales Experiment versuchen, von dessen Ergebniß das künftige Schicksal nicht nur von Amerika, sondern, bis zu einem gewissen Grade, der ganzen Menschheit abhängt. Die Consequenzen, welche sich aus dem Gelingen oder Mißlingen dieses Experiments ergeben sollen, werden indeß vielfach übertrieben. Die allgemeinen Gesetze, die den innern Menschen wie seine Handlungen regeln, werden auch hier ihre nothwendigen Wirkungen äußern, ungeachtet aller Systeme der Moral und Politik, die sich auf das einzelne Beispiel stützen. Was immer aber wir von den möglichen Folgen dieses einzelnen Beispiels denken, wie sehr die Phantasie dieselben vergrößern und der Verstand sie verkleinern möge, so bleibt das Experiment immerhin ein großartiges. Es ist in Wahrheit mehr verwickelt und mehr bedenklich, und daher größer und interessanter, als man es in der Regel darzustellen pflegt. Das amerikanische Experiment wird gewöhnlich als ein reines Experiment der Demokratie beschrieben, als ein Versuch, die völlige Gleichheit der politischen Rechte einzuführen; als ein Bestreben nach einer gleichen Vertheilung von Freiheit, Eigenthum, socialem Werthe und all jenen hohen Dingen, welche die Summe der menschlichen Güter innerhalb der Gesellschaft bilden. Das ist ein Irrthum! Wenn in gewissen Staaten der amerikanischen Union das Experiment der Demokratie stetig und ruhig verfolgt wird, mit einer Kraft und Überzeugung, die allmählich vorherrschend geworden, so zeigt sich dagegen in die demokratische Entfaltung in andern Staaten verdunkelt und beeinträchtigt durch ein anderes Experiment, von dem weniger gesprochen und Gutes gerühmt wird, das aber nicht minder reell und von Bedeutung ist — das Experiment des Despotismus. Die nördlichen Staaten der Union sind ohne Zweifel Demokratien: mit jedem Tage kommen sie dem einfachen Ideale dieser Form der Regierung näher. Die südlichen Staaten der Union haben, obgleich demokratische Principien in ihren Verfassungen und Gesetzen zu finden sind, kein Anrecht, sich Demokraten in dem modernen Sinne des Worts zu nennen: sie sind Aristokratien, und Aristokratien der äußersten und gehässigsten Art. Eigenthum, alle Rechte und Vortheile, welche das Gesetz ertheilt, sind in ihnen auf wenige Familien und deren Nachkommen beschränkt. Alle übrigen Menschen finden sich nicht nur aller politischen und socialen Güter bar, sondern sie werden sogar für immer in erblicher Abhängigkeit, Knechtschaft und Unterthänigkeit von der herrschenden Klasse gehalten. Jeder Genosse der privilegirten Kaste ist berechtigt, je nach seinem Vermögen in ungemessener Zahl sich andere Menschen zu eigen zu machen; und ob es Einer oder Tausende von Sklaven sind, die er erwirbt und unterhält, so proclamirt ihn jedenfalls, mit einer einzigen nominellen Ausnahme, das Gesetz zum absoluten Herrn, Eigenthümer und Despoten über die Person seiner Mitmenschen. In ihrem Verhältniß zueinander erscheinen die Theilnehmer der privilegirten Schicht alle einander gleich, und in dieser Hinsicht kann es geschehen, daß der Besitzer einer Pflanzung und der Eigner von 500 Sklaven als ein energischer Kämpfer für Freiheit und Gleichheit auftritt. Aber die Freiheit und Gleichheit, für welche er kämpft, sind ausschließlich auf seine Klasse begrenzt; die vollständige Unterwerfung und ewige Sklaverei der unprivilegirten Klasse wird als sich von selbst verstehend, als eine eingeführte und festbestehende Einrichtung angesehen, die ebenso unvermeidlich und unabänderlich ist wie das Gesetz der Natur. Darin, in dieser Mischung des aristokratischen und des demokratischen Elements liegt im allgemeinen der Hauptpunkt des amerikanischen Experiments. Wenn das demokratische Element bisher ohne Störung und anscheinend mit großem Erfolge zur Entwickelung gekommen ist, sodaß die Anhänger des demokratischen Princips dessen Anwendung und Ausbildung, d. h. die glückliche Durchführung des Experiments für gelungen erklärt haben, so hat man nur übersehen, daß jener Erfolg ein sehr bedingter und problematischer war. Denn Demokratie und Despotismus haben sich endlich einander offen entgegengestellt, und Aug in Auge und Zahn um Zahn einen verzweifelten und tödlichen Kampf begonnen. Dieser Kampf ist geeignet, das Land bis in seine Grundfesten zu erschüttern und das Interesse der ganzen Menschheit auf sich zu ziehen. Zu seinem Verständniß wollen wir in dem Folgenden einen Beitrag liefern. Im Gegensatz zu den verschiedenen Arbeiten, die in der letzten Zeit über den Gegenstand in Deutschland erschienen sind, und von denen die einen, wie das Buch Fröbel's, die historische Realität social-philosophisch behandeln, die andern dagegen, wie die letzte Schrift von Rapp, zu viel bei dem deutschen Leser voraussetzen, geben wir nichts als eine sachliche und pragmatische, soviel als möglich erschöpfende Darstellung. Wem es um ein eigenes und objectives Urtheil in einer so ernsten Frage zu thun ist, wird darin das nothwendige Material finden, um sich ein solches zu bilden.

Die Einführung der Sklaverei.

Die ersten Sklaven wurden in das Gebiet der heutigen nordamerikanischen Union im Jahre 1620 eingeführt. Im August jenes Jahres verkaufte ein holländisches Kauffahrteischiff 20 Neger in Jamestown, der ersten Niederlassung der Engländer in Nordamerika, die 1607 durch die London Company am linken Ufer des Jamesflusses in Virginien gegründet worden war. König Jakob I. hatte jene Compagnie mit dem Privilegium belehnt, das Land der Colonisation zu unterwerfen, aber die Gesellschaft verfolgte zunächst mercantile Zwecke. Für 10 Pf. St. erhielt jeder Actionär 100 Acres Landes und, wenn diese bebaut waren, neue 100. Einwanderer bekamen 100 Acres; wer aber auf eigene Kosten Ansiedler herbeibrachte, erhielt für jeden Kopf ebenfalls 100 Acres. Auch besaß die Colonie das Ausführungsmonopol nach England. Auf diese Weise sollten zahlreiche Einwanderer herbeigezogen und zugleich bedeutende Handelsvortheile errungen werden. Von der Beschaffenheit der Ansiedler sah man gänzlich ab. Die Transportlisten der Gesellschaft weisen eine wahre Musterkarte socialen Auswurfs auf. Schon auf der ersten Liste befinden sich unter 105 Passagieren nicht weniger als 50 „Gentlemen", d. h. Menschen, welche die Arbeit als entehrend ansahen. Neben diesen stehen 12 Arbeiter (labourers), 4 Zimmerleute und 5 Handwerker; den Rest bilden Soldaten und Bediente. Kapitän J. Smith, einer der Führer und später Gouverneur der Ansiedelung, sagt von diesen Einwanderern, daß nicht 20 dabei gewesen, die in ihrem Leben erfahren hätten, was auch nur ein Tag Arbeit wäre. Zehn gute Arbeiter hätten in einem Tage mehr geleistet, als zehn von den besten dieser Einwanderer in einer Woche. Statt die Felder zu bestellen, gingen sie spazieren, und statt mit den Vorräthen sparsam zu sein, verzehrten sie dieselben in der Hoffnung, daß die Compagnie ihnen neue nachsenden werde. Smith mußte sie, mit dem Degen in der Faust, zur Arbeit zwingen, obwol die Arbeit eines Tags genügt hätte, um einen Mann mit Nahrung für eine Woche zu versorgen. Die Mehrzahl wollte lieber hungern als arbeiten. Als nach der Abreise Smith's wirklich der Mangel eintrat, ward die Hungersnoth so groß, daß, wie Symonds, der Geistliche der Colonie, erzählt, die gemeinen Leute einen Wilden, den sie erschlagen und begraben, wieder ausscharrten und verzehrten. Gleiches wiederholte sich: man kochte das Fleisch der menschlichen Leichname mit Wurzeln und Kräutern. Einer der Ansiedler tödtete sogar sein Weib, pökelte es ein und fraß davon, ehe es bekannt wurde. „Und", fügt der Geistliche Symonds hinzu, „die Ursache war nicht die Unfruchtbarkeit und Armuth des Landes, wie man gewöhnlich meint, sondern unsere schlechte Vorsicht, Arbeit und Regierung." Ein Theil der Ansiedler hatte die Colonie verlassen, um Seeräuberei zu treiben, und die übrigen standen im Begriff sich zu zerstreuen und zu den Fischereien in Neufundland zu flüchten, als neue Hülfe von England eintraf. Sir Thomas Tale brachte in drei Schiffen 300 Auswanderer, einiges Schlachtvieh und, was sicherlich das Beste war, einen Kriegscoder mit, der sofort proclamirt wurde. Demzufolge mußte nun jeder Ansiedler bei Todesstrafe die Arbeit verrichten, die ihm aufgetragen wurde. Der Gouverneur Tale stellte Gentlemen und Gemeine in Rudel zusammen und gab ihnen, wie man es heutzutage bei den Sklaven thut, Aufseher. Während der acht Jahre, wo dieser Coder in Geltung war, erholte sich die Colonie; nur die Einwanderung wollte nicht in dem erwünschten Maße zunehmen. Im Jahre 1618 richtete darum die London Company an die Regierung die Bitte, ihr zur Versendung nach Virginien einige „Vagabunden und Sträflinge" zu schenken, und der König ging auf diese Bitte allergnädigst ein. Das folgende Jahr wanderten die Insassen der Gefängnisse von Bridewell und Newgate nach Jamestown, um dort auf dem Wege der öffentlichen Auction als Zwangsarbeiter etablirt zu werden. Diese Importationen müssen ziemlich groß gewesen sein; denn in dem „Fortunes and misfortunes of the celebrated Moll Flanders", die Defoe im Jahre 1683 schrieb, heißt es, daß die Hälfte jener Colonie von Newgate aus bevölkert werde. Virginien, vor kurzem noch in der Meinung der Menschen ein Eldorado, erschien jetzt als ein Land des Schreckens, vor dem selbst dem Sträfling schauderte. Smith wenigstens behauptet, daß mehrere Sträflinge, denen man die Wahl ließ, deportirt oder gehängt zu werden, das letztere vorzogen. Gleichzeitig mit dem Import und Handel von Verbrechern entwickelte sich aber auch in der Colonie noch ein anderer Handel, der die Menschenwürde verletzte. Wie aus einem Briefe John Rolfe's vom Jahre 1619 hervorgeht, gab es in der Colonie schon damals wiederholte Klagen, daß die Gouverneure, Kapitäne und Beamten untereinander Männer und Burschen für einen jährlichen Miethzins kauften und verkauften, und daß Pächter und Bediente häufig schlecht behandelt würden. Damit die Würde der Behörden aufrecht erhalten werde, habe zwar der Compagnierath in London verordnet, den Beamten, auf Rechnung der Compagnie, eine Anzahl von Bedienten beizugeben, die auf ihre Nachfolger übergehen sollten, aber diese Bestimmung habe man gemißbraucht und verkehrt: viele dieser Diener wurden von ihren Cavalieren wieder veräußert. J. Smith klagt ebenfalls, daß sogar Arbeiter, welche die Compagnie in ihrem eigenen Dienst dahin geschickt, aus Privatinteresse an den Meistbietenden versteigert wurden. Die Zahl der Beamen sammt Gefolge sei in Virginien bereits größer als die aller Arbeiter, und wenn auch die Hauptimporteurs solcher Dienstpersonen für ihre Auslagen entschädigt werden müßten, so bleibe es doch immerhin ärgerlich, daß bei ihrer Übertragung ein drei= bis vierfacher Gewinn realisirt würde, ohne daß man über die Art ihrer Behandlung etwas festsetze. Ein dritter Artikel, dessen Mangel sich neben diesen Verhältnissen sehr fühlbar machte, waren — die Frauen. Die ersten 12 Jahre hatte sich nur die eine oder andere vereinsamte Priesterin der londoner Venus nach Virginien gewagt, aber im Jahre 1619 erschienen 90 junge Frauen in Jamestown — „rein und unverdorben" — um gegen Erstattung der Reisekosten an die wohlhabendern Ansiedler vertheilt zu werden. Die Speculation hatte so viel Erfolg, versichert Bancroft, daß sie bald und öfter wiederholt wurde, und daß der Preis einer tugendhaften Maid von 100 auf 150 und mehr Pfund Taback stieg. Taback vertrat nämlich in Virginien die Stelle des Geldes. Die Cultur dieses Krauts nahm nicht nur darum so bedeutend zu, weil Boden und Klima vortrefflich dafür geeignet und das Verbot der Tabackscultur in England von seiten des Königs, der eine persönliche Abneigung gegen das Rauchen hatte, den Absatz nach dem Mutterlande sicherte, sondern auch aus dem Grunde, weil zur Production des Tabacks eine geringere Mühe und Intelligenz erforderlich war. Die Cavaliere hatten beim Tabacksbau mehr Zeit, ihren nobeln Passionen nachzugehen, zu denen, wie bekannt, nach englischen Begriffen vor allem die Politik gehört. John Rolfe schrieb in dieser Hinsicht schon im Jahre 1617 an den König: „Alle wollen Kaiser (Keisars), keiner weniger als der andere sein." Er wollte damit sagen, daß jeder befehlen und niemand gehorchen wolle, eine Erfahrung, die in allen südlichen Colonien gemacht wurde. Die virginischen adventurers — so hießen die Emigranten in der officiellen wie unofficiellen Sprache damals — waren keine politischen oder religiösen Flüchtlinge. Sie hatten England als social Ausgestoßene verlassen, die nichts Besseres kannten, als was sie zurückließen. Daher war es ihnen auch nicht um die Verwirklichung neuer Principien und Ideen zu thun, sondern um die Einführung der feudalen Institutionen Altenglands, welche ihre rohen Instincte begünstigten. Die Gewohnheiten des englischen Lordlebens nachahmend, machten sie gegen die Gouverneure der Compagnie Opposition. Es läßt sich nicht bestimmen, ob es infolge dieser Anstrengungen oder vielleicht mehr aus eigenem Liberalismus geschah, daß Gouverneur Yeardley im Jahre 1619 eine Colonialversammlung nach Jamestown berief, die später von der London Company durch Ertheilung einer Verfassung sanctionirt wurde. Jedenfalls ist so viel gewiß, daß man in Virginien früher Politik als Ackerbau trieb. Beverley, ein anderer Geschichtschreiber der Colonie, entwirft in dieser Beziehung folgende Schilderung:

„An Fruchtbarkeit wird dieses Land von keinem andern übertroffen. Kein Saatkorn fällt in den Boden, das nicht Früchte trägt, und die Mehrzahl der Vegetabilien des Nordens gewinnt durch die Verpflanzung hierher. Dennoch sieht man wenig Fortschritte und im Handel selten etwas anderes als Taback. Fruchtbäume wachsen wunderbar schnell, aber es gibt wenig Leute, die überhaupt an einem Obstgarten Gefallen haben; viele, die solche besitzen, lassen sie zu Grunde gehen und von dem Vieh zerstören. Gemüsegärten lassen sich nirgends leichter einrichten als hier, und doch gibt es nur wenige, die diesen Namen verdienen. Alle Arten von englischem Getreide kommen fort, aber man bringt davon nichts in den Handel. Die Schafe vermehren sich leicht und tragen gute Wolle; doch läßt man ihnen die Wolle durch Farrnsträucher vom Rücken reißen und auf dem Misthaufen im Schmuz verderben. Die Wälder bringen eine große Mannichfaltigkeit von Weihraucharten, süßen Harzen, Honig und Zucker hervor, die man weder zum Gewinn noch zur Erfrischung benutzt. Alle Sorten von Schiffsbaumaterialien, wie Pech, Theer, Terpentin, Breter, Balken, sowie alle Arten von Masten und Segelstangen nebst

Segel-, Tau- und Eisenwerk könnten producirt und auf sehr guten Wasserwegen transportirt werden. Diese und tausend andere Vortheile besitzt dieses Land, ohne daß seine Einwohner Gebrauch davon machen. Sie sehen ruhig zu, wie ihr Bauholz andern Leuten zugute kommt, die es für ihre Schiffe holen. Sie mögen die vielen süßen und kostbaren Dinge, die um sie herum wachsen, weder zu ihrem Nutzen noch Vergnügen verwenden; statt dessen bedienen sie sich der Industrie von England. Die Familien, die alle auf Landsitzen wohnen, haben ihre eigenen Viehmäster, Säemänner, Gärtner, Brauer, Bäcker, Fleischer und Köche. Sie haben eine Fülle und Varietät von Lebensmitteln für die Tafel; und was die Gewürze betrifft, welche die Gegend nicht erzeugt, so halten sie davon immer Vorräthe aus England. Die Gentry will ihre Speisen ebenso vollkommen zubereitet und aufgetragen haben wie in London. Ihr gewöhnliches Getränk ist entweder Wein und Wasser, Bier, Milch und Wasser, oder Wasser allein. Die Reichern pflegen ihr Bier aus Malz zu kochen, welches sie aus England beziehen, obgleich die Gerste hier sehr gut wächst. Ihr stärkeres Getränk ist Madeirawein, Cider, Kartoffelpunsch, der entweder mit Rum von den Karaibischen Inseln oder mit Branntwein, den sie aus Äpfeln und Pfirsichen destilliren, gemacht wird; außerdem trinkt man Brandy, Wein und starkes Bier, das immer frisch aus England vorhanden ist. Alle ihre Kleider sind aus England. Selbst das Pelzwerk ihrer Hüte erhalten sie von dort, während ihre eigenen Felle liegen und verfaulen oder blos als Waarendecken in rissigen Häusern dienen. Ja, sie sind so schlechte Hauswirthe, daß sie alle ihre Holzwaaren, Schubladen, Sessel, Tische, Stühle, Kisten, Schachteln, Karrenräder und alles andere, selbst ihre Holzgefäße und Birkenbohrer aus England beziehen, zur ewigen Schande ihrer Faulheit."

Das waren die Zustände zur Zeit, als, wie erwähnt, im Jahre 1620 der erste Transport von Negersklaven in Jamestown zu Markte kam. Die Verhältnisse, in denen sich die Colonie befand, begünstigten die Fortsetzung dieses Handels und die Ausbildung des Sklavenwesens aufs entschiedenste. Von Virginien breitete sich die Einfuhr der Neger bald in alle andern Ansiedelungen des Südens aus, weil überall dieselben Zustände dazu aufforderten. Maryland sowol wie die beiden Carolina wurden von einer trägen und dünkelhaften Einwanderung bevölkert, für welche die Negerarbeit eine Lebensbedingung war. Nur Georgia, das General Oglethorpe im Jahre 1733 gründete, suchte eine Ausnahme zu machen. Oglethorpe und seine Freunde fürchteten, die Provinz von Weißen entblößt und mit Schwarzen, dem precären Eigenthume weniger, angefüllt, gleichzeitig aber innern Verrath und äußern Einfällen ausgesetzt zu sehen. Sie verboten daher die Sklaverei als ebenso ungerecht und grausam wie den Interessen der weißen Ansiedler zuwider. Die letztern, meist aus bankrotten Krämern bestehend, petitionirten aber schon im Jahre 1737 um Zulassung von Negersklaven, und 1750 wurde die Sklaverei auch in Georgia eingeführt.

Obwol zu jener Zeit der Gegensatz zwischen Norden und Süden, mit dem jetzt die sklavenfreien und sklavenhaltenden Staaten in der Union bezeichnet werden, noch nicht bestand, so läßt sich doch ein darauf hinzielender Unterschied schon damals wahrnehmen. Der Charter oder die Belehnungsurkunde, welche die London Company von König Jakob I. erhalten, ertheilte derselben das Recht, auf einem Landstrich von 12 Breitengraden zwei Colonisationen, eine nördliche und eine südliche, zu errichten. Die erstere sollte in Plymouth ihren Sitz und sollte die amerikanische Küste von 40—45° nördl. Br. zum Felde ihrer Thätigkeit machen. Der andere Theil des Unternehmens, Virginia Company genannt, sollte das Land von 34—39° besiedeln. Sechs Monate, nachdem der erste Auswanderertransport nach Virginien ausgelaufen war, sandte auch die Plymouth-Gesellschaft ihre erste Expedition ab. Die Mitglieder derselben landeten an der Mündung des Sagadahoc oder Kennebec, wo sie das Fort St.-George erbauten. Infolge eines unerwartet strengen und langen Winters, verbunden mit äußern Unglücksfällen, welche die Colonie betrafen, konnte sich jedoch die kleine Zahl von Ansiedlern nicht halten. Sie kehrten im Frühjahr wieder nach England zurück, und von nun an blieb die Colonisation Privatunternehmungen überlassen. Kapitän Smith, der sich schon bei der Ansiedlung von Jamestown hervorgethan, hatte zu gleichen Zwecken die amerikanische Küste zwischen Penobscot-Bai und Cap Cod durchforscht, welcher er, im Gegensatz zu „Neufrankreich", den französischen Besitzungen in Port-Royal, den Namen „Neuengland" gab. Diese Bezeichnung wurde später von dem Prinzen von Wales, nachmaligem König Karl I., anerkannt. Smith suchte das gesunkene Interesse der Actionäre wieder anzufachen und brachte es wenigstens dahin, daß sich die Gesellschaft, als die Virginia Company einen selbständigen Charter erhielt, ebenfalls um einen solchen bewarb. Durch das Patent, welches sie am 3. Nov. 1620 empfing und das unter dem Namen des „Großen Patents" bekannt ist, wurde 40 vornehmen, vermögenden und einflußreichen Personen — benannt „der Gesellschaftsrath zu Plymouth, in dem Bezirk von Devon, für die Ansiedelung, Leitung, Ordnung und Regierung von Neuengland in Amerika" — die ganze Landfläche zwischen 40—45° nördl. Br. mit dem ausschließlichen Recht der Jurisdiction Niederlassung und des Handels als volles Eigenthum übertragen. Das gesammte Gebiet, welches die Engländer in Nordamerika beanspruchten, zerfiel somit von neuem in zwei Hälften — Neuengland und Virginien — deren Grenzlinie mit derjenigen, welche noch gegenwärtig die Sklavenstaaten von den freien trennt, fast zusammenfällt. Da die Plymouth Company trotz der neuen Charter nichts für die Ansiedelung that, so wurde die Auswanderung nach Neuengland meistens von Privatpersonen unternommen. Die erste Ansiedelung dieser Art war die Colonie der „Pilgrimväter" in Plymouth. Mit diesem Ausdruck werden die Mitglieder einer puritanischen Gemeinde bezeichnet, welche, zuerst aus England nach Leyden geflüchtet, am 10. Nov. 1620 in der Nähe des Cap Cod landeten. Die ursprüngliche Absicht der Einwanderer war, eine Colonie in Virginien, das ihnen Land und Glaubensfreiheit versprach, zu errichten. Der Kapitän der Mayflower hatte aber den Weg verfehlt, und so wurde beschlossen, an einem Orte, der auf der Karte von Smith Neuplymouth hieß, zu bleiben. Der Umstand, daß sich die Colonie hier auf fremdem Boden befand, gab zu einem eigenthümlichen Abkommen Anlaß. Nach einem gemeinsamen Bitt- und Dankgebet unterzeichneten die Auswanderer eine Urkunde, in welcher ein jeder Gehorsam „allen gerechten, auf Gleichheit gegründeten Gesetzen und Anordnungen", welche zum gemeinsamen Besten zweckdienlich erachtet werden würden, gelobte. Es war dies der erste jener Verträge, durch welche in Amerika das Gemeinwesen auf die Autorität des allgemeinen Willens gegründet wurde. Unter seinem Schutze entwickelte sich die Colonie anfänglich langsam, solange die Arbeit communistisch betrieben wurde, von dem vierten Jahre ab, wo das Privateigenthum an ihre Stelle trat, aber so rasch, daß sie unter mehreren, die ihrem Beispiel gefolgt waren, bald die erste und blühendste war.

Das verschiedene Princip, welches bei der Colonisation von Neuengland zur Geltung kam, hinderte indeß die Einführung der Sklaverei keineswegs. Nur nahm dieselbe hier, im Gegensatze zu Virginien, einen mehr ökonomischen als socialen Charakter an. Der Zeitpunkt ihrer Einführung läßt sich nicht mit Gewißheit bestimmen. Aus einer Vergleichung der Gründungsperiode der verschiedenen Colonien mit der Zeit, wo die ersten Sklavenverordnungen vorkommen, ergibt sich jedoch, daß das Institut von Anfang an in allen seinen Formen bestanden hat. Was zunächst Sklaverei von Verbrechern betrifft, so wurde in England zur Deportation nach Amerika nicht mehr blos gewöhnliche Verbrecher verurtheilt. Staatsgefangene, Geächtete der Sternkammer und kirchlicher Gerichte, selbst Kriegsgefangene wanderten, in Gemeinschaft mit Dieben und Mördern, übers Meer. Karl II. z. B. sandte einmal inen Zug von Quäkern nach Virginien, während die königlichen Gefangenen aus der Schlacht von Worcester den Neuengländern verehrt wurden. In Rücksicht auf ihre Aufnahme in der Neuen Welt bemerkt Beverley in seiner „History of Virginia", „daß verurtheilte Übelthäter zwar immer gern von habsüchtigen Pflanzern gekauft würden, daß sie aber dem Lande, das von Raub und Mord schon voll wäre, nur Schaden brächten." Mit dieser Bemerkung muß man jedoch eine andere von Defoe zusammenhalten, welcher in seinem „Moll Flanders" versichert, daß in Virginien „mancher Newgatevogel ein berühmter Mann wird, und daß mehrere Friedensrichter, Offiziere und Magistratspersonen in die Hand gebrannt sind". In Neuengland dürfte ein solches Avancement jedenfalls schwerer gewesen sein, immerhin war aber auch hier die Nachfrage nach Arbeitskräften größer als ihr Anbot. Das Mißverhältniß zwischen beiden erzeugte das System der indented-servants oder redemptioners, welches in den nördlichen Colonien noch mehr als in Virginien überhandnahm. Indented- oder bond-servants waren Personen, welche sich zur Exportation und zum freiwilligen Dienst gegen dritte auf deren Kosten verpflichteten. Es gab in England besondere Agenten, spirits genannt, welche aus der Werbung solcher Personen ein Gewerbe machten. „Weiße Diener" wurden von ihnen in England zur Exportation nach den Colonien gekauft und dort am Bord des Schiffs an den Meistbietenden wieder verkauft. Dieser Handel stand in der Mitte des 18. Jahrhunderts in voller Blüte. Principiell standen bond-servants zu ihren Herren in dem Verhältniß von Schuldnern, die im Interesse ihrer Gläubiger zum Aufwand all ihrer Leistungen verbunden waren. In der Praxis aber wurden sie nicht viel besser als die Sklaven behandelt. Besonders in Virginien war ihre Lage sehr gedrückt. Außer ihren Herren durfte niemand mit ihnen zu thun haben. Da sie nichts zu eigen besaßen, konnten Geldbußen gegen sie in Prügelstrafe verwandelt werden, wobei ein Hieb auf

60 Cents kam. Den Herren war zwar nicht erlaubt, am nackten Leibe zu prügeln, dagegen konnten sie hartnäckige Flüchtige verstümmeln, und Widerstand und Drohung zogen eine Verlängerung der Dienstzeit nach sich. Unverheirathete Frauenzimmer, die uneheliche Kinder geboren, wurden zu 50 Pf. St. oder fünf Jahre Dienstzeit verurtheilt, das Kind aber bis zum dreißigsten Lebensjahre in Dienst gethan. Da die schlechte Behandlung der Dienstleute auf ihre Importation nachtheilig zurückwirkte, so wurden später besondere Gesetze zu ihrem Schutze erlassen. Nach denselben überstieg die Dauer der Arbeitsschuld in der Regel nicht sieben Jahre. Nach Ablauf dieser Zeit wurden die weißen Sklaven frei, und es lag ihr Weg zu Auszeichnung und Vermögen vor ihnen offen. Einer der Unterzeichner der Unabhängigkeitserklärung z. B. war früher ein bondservant in Pennsylvanien. In Virginien war ihre Emancipation an die Einwilligung des Gouverneurs und gewisse Formalitäten geknüpft. Es war nicht üblich, ihnen bei der Entlassung Geld zu geben, doch schrieben die Gesetze der meisten Colonien vor, daß sie mit einer gewissen Anzahl von Kleidern, in Virginien auch mit 10 Scheffeln Korn und einer Flinte versehen würden. Im allgemeinen blieben sie aber zu arm und ungebildet, um sich aus ihrer dienenden Stellung zu erheben. Ihre große Anzahl bildete jene Masse von Weißen, welche bis auf die Revolutionszeit als eine untergeordnete Klasse in der Union fortbestand.

Außer der weißen und schwarzen Sklaverei gab es in den Colonien auch noch eine rothe. Wie bekannt, wurden die Eingeborenen der Neuen Welt von Anfang an von den Europäern als Sklaven behandelt. Die Knechtschaft der Indianer war etwas, was sich nach den damaligen Kriegs- und Eroberungsbegriffen ganz von selbst verstand. Die Rothhäute wurden aber nicht blos in ihrer Heimat unterdrückt, sondern auch als Sklaven nach Europa versendet. Selbst Columbus schickte 500 Indianer zum Verkauf nach Sevilla. Die Königin Isabella befahl zwar (1501) die Freilassung der Sklaven in ihren europäischen Besitzungen, behielt sich aber von allen Gefangenen, die auf den Entdeckungs- und Eroberungszügen ihrer Unterthanen gemacht würden, den vierten Theil vor. Auch artete die Mehrzahl der ersten Entdeckungsreisen nach dem nördlichen Continent Amerikas in Indianerhetzen aus. Den spanischen Abenteuerern, welche die Gegend zwischen dem Mississippi und Neufundland durchforschten, war es mehr um Menschenfang als Wissenschaft zu thun. Ihrem Beispiel gemäß wurden die Küsten von Amerika, lange vor ihrer Colonisirung, wie die Küsten von Afrika von Sklavenfängern beunruhigt. Die Indianer widerstanden ihnen mit Gewalt, und daher hatten sie wenig Erfolg, aber die Sitte, die Eingeborenen in fremde Knechtschaft zu verkaufen, dauerte über zwei Jahrhunderte. Die Engländer blieben in dieser Beziehung hinter den Spaniern nicht zurück. Die Gefangenen, welche sie bei ihren häufigen Kriegen mit den Indianern machten, wurden gewöhnlich als Sklaven nach Westindien geführt. So erfuhren die Pequodindianer in Connecticut, der harmlose Stamm der Annacoon, der Sohn des Indianerkönigs Philipp alle dasselbe Schicksal. Zwischen den einzelnen Colonien selbst wurde ein ziemlich lebhafter Sklavenhandel mit Rothen getrieben. Die Ausfuhr indianischer Sklaven aus Nordcarolina war zu einer Zeit so groß, daß Pennsylvanien besondere Verfügungen dagegen erließ. Ebenso verbot Massachusetts im Jahre 1712 die Einfuhr rother Sklaven. In Virginien, wo die Bekehrung der Indianer zum Christenthum eine Bedingung der königlichen Charter war, trug man anfänglich eine gewisse Milde und Schonung zur Schau. Später wurde dieselbe aber aufgegeben, und zuletzt waren Nordcarolina und Virginien die Gebiete, wo die Verfolgung der Indianer am längsten anhielt.*)

Die Sklaverei in den Colonien.

Als die Sklaverei in den Colonien eingeführt ward, hatte Leibeigenschaft und unfreiwillige Dienstbarkeit in England aufgehört. Die letzten Leibeigenen kommen gegen das Jahr 1500 vor, die letzten Fronbauern unter der Königin Elisabeth. Die Aufhebung der Hörigkeit, die bekanntlich von den Normannen herrührte, wurde nicht durch Regierungsmaßregeln, sondern auf dem Wege gemeinen Rechts bewerkstelligt. Während die Geistlichen es für eine Sünde erklärten, Christen als Sklaven zu halten, und die Advocaten für den Grundsatz plaidirten, daß alle Menschen frei wären, machten sich die Gerichte eine Ehrensache daraus, in allen Fragen, welche erbliche Hörigkeit betrafen, zu Gunsten des Verfolgten zu entscheiden. Vor der vereinigten Macht ihrer Bestrebungen und der öffentlichen Meinung war das Institut lange, ehe die ersten Auswanderungszüge stattfanden, gefallen. Ein Recht zur Sklaverei ließ sich daher

---

*) Eine bemerkenswerthe Erscheinung ist, daß der Indianer in der Sklaverei seinen persönlichen Stolz nie verliert, sondern ebenso den schwarzen wie den weißen Diener mit Verachtung ansieht.

weder aus den Institutionen noch dem Common law von England herleiten. Auch bestand die Sklaverei 40 Jahre in Virginien, ehe sie in der Gesetzgebung erwähnt ward. Indem die Colonisten Sklaven anschafften, glaubten sie im Einklang mit der Bibel zu handeln. Die Bibel, welche damals eben übersetzt und von den Gläubigen fleißig gelesen wurde, galt in allen Dingen, bei denen es auf eine Meinung ankam, als die höchste Autorität. Die Mosaischen Bücher Erodus und Leviticus gestatten den Juden, ihre Glaubensgenossen auf sieben Jahre, die Heiden, ihre Nachbarn, dagegen auf Lebenszeit als Sklaven zu halten. Nach der Meinung sowol der Episkopalen wie der Puritaner war dies genügend, um dasselbe System bei ihnen zu rechtfertigen.

Der erste legislative Act über Negersklaverei wurde nicht, wie man glauben sollte, in Virginien, sondern in Neuengland erlassen. Die Massachusetts-Fundamentals oder der „Body of liberties" aus dem Jahre 1641 enthält folgende Verfügung: „Es soll unter uns niemals Sklaverei, Leibeigenschaft oder Gefangenhaltung geben, es wäre denn gegen ordentliche Gefangene in einem gerechten Kriege, sowie gegen solche Fremde, welche sich freiwillig selbst verkaufen oder an uns verkauft werden; und sollen dieselben alle Freiheiten und christlichen Gebräuche genießen, welche das in Israel geltende Gesetz Gottes vorschreibt. Das befreit niemand von Knechtschaft, der hierzu von der Behörde verurtheilt wird." Dieser heuchlerische Artikel sanctionirte nicht nur die Sklaverei, sondern auch den Handel mit Sklaven. Unter seiner Autorität segelten zuerst Thomas Keyser und James Smith im Jahre 1645 von Boston nach Guinea, um Sklaven zu holen. Nach ihrer Rückkehr wurden sie zwar vor Gericht gestellt und, wie Bancroft behauptet, wegen des Verbrechens des Menschendiebstahls verabscheut, allein nicht wegen des Sklavenhandels verurtheilt, sondern weil sie an einem Sonntag ein Negerdorf überfallen und mehrere Einwohner getödtet, andere mit Gewalt fortgeschleppt hatten.

Wenn nicht die erste, so war doch die thätigste Gesetzgebung die von Virginien. Hier hatte die Sklaverei zunächst ein sociales Resultat hervorgebracht. Dreißig Jahre nach ihrer Einführung gab es so viele Mulattenkinder in Virginien, daß die Frage entstand, was mit ihnen geschehen solle? Nach dem englischen Gesetz folgten die Kinder dem Stande des Vaters und wurden Bastarde als vaterlos, also als frei angesehen. Ein Colonialstatut gegen Ausschweifung machte Vaterschaftsklagen sehr unangenehm. Diese beiden Bestimmungen waren für die Cavaliere sehr lästig, und um sich ihren Folgen zu entziehen, erließ man im Jahre 1662 eine Verordnung, daß die Kinder der Sklaven dem Stande der Mutter folgen sollen. Eine andere Verlegenheit war die, welche die zum Christenthum übergetretenen Neger veranlaßten. Von den Importirten waren viele bekehrt worden, und die Mehrzahl der Eingeborenen hatte die Taufe empfangen. Da die Mosaischen Bücher die Sklaverei nur gegen Heiden erlauben, so frug es sich, wie es künftig damit zu halten sei? Die Versammlung von Virginien erklärte 1669, daß Sklaven durch die Taufe nicht frei würden. In demselben Jahre erschien ein Erlaß, welcher verordnete, daß die Tödtung von Sklaven infolge von Strafen kein Verbrechen begründe, indem „nicht anzunehmen sei, daß irgendjemand aus absichtlicher Bosheit sein Eigenthum zerstören wolle". Durch spätere Gesetze wurde die freiwillige Emancipation von Sklaven behindert und freie Negerfrauen im Unterschied von Weißen besteuert. Zugleich durften freie Neger und Indianer keine Weiße in Dienst nehmen. Alle diese Gesetze wurden unter der Verwaltung des Sir William Berkeley erlassen, welcher den damaligen Geist der Colonie am besten aussprach, als er sagte: „Ich danke Gott, daß wir keine Freischulen noch Druckerpressen besitzen, und ich hoffe, wir werden damit noch hundert Jahre verschont bleiben; denn Wissen erzeugt Ungehorsam und Kezerei und Sekten in der Welt, und die Presse verbreitet sie und verleumdet die beste Regierung. Gott schütze uns vor beiden." Im Jahre 1682 erhielt die Sklavengesetzgebung einige neue Zusätze. Es wurde den Sklaven verboten, Waffen zu tragen, von den Pflanzungen ohne schriftliche Erlaubniß fortzugehen, gegen einen Christen (d. h. Weißen) ihre Hand zu erheben, flüchtige Sklaven, welche ergriffen wurden, durften bei Gegenwehr getödtet werden. Um den Sklavenhandel zu Lande, in dem Virginien bis heute eine große Rolle gespielt, zu ermuthigen, beschloß die Versammlung, daß alle Dienstschuldige, Neger und Mulatten sowol als Indianer, welche in die Colonie zu Wasser oder Lande importirt würden, gesetzmäßig als Sklaven gehalten werden dürften, einerlei ob sie zum Christenthum bekehrt wären oder nicht. Die Einfuhr von Sklaven nahm um diese Zeit so sehr zu, daß Gouverneur Culpegger die Überproduction von Taback, an welcher die Colonie litt, hauptsächlich diesem Umstand zuschrieb. Da die Zahl flüchtiger Sklaven immermehr anschwoll, wurde im Jahre 1692 ein besonderes Gesetz gegen flüch-

Unsere Zeit. VI.

tige Sklaven erlassen. Dasselbe bemerkt im Eingange, daß Neger, Mulatten und andere Sklaven sich oft von ihren Herren entfernen und, an verborgenen Plätzen versteckt, den Pflanzungen Schaden zufügen, und autorisirt deshalb die Sheriffs, zu ihrer Verfolgung Leute aufzubieten, die dieselben fangen und erschießen oder „in jeder andern Weise" tödten dürfen. Für jeden getödteten Sklaven war der Eigenthümer zu einer Entschädigung von 4000 Pfd. Taback aus dem öffentlichen Schatz berechtigt. Gleichzeitig mit dieser Verordnung wurde eine andere erlassen, welche weißen Dienstboten, die Kinder von Negern und Mulatten haben würden, eine Strafe von 15 Pfd. oder fünf Jahren Dienst auferlegte. Am Schluß derselben aber hieß es: „Und um fernerhin diese scheußliche Vermischung und unreine Abstammung, welche in Ihrer Majestät Colonie ebenso sehr durch gesetzliche Heirath wie durch unerlaubte Verbindung zwischen weißen Männern und Frauen, welche sich mit Negern und Mulatten einlassen, späterhin überhandnehmen mag, zu verhindern, soll jeder Mann oder jede Frau, die einen freien oder unfreien Neger oder Mulatten ehelicht, mit Gefängniß von 10 Monaten und einer Buße von 10 Pfd. und ebenso der Geistliche, der eine solche Trauung vollzieht, bestraft werden." Eine dritte Clausel vermehrte die Schwierigkeiten der Emancipation, indem sie verordnet, daß jeder Neger oder Mulatte, der freigelassen worden, auf Kosten seines Herrn außer Landes geschickt werde. Zur Aburtheilung von verbrecherischen Sklaven wurde jetzt ein Ausnahmsverfahren eingeführt. Nach demselben sollte jeder Sklave, der eines Kapitalverbrechens beschuldigt wäre, sofort in Ketten gelegt und „ohne die Förmlichkeit einer Jury" von einer durch den Gouverneur ernannten Commission abgeurtheilt werden. Der Eid zweier Zeugen oder die Aussage eines einzigen nebst Zusammentreffen der Umstände waren zur Überführung genügend. Eine andere Clausel desselben Statuts verbietet Sklaven Pferde, Vieh und Geflügel zu halten und macht die Eigenthümer für den von ihren Sklaven an Orten, wo kein christlicher Wächter ist, angerichteten Schaden verantwortlich. Im Jahre 1705 wurden sämmtliche Sklavengesetze in Virginien einer Revision unterworfen. Dieser revidirte Coder schloß Neger, Mulatten und Indianer von allen Stellen in der Colonie und als Zeugen vor Gericht aus. Dagegen sollten sie von nun an als unbewegliches Eigenthum an dem Boden haften, und wenn auch für Schulden der Herren verkäuflich, doch bei Erbschaftsfällen auslösbar sein. Als allgemeiner Grundsatz wurde aufgestellt: „Alle zu Wasser oder Lande importirten Diener, die nicht in ihrem Geburtslande Christen waren (Türken und Mohren ausgenommen, welche mit Ihrer Majestät in Frieden leben, und andere, welche den Beweis führen, daß sie vor ihrer Einschiffung hierher in England oder einem andern christlichen Lande frei gewesen sind), sollen als Sklaven betrachtet und gehalten werden, obgleich sie vorher in England gewesen oder später zum Christenthum bekehrt worden sind." Die Sklaverei war hinfort eine feststehende und von den Gesetzen wohl geschützte Einrichtung, gegen welche der Widerstand zum Verbrechen ward. Schon im Jahre 1682 gab es eine Negerverschwörung, und im Jahre 1724 fand man neue und schärfere Verordnungen gegen Insurrectionen nothwendig. Die Emancipation von Sklaven wurde zum dritten mal beschränkt und nur auf schriftliche Bewilligung des Gouverneurs und seines Raths gestattet. Freie Neger, Mulatten und Indianer wurden, selbst wenn sie ansässig waren, nicht zur Abstimmung zugelassen.

Da die bisherigen Verordnungen über Sklaverei der königlichen Bestätigung entbehrten, so wurden sie bei Gelegenheit einer neuen Revision im Jahre 1751 nach England zur Sanction geschickt. Der König verweigerte ihnen seine Genehmigung. Trotzdem wurden sie aber doch, sammt den darin enthaltenen Zusätzen, in Ausführung gebracht. Den letztern zufolge waren die Kirchenvorsteher jeder Gemeinde berechtigt, ohne Einwilligung des Gouverneurs befreite Sklaven wieder zu ergreifen und in öffentlicher Auction zu verkaufen. Desgleichen durften die Bezirksgerichte gegen „notorisch in der Nacht herumstreichende und sonst vagabundirende Neger" die Strafe der Verstümmelung verhängen. Was unter derselben zu verstehen war, geht aus einer spätern (schon zur Zeit der Revolution von 1769 erlassenen) Verfügung hervor, welche das dismembering als „oft außer Verhältniß mit dem begangenen Vergehen und mit den Principien der Humanität im Widerspruch stehend" erklärt und die Castrirung der Sklaven außer in Fällen gegen weiße Frauen begangener Nothzucht verbietet. Die letzte aus der Zeit vor der Unabhängigkeitserklärung der Colonien herrührende Verordnung datirt aus dem Jahre 1760. Während des Kriegs mit den indianischen Stämmen im Westen hatte die Assembly of Virginia, um ihr Budget zu erhöhen, den Einfuhrzoll auf Sklaven, der 5 Proc. betrug, auf 20 Proc. erhöht. Diesen Zoll erniedrigte man jetzt aus dem Grunde, weil er die Importation von Sklaven verhinderte und man ihn darum als einen großen Nachtheil für die Ansiedelung betrachtete.

Virginiens Nachbarstaat, Maryland, die zweitälteste der Colonien des Südens, wandte seine gesetzgeberische Thätigkeit der Sklaverei zuerst im Jahre 1663, 30 Jahre nach seiner Gründung, zu. Die erste Section des damaligen Gesetzes verordnete, daß „alle Neger und andere Sklaven, die jetzt in dieser Provinz sind und später importirt werden, für ihre Lebenszeit Diener bleiben sollen, und daß alle von einem Neger- oder andern Sklavenweib geborenen Kinder ebenfalls Sklaven, gleich ihren Vätern, bleiben sollen". Die letztere Bestimmung wurde im Jahre 1715 stillschweigend fallen gelassen. Dagegen ist die zweite Section jenes Gesetzes bezeichnend. Dieselbe bestimmte, daß „freigeborene englische Frauenzimmer, die ihre Stellung so sehr vergessen, daß sie zur Schande ihrer Nation Negersklaven heirathen, während der Lebensdauer ihrer Ehemänner bei den Herren der letztern ebenso wie ihre Diener als Sklaven dienen sollen". Merkwürdigerweise scheint diese Verordnung keinen großen Erfolg gehabt zu haben, denn im Jahre 1681 erscheint eine neue, welche unter der Erklärung, daß manche Herren eine solche „schandbare Paarung" aus Interesse begünstigen, um dem Übel zu steuern, festsetzt, daß künftig alle weißen Dienstboten, die einen Neger heirathen, sofort sammt ihren Kindern frei würden. Nur der solche Paare einsegnende Priester und die sie begünstigende Herrschaft sollen mit einer Buße von 10000 Pfd. Taback belegt werden. Die übrigen Verordnungen, welche bei einer Revision der Colonialgesetze gemacht wurden, haben viel Ähnlichkeit mit dem virginischen Coder, doch gibt es einige Eigenthümlichkeiten, von denen die folgende Erwähnung verdient. „Jede Person, die den Bezirk ihres Wohnorts ohne einen Paß der Behörde verläßt, kann festgenommen und vor dem Magistrat geführt werden, der das Recht hat, sie bis zur Beibringung eines Certificats über ihre Unabhängigkeit gefangen zu halten." Ein auf diese Weise Verhafteter mußte sodann dem Kerkermeister den Dienst eines Tages (oder 10 Pfd. Taback) und der Person, welche die Arretirung vornahm, die Arbeit von 20 Tagen (= 200 Pfd. Taback) leisten. Dieses Gesetz besteht noch heute und ist besonders bei Abolitionistenverfolgungen von Nutzen.

Die Verfassung von Nordcarolina, welche der berühmte John Locke*) entwarf (1670) und die das „große Muster" (grand model) genannt wurde, enthält rücksichtlich der Sklaverei folgende Artikel: „Jeder freie Einwohner von Carolina soll absolute Gewalt und Autorität über seine Negersklaven haben, welcher Religion oder Meinung sie sein mögen." Das grand model wurde aber nie ausgeführt, obwol es dem Namen nach über 40 Jahre fortbestand. Die Sklaverei beruhte in Carolina bis heute auf bloßem Herkommen.

Südcarolina, das, ursprünglich mit Nordcarolina verbunden, im Jahre 1729 als besondere Colonie davon abgelöst wurde, besitzt einen „Schwarzen-Coder", der alle andern an Strenge übertrifft. In Südcarolina waren wie in Virginien die einflußreichsten Ansiedler die „Gentlemen". „Viele von ihnen", sagt Hewitt, der erste Geschichtschreiber der Colonie, „waren verhätschelte Individuen, deren Bedürfnisse das Wohlleben vermehrt hatte, indem es sie zur Ertragung von Arbeiten und gesetzlicher Autorität unfähig machte." Als das am wenigsten demokratische Gemeinwesen zeichnete sich Südcarolina durch schlechte Regierung, unordentliche Zustände, leichtsinnige und unmoralische Lebensweise vor allen englischen Niederlassungen in Amerika aus. Nicht nur wurden Neger aus Afrika mit Begierde gekauft, sondern auch die Indianer mit Krieg überzogen, blos um sie zu Sklaven zu machen. Ebenso wurden die verschiedenen Stämme derselben zu Feindseligkeiten unter sich aufgereizt, damit die Gefangenen, die sie gegenseitig machten, als Sklaven zum Verkauf kamen. Die Regierung schickte dann ganze Massen solcher Opfer nach Westindien, wo sie gegen Rum vertauscht wurden. Das erste Sklavengesetz in Südcarolina wurde noch vor seiner Gründung als selbständige Colonie erlassen. „Da die Pflanzungen und Landgüter dieser Colonie", sagt die Einleitung desselben aus dem Jahre 1712, „ohne die Arbeit und Verwendung von Negern und andern Sklaven nicht gut bewirthschaftet und nutzbar gemacht werden können, auch die besagten Neger und Sklaven, die in diese Provinz eingeführt worden, rohen, wilden und barbarischen Naturells sind, welches sie vollständig unfähig macht, durch die Gesetze, Gewohnheiten und Gebräuche dieser Provinz regiert zu werden, während es durchaus nothwendig ist, daß solche Anstalten, Gesetze und Befehle zur Regierung derselben getroffen werden, die sie von Willkür, Raub und Unmenschlichkeit abhalten und die weiter zu der Wohlfahrt und Sicherheit der Einwohner und deren Eigenthümer beitragen, so

---

*) Locke war indeß persönlich kein Freund der Sklaverei, von der er an einem andern Orte sagt, daß „sie der zwischen einem befugten Eroberer und seinem Gefangenen fortgesetzte Kriegszustand sei, dem edeln Triebe und Muth der Nation so entgegengesetzt, daß man kaum begreifen könne, wie ein Engländer, geschweige ein Gentleman, ihr das Wort rede".

wird hierdurch verordnet, daß alle Neger, Mulatten, Mestizen oder Indianer, die früher als Sklaven verkauft wurden und jetzt oder später als solche verkauft und gehalten werden, sowie ihre Nachkommen hiermit als Sklaven im vollsten Sinne erklärt sind, mit einziger Ausnahme derjenigen, die vorher oder nachher durch die Regierung oder ihre Herren emancipirt worden, sowie derjenigen, die beweisen können, daß sie nicht dem Verkauf unterliegen." Hinter diesem so craß ausgesprochenem Princip blieben die übrigen Verfügungen nicht zurück. Jedermann, der einem paßlosen Sklaven begegnete, war bei einer Buße von 20 Sh. verbunden, ihn zu verhaften und womöglich auf der Stelle zu bestrafen. Alle Negerwohnungen sollten alle 14 Tage einmal nach Waffen und gestohlenem Gute untersucht werden. Ein des Diebstahls im geringern Grade schuldiger Sklave sollte das erste mal „öffentlich und tüchtig gepeitscht", zum zweiten mal „mit einem heißen Eisen auf die Stirn gebrannt" oder „einer seiner Ohren beraubt", zum dritten mal „an der Nase aufgeschlitzt" und zum vierten mal „mit dem Tode bestraft" werden. Jeder Friedensrichter, bei dem eine Klage gegen einen Sklaven vorkam, konnte denselben verhaften und in Gemeinschaft mit vier Beimännern vor Gericht ziehen. Die Strafe hing von der Discretion dieser Richter ab, doch hatte bei Todesurtheilen der Herr des Sklaven die Art der Execution zu bestimmen. Dieses summarische Verfahren wird in Süd- und Nordcarolina noch heute beobachtet. Wer einen Sklaven zur Flucht in eine andere Provinz verleitete, sollte nach jenem Gesetz ebenso wie der Flüchtige mit dem Tode bestraft werden. Sklaven, die 20 Tage hindurch abwesend, d. h. entlaufen gewesen, sollten das erste mal „tüchtig und öffentlich gepeitscht" werden. Im Fall der Herr diese Bestrafung unterließ, war dieselbe auf seine Kosten von dem Gericht zu vollziehen. Das zweite mal wurde dem Flüchtigen der Buchstabe R (Runaway) in die rechte Wange gebrannt, der Herr aber, wenn er selbst dies unterließ, mit 10 Pf. St. Strafe belegt. Das dritte mal erwarteten den Sklaven Prügel und Verlust eines Ohrs, den im Strafen säumigen Herrn dagegen eine Buße von 20 Pf. St. Zum vierten mal wurde der Sklave, wenn er ein Mann war, verschnitten, wobei die Provinz seinen Werth dem Eigenthümer erlegte, falls er bei der Operation starb; Weiber wurden gepeitscht, auf die linke Wange gebrannt und des linken Ohrs beraubt. Jeder Eigenthümer, der diese Strafe vor Ablauf von 20 Tagen nicht vollzog, wurde mit dem Verlust des Sklaven bestraft, den der Denunciant erhielt. Jeder Befehlshaber einer Milizabtheilung war verpflichtet, auf erhaltene Notiz versteckte und flüchtige Sklaven zu verfolgen und lebendig oder todt einzufangen. Für jeden solchergestalt Eingebrachten wurde ihm eine Prämie von 2—4 Pf. St. bezahlt und alle erlittene Verletzungen oder Nachtheile aus öffentlichen Mitteln gutgethan. Wenn ein Sklave „während der Strafe an seinem Leibe oder Körper Schaden nimmt, was selten vorkommt, so ist niemand dafür zu irgendeiner Entschädigung verbunden". Kein Herr durfte seinem Sklaven erlauben, sich während seiner freien Zeit auswärts zu verdingen, oder für sich selbst Korn, Erbsen und Reis anzubauen, noch Geflügel, Vieh oder Pferde zu halten. „Da Milde und Christenthum, die wir bekennen", sagt der Schlußsatz dieser merkwürdigen Acte, „uns verbinden, für das Seelenheil der Menschen alles Gute zu wünschen, damit die Religion nicht zum Vorwande gemacht werde, irgendjemand an seinem Eigenthum und Rechten zu verkürzen; damit ferner niemand unterlasse, seine Neger und Sklaven zu taufen, aus Furcht, daß sie dadurch frei würden, so wird hiermit jedem Neger-, Indianer- und andern Sklaven erlaubt, den christlichen Glauben anzunehmen und zu bekennen und sich zu diesem Ende taufen zu lassen, ohne daß ein so getaufter christlicher Sklave dadurch emancipirt wird." Die einzige milde Bestimmung in diesem Gesetze, und welche erinnert, daß seine Urheber noch Menschen sind, ist die folgende: Wer seinen Sklaven aus „Laune, Blutdürstigkeit oder grausamer Absicht" umbringt, verwirkt 50 Pf. St., und wenn der Sklave einem dritten gehörte, 25 Pf. St. gegen die Gemeinde und seinen persönlichen Werth gegen den Eigenthümer. Dieser Sklavencoder wurde in den Jahren 1722 und 1735 bestätigt und im Jahre 1740, zwar im Ausdruck humaner, aber in der Sache härter modificirt. Principiell ging die neue Acte sogar weiter als die frühere, indem sie den Begriff der Negersklaverei dahin definirte, daß der Sklave vor dem Gesetz als „persönliches Menschenvieh" — chattel personal — anzusehen sei. Durch diese revidirte Acte waren die Herren ihres Rechtes der Manumission beraubt. Emancipationsklagen konnten von jedem Weißen vorgebracht werden, aber die Last des Beweises lag auf dem Kläger, während die Präsumtion galt, daß jeder Neger, Indianer, Mulatte und Mestize ein Sklave sei. Die Herren durften nicht zugeben, daß ihre Sklaven einen Handel trieben, schreiben lernten oder Kleider (die Livree ausgenommen) „von feinerm Stoff als Negertuch, Düffel, gestreifte Leinwand, grober Calicot, gewürfelte Baumwolle oder schottisch Zeug", trügen. Ein Constabler, der einen Neger besser gekleidet fand, konnte ihm seine Kleider abnehmen. Dagegen wurden gerichtliche Klagen wegen schlechter Kleidung und Nahrung erlaubt, und es konnte hierbei der Richter den Herrn des Sklaven mit einer Buße bis zu 20 Pf. St. strafen. Die Strafe des absichtlichen Negermords wurde erhöht auf 700 Pf. St. nebst dem Verlust der Amtsbefähigung, oder man büßte an deren Statt dieses Verbrechen mit sieben Jahren Festung oder Zuchthaus, während die Tödtung eines Sklaven in der Hitze der Leidenschaft, dessen Verkrüppelung oder andere grausame Behandlung mit 350 Pf. St. gebüßt werden sollte. Als grausam sollten jedoch nicht die „Prügel mit der Pferdepeitsche, dem Ochsenziemer, mit Ruthen oder dem Stock" gelten.

Georgia schloß sich in seiner Sklavengesetzgebung einfach der von Südcarolina an. Im Jahre 1765, nachdem hier die Sklaverei seit 1750 gesetzlich bestanden hatte, wurde der Sklavencoder von Südcarolina aus dem Jahre 1740 auch in Georgia publicirt.

Die harten Sklavengesetze der südlichen Colonien waren in Neuengland unbekannt. Die Sklaven wurden daselbst mehr zu häuslichen Diensten als zum Feldbau verwendet. Ihre Stellung war die des Lehrgesindes, dessen Rechte sie besaßen, und danach bemaß sich die Macht der Herren. Emancipationen wurden indeß gar nicht oder nur gegen Bürgschaft, daß der Entlassene nicht der Gemeinde zur Last falle, gestattet. Im Jahre 1701 hatte die Stadt Boston ihre Abgeordneten zur Generalgerichtssitzung sogar beauftragt, „Maßregeln zur Aufhebung der Sklaverei" vorzuschlagen, während zu gleicher Zeit Sewall, ein Mitglied des obern Gerichts, ein Antisklavereipamphlet: „The selling of Joseph", veröffentlichte. In den Provinzen von Neuyork und Neujersey wurden Sklaven bis zu einer gewissen Ausdehnung zum Landbau verwendet, welche Übung sich noch aus der Zeit der niederländischen Herrschaft herschrieb. Doch war der Sklavencoder von Neuyork kaum weniger hart als der von Virginien.

In Pennsylvanien, das im Jahre 1681 gegründet wurde, hatten im Jahre 1688 einige deutsche Quäker bald nach ihrer Ankunft die Meinung geäußert, daß die Sklaverei moralisch nicht zu rechtfertigen sei. Auch George Keith, einer ihrer ersten Apostel, sprach sich in diesem Sinne aus, er ward aber als Schismatiker denuncirt und als Renegat verstoßen. Als später Penn im Jahre 1699 ein Gesetz über Religion, Ehe, religiösen Unterricht und milde Behandlung der Sklaven vorschlug, blieb die Quäkerlegislatur taub dafür. Im Jahre 1712 wurde in Pennsylvanien, „um die Einfuhr von Negern und Sklaven zu verhindern", eine Prohibitionssteuer von 20 Pf. St. auf alle zu Wasser oder Lande eingeführten Neger und Indianer erlassen, weil man von diesen, nach einem Beispiel in Neuyork, Insurrectionen und Complote befürchtete. Doch erwiderte die Versammlung auf eine Petition um Emancipation der Neger, daß es „weder gerecht noch zweckmäßig" sei, sie in Freiheit zu setzen. Fremde, welche sich in diesen aufhielten, erhielten die Erlaubniß, zwei Sklaven für die Person auf sechs Monate mit sich zu führen. Verordnungen beschränkten die Einfuhr zuerst mit einem Zoll von 5 Pf. St., der zuletzt auf 2 Pf. St. reducirt wurde. Ein Verwerfungsurtheil gegen die Sklaverei wurde von den Quäkern Sandiford und Kay wiederholt ausgesprochen. Dieselben Ansichten wurden von Woolman und Benazet vertheidigt, worauf einige Quäker ihre Neger freiließen. Franklin war ebenfalls, wie bekannt, ein früher und entschiedener Vorkämpfer für die Emancipation der Sklaven.

Das sind die Normen, durch welche die Sklaverei, wie sie bisher in den Vereinigten Staaten bestand, zur Zeit der Colonialgesetzgebung den Charakter und die Würde einer legalen Institution annahm. Die Frage ist, ob diese Normen rechtsgültig waren?

Wie später die Legislaturen der einzelnen Staaten durch die Unionsverfassung und die Verfassungen der einzelnen Staaten selbst beschränkt wurden, so waren vormals die gesetzgebenden Versammlungen in den Colonien durch das Gesetz von England beschränkt. Diese Beschränkungen wurden in den Colonial charters oder Belehnungspatenten ausdrücklich festgestellt. So z. B. fordert der Colonial charter von Maryland, daß alle durch die Provinzialversammlung zu erlassenden Gesetze „im Einklang mit der Vernunft, und nicht im Widerstreit oder Gegensatz, sondern, soweit als es irgend thunlich ist, in Übereinstimmung mit den Gesetzen, Statuten, Gewohnheiten und Rechten des Königreichs England" stehen sollen. Ähnliche Anordnungen sind in den Patenten von Virginien, Carolina, Georgia und allen andern enthalten. Allerdings wurden jene Colonial charters, mit Ausnahme desjenigen von Maryland, aufgehoben, als die Colonien in directe Abhängigkeit von der Krone übergingen. Aber diese Umwandlung vermehrte nur die Autorität des englischen Rechts, statt sie zu vermindern. Die Ernennungsbriefe der Gouverneure selbst, unter deren Vorsitz den legislativen Versammlungen allein erlaubt war zu tagen, begrenzten die Verhandlungen derselben ebenfalls ausdrücklich, und es durften hiernach die Versammlungen nur solche Beschlüsse fassen, die „den Gesetzen und Statuten des Königs=

reichs von England nicht widerstrebend, sondern ihnen soviel als möglich angemessen" waren. Diese Auffassung von der beschränkten Gewalt der colonialen Legislaturen steht noch heutigen Tags in der Union so fest, daß sie wiederholt sowol von den Gerichten der Einzelstaaten wie von dem obersten Gericht des Bundes anerkannt ward. Öfter wurden von den Gerichten der Einzelstaaten wie von dem Bundesgericht Urtheile gefällt, welche sich auf diese „Constitutionalität" einer Frage pro oder contra beriefen. Behufs der Entscheidung über die Rechtsgültigkeit der Sklaverei und der sie betreffenden Verordnungen der Coloniallegislaturen kommt es also auf die Bestimmungen des englischen Gesetzes an.

Der erste Fall, in welchem die Legalität der Handlung, einen Menschen als Eigenthum zu behandeln, vor einem englischen Gericht zur Sprache kam, war der von Cutts versus Penny im Jahre 1677. Cutts strengte gegen Penny eine Wiedererstattungsklage an, weil dieser ihm 10 Neger entführt habe. Da aus einem andern Verdict hervorging, „daß diese Neger Ungläubige und Unterthanen eines fremden Fürsten waren und in Indien gewöhnlich als Waare gekauft und verkauft würden", der Kläger aber sie gekauft und in seinem Besitz gehabt hatte, ehe sie der Beklagte ihm entzog, so war das königliche Gericht der Ansicht, daß sich dabei ein „hinlänglicher Eigenthumsanspruch" herausstelle, um eine Wiedererstattungsklage zu begründen. Eine ähnliche Anschauung waltete in dem Falle von Gilly versus Rive bei den Common pleas im Jahre 1694 vor. Indeß ward diese Rechtsansicht unter dem Vorsitz des berühmten Oberrichters Holt von dem königlichen Gerichtshof wiederholt umgestoßen. Holt entschied im Jahre 1697 (Smith versus Browne und Cooper), daß „ein Neger frei wird, sobald er nach England kommt"; im Jahre 1702 (Smith versus Gould), daß „es nichts der Art wie einen Sklaven in England gebe"; im Jahre 1704 endlich, „daß Menschen Subject und also nicht Object des Eigenthums seien". Obwol diese Entscheidungen von der fernern Einführung von Sklaven nach England hätten abhalten sollen, so fuhren doch die Colonisten fort, bei ihren Reisen nach der Heimat ihre Neger mitzunehmen. Infolge dessen fanden sie sich häufigen Emancipationsklagen ausgesetzt, bei denen gewöhnlich das gemeine Recht und der christliche Glaube den Beweisgrund bildeten. Um Colonisten vor dem Verlust ihrer Sklaven im Mutterlande zu schützen, bewogen deren Geschäftsfreunde in London den damaligen Staatsanwalt und den Generalbevollmächtigten der Krone, Yorke und Talbot, zu einer Ex-parte-Erklärung, in welcher diese versprachen, „allen solchen Inconvenienzen vorzubeugen". Nach der Erklärung Yorke's und Talbot's war die Taufe nicht nur kein Hinderniß der Sklaverei, sondern es durften Sklaven in England ebensowol wie in den Colonien gehalten werden. Yorke sprach als nachmaliger Oberrichter Hardwick nach dieser Erklärung im Jahre 1749 Recht; dieselbe ward seitdem als geltendes Gesetz von England angesehen. Gleichwol blieb diese Norm nicht unangefochten, und schon im Jahre 1762 wies Yorke's Nachfolger, Lord Northington, das Begehren eines Herrn um ein Legat, das seinem Sklaven vermacht worden war, mit den Worten ab: „Sobald ein Mann seinen Fuß auf Englands Boden setzt, wird er frei", und der berühmte Granville Sharpe huldigte diesem Grundsatze mit solchem Eifer, daß er dessen Geltendmachung sein ganzes Leben widmete. Mit seiner Hülfe wurden viele Fälle der Art vor Gericht gebracht, von denen der letzte die Frage endlich definitiv entschied. James Somerset, ein Afrikaner von Geburt, der nach Virginien als Sklave importirt und dort von James Stewart gekauft worden war, hatte seinen Herrn von Virginien nach England begleitet, wo er ferner zu dienen sich weigerte. Infolge dessen hatte ihn Stewart ergriffen und an Bord eines Schiffs gebracht, das nach Jamaica ging. Kraft eines Habeas-Corpus-Befehls vor Lord Mansfield gebracht, wurde die Sache Stewart's im December 1771 vor das volle Gericht verwiesen. Drei von Sharpe angenommene Rechtsgelehrte vertheidigten den Neger, zwei der ausgezeichnetsten Anwälte vertraten dessen Herrn. Nachdem die Beweisführung gegeben war, sagte Lord Mansfield: „In fünf oder sechs Fällen dieser Art wurde die Frage durch Übereinkunft der Parteien erledigt. Ich habe dasselbe dringend empfohlen. Wenn aber die Parteien eine Entscheidung wünschen, so müssen wir sie geben. Weder Mitleid auf der einen noch Inconvenienz auf der andern Seite können maßgebend sein, sondern das Gesetz. Die Frage, die hier vorliegt, ist, ob irgend in diesem Lande eine Herrschaft, Autorität oder Gewalt über einen Sklaven in Gemäßheit der Gesetze ausgeübt werden kann. Die Schwierigkeit, das Verhältniß der Sklaverei zu adoptiren, ohne es in allen seinen Consequenzen zu adoptiren, ist in der That außerordentlich; nun sind aber viele dieser Consequenzen dem municipalen Recht von England absolut entgegengesetzt... Die plötzliche Freilassung von 14—15000 Mann (so hoch schätzte der Kläger die Zahl der Sklaven in England) infolge eines feierlichen Urtheils ist sehr unangenehm in seinen Folgen. Den Mann (nach der Schätzung Stewart's) zu 50 Pf. St. an-

Das Sklavenwesen in Nordamerika.   39

genommen, ergibt dies einen Gesammtverlust von 700000 Pf. St. Nichtsdestoweniger, wenn die Parteien ein Urtheil haben wollen, fiat justitia, ruat mundus, was immer die Folge ist ... Wir können nicht das Gesetz richten, das Gesetz muß uns richten." In Rücksicht auf den Ausspruch Yorke's und Talbot's, den Mansfield ausdrücklich als die seit 50 Jahren bestehende Rechtsansicht bezeichnet, bemerkte er, daß dieselbe „nicht zu genau genommen" werden dürfe, insofern sie in Lincoln's Gastzimmer bei Gelegenheit eines Diners gegeben worden, wie es damals Sitte gewesen. Das Urtheil des Gerichts selbst aber lautet: „Die einzige Frage für uns ist, ob der Thatbestand nach der Erhebung richtig sei? Wenn er es ist, muß der Neger übergeben, wenn nicht, muß er ausgeliefert werden. Die Erhebung ergibt, daß der Sklave fortlief und zu dienen verweigerte, worauf er festgenommen ward, um auswärts verkauft zu werden. Ein Act so hoher Herrschaft muß durch das Gesetz des Landes, wo er geübt wird, anerkannt sein. Die Gewalt des Herrn über seinen Sklaven war höchst verschieden in den verschiedenen Ländern. Der Stand der Sklaverei ist so beschaffen, daß er ungeeignet erscheint, aus irgendeinem moralischen oder politischen Grunde eingeführt zu werden; das kann nur durch das positive Gesetz geschehen, welches seine Wirkung noch lange behält, nachdem die Gründe, Veranlassung und Zeit selbst, die es geschaffen, aus dem Gedächtniß gerissen sind. Dieser Grund ist heute so gehässig, daß nichts als das positive Gesetz zu seiner Entschuldigung angeführt werden kann. Was immer für Nachtheile sich also aus der Entscheidung ergeben: ich kann nicht sagen, daß dieser Fall nach dem Gesetz von England erlaubt oder gerechtfertigt sei — der Schwarze muß somit befreit werden."

Welche Wirkung diese Entscheidung in den Colonien haben mußte, falls ihre Verbindung mit dem Mutterlande fortgedauert hätte, ist einleuchtend. Wenn aber auch der Geist des englischen Rechts und Gerichtswesens das Institut der Sklaverei nicht begünstigte, so zeigte sich ihm doch die Politik der Regierung und der herrschenden Parteien in England nicht entgegengesetzt. Der erste Engländer, der sich am Sklavenhandel betheiligte, war im 16. Jahrhundert Sir John Hawkins. Derselbe unternahm Reisen an die Küste von Guinea, von wo er Sklaven nach Westindien führte. Die Königin Elisabeth, von der Aussicht auf einen großen Handel in Zucker, Gewürzen und Perlen, welche als Rückfracht nach England kommen sollten, verlockt, bewilligte mehrere Patente für die Sklavenzufuhr. Doch soll sie die jesuitische Bedingung ausgesprochen haben, daß die Neger freiwillig nach Amerika gingen und nicht gewaltsam entführt würden. Solange der Handel in den spanischen Häfen den Engländern verboten war, konnte der Sklavenhandel nur durch Schmuggelei betrieben werden und darum nicht bedeutend sein. Auch nach den Colonien lag derselbe vorerst hauptsächlich in den Händen der Holländer, Spanier und Portugiesen, bis er vom Jahre 1642 an fast ausschließlich in die der Engländer überging. Die Schiffe, welche Ladungen von Fässern und Fischen nach Madeira und den Canarischen Inseln brachten, pflegten an der Küste von Guinea anzulegen, „um Neger zu laden", die sie gewöhnlich nach Barbadoes und den andern englischen Besitzungen in Westindien mitnahmen. Unter Cromwell's Regierung hörten diese Expeditionen zwar auf, aber nach der Restauration ertheilte Karl II. der African Company das Privilegium, an der Küste von Afrika Colonien und Handelsetablissements zu errichten. Dieses Monopol wurde im Jahre 1698 unter Wilhelm III. wieder aufgehoben und der Handel freigegeben, worauf die Sklavenausfuhr eine bisher unerreichte Ausdehnung erhielt. Die Cultur des Kaffees, welche jetzt in Westindien begann, sowie die vermehrte Consumtion von Colonialproducten in Europa trugen viel dazu bei. Westindien blieb der Hauptmarkt des Absatzes; doch nahm auch die Importation nach Virginien und den Carolinen sehr zu. Rum, den die Stadt Neuyork fabrizirte, wurde an der Küste von Afrika vortheilhaft gegen Neger durch bostoner und neuyorker Schiffe eingetauscht. Am meisten betrieben dieses Geschäft aber englische Kaufleute von Liverpool und Bristol. Die Colonien legten auf die Einfuhr der Neger Finanzzölle. Da dieselben aber unter der Rubrik „Britisches Gut" aufgeführt waren, wurden sie von der Krone nicht anerkannt. Seine höchste Entwickelung erhielt der englische Sklavenhandel durch den Vertrag, welchen das britische Toryministerium der Königin Anna bei Gelegenheit des Utrechter Friedens im Jahre 1713 mit Spanien schloß und der unter dem Namen des Assientovertrags bekannt ist. Demselben zufolge erhielt England das Recht, nach den spanischen Colonien Handel zu treiben, nebst der Bewilligung, mit Ausschluß aller andern Nationen im Laufe von 30 Jahren nach Westindien 140000 Neger (nämlich 4800 jedes Jahr) zu einem Zollsatz von $33\frac{1}{3}$ Dollars per Kopf einzuführen. Das Privilegium dieses Geschäfts wurde der englischen Südseecompagnie übertragen, indem sich König Philipp V. von Spanien und Königin Anna von England einen Viertelantheil des Actienfonds reservirten. Im Jahre 1749 wurden endlich die letzten Beschränkungen des, wie es in dem Statut hieß, „für Großbritannien sehr vortheilhaften Sklavenhandels" aufgehoben. „Der britische Senat", so schrieb ein Mitglied desselben im Februar 1750, „war dieser Tage mit der Methode beschäftigt, um diesen schrecklichen Schacher des Negerverkaufs erfolgreicher zu machen. Es will uns scheinen, daß 40000 dieser Elenden alljährlich nur an unsere Pflanzungen verkauft werden." Doch lauten die Angaben über den letzten Punkt widersprechend. Wie groß die Ziffer aller in die Colonien Importirten war, ist schwer zu bestimmen. Bancroft nimmt die Zahl der bis zum Jahre 1776 importirten Neger auf etwas mehr als 300000 an, und der nordamerikanische Nationalökonom Carey berechnet, daß die Gesammteinfuhr der Afrikaner in die Union sich nicht höher als auf 380000 beläuft. Einem Bericht des englischen Board of trade aus dem Jahre 1754 zufolge betrug damals die Einwohnerzahl der nordamerikanischen Colonien 1,485634, darunter 292738 Schwarze. Ebenso wenig läßt sich das Verhältniß ihrer Vertheilung auf die verschiedenen Colonien angeben. In den Tabackplantagen der Provinzen Maryland, Virginien und Nordcarolina bildeten die Sklaven den dritten Theil der Bevölkerung. In Südcarolina, wo Reis das Hauptproduct ist, gab es mehr Sklaven als Weiße. Massachusetts hatte nach dem officiellen Census von 1754 2448 Negersklaven über 16 Jahre, von denen 1000 allein in Boston wohnten. Connecticut übertraf Massachusetts und Rhode-Island Connecticut in seiner Sklavenanzahl. In Neuyork machten sie den sechsten Theil der Einwohner aus. In Rücksicht auf ihre Abstammung gehörten die Importirten den verschiedensten Sprachen und Stämmen an, die sich früher oft als Erbfeinde gegenübergestanden und jetzt durch nichts als das eine Band der Knechtschaft verknüpft waren. Diese Verschiedenheit, welche ein Zusammenwirken der Sklaven schwierig und Aufstände, wie sie z. B. 1750 vorkamen, leicht unterdrückbar machte, trat selbst in Farbe und Gesichtsbildung hervor. Einige waren dunkelschwarz mit einer an die kaukasische erinnernden Physiognomie, andere röthlich oder mahagonibraun mit weniger regelmäßigem Ausdruck; manche hatten eine gelbe Färbung bei flachen Nasen und hervorspringenden Backenknochen. Die letztere Art galt als die physisch stärkste und wurde den beiden andern vorgezogen. Die Mehrzahl waren heidnische Barbaren, doch fanden sich einzelne darunter, die zum Mohammedanismus gehörten und den Koran lesen konnten. Sie brachten eine Menge abergläubischer Sitten und Gebräuche mit, die bald ebenso wie ihre Sprachen ausstarben. Im Gegensatz zu Westindien entwickelte sich ihr natürlicher Zuwachs sehr rasch. Carey schlägt das Verhältniß der Vermehrung auf durchschnittlich 25 Proc. während eines Decenniums an, was bei einer Gesammtbevölkerung von 3,800000 Sklaven, die gegenwärtig in der Union leben, nach Abzug der Importirten (380000), eine Summe von 3,420000 ergibt. Die Ursache dieser raschen Vermehrung soll sein, daß die Sklaven in den Colonien, wo man Frauen seltener zur Feldarbeit verwandte, und der lange Winter beiden Geschlechtern mehr Ruhe ließ, im ganzen besser behandelt wurden. Doch hat auch der Umstand viel dazu beigetragen, daß der Überfluß an Lebensmitteln die Erhaltung der Sklaven erleichterte, sodaß es in mehreren Colonien bald weniger kostete, eigene Sklaven zu erzeugen, als fremde zu kaufen.

Das Gebiet, von welchem aus man die Schwarzen importirte, umfaßte die ganze afrikanische Küste im Umfange von 30 Breitengraden. Die Unglücklichen bestanden theils aus Kriegsgefangenen, Übelthätern und zahlungsunfähigen Schuldnern, die an die Sklavenhändler freiwillig verkauft wurden, theils aus ruhigen Einwohnern, die mit Gewalt geraubt waren. Die Mehrzahl war zwar in dem Stande der Sklaverei geboren, aber allen schien die Reise über die See in fremde Knechtschaft fürchterlich. Zu ihrem Transporte wurden kleine Schiffe, die leicht in kleine Buchten einlaufen konnten, verwendet. In diesen Fahrzeugen, wo die Unglücklichen zu Hunderten zusammengepackt, an Händen und Füßen gefesselt, nackt auf dem nassen Boden schlafend und die schlechteste Nahrung empfangend lagen, erreichte oft die Hälfte ihre Bestimmung nicht. Der Gesammtverlust, der bei diesen Transporten eintrat, wird im Durchschnitt, bei einer Gesammtziffer von 4—9 Millionen (so variiren die Angaben) auf 15 Proc. angenommen.

Die Sklaverei während des Unabhängigkeitskampfes.

Man hört von amerikanischer Seite häufig die Behauptung aufstellen, daß die Sklaverei den Colonien gegen ihren Willen und ihren Vorstellungen zum Trotz von England aufgezwungen worden sei. Der patriotisch parteiische Bancroft z. B. gibt sich besondere Mühe, diese Anklage, welche von Jefferson herrührt, in seiner „Geschichte der Vereinigten Staaten" zu erheben.

Jefferson sprach dieselbe zuerst in der Einleitung zu der ersten Verfassung von Virginien aus, und verlangte auch, daß sie in einer noch mehr directen und emphatischen Form in der Unabhängigkeitserklärung selbst wiederholt würde. Der Hauptbeweisgrund, den er hierbei in seinem Hasse gegen England anführte, war, daß die britische Regierung die Einfuhrzölle auf Sklaven, welche die Coloniallegislaturen vorgeschlagen hatten, niemals gebilligt habe. Allein gerade dieser Umstand muß jene Beschuldigung eher widerlegen als rechtfertigen. Als die Colonien Zölle auf die Sklaveneinfuhr beantragten, geschah dies nicht um deren Einfuhr zu beschränken, sondern um die Last der directen Steuern zu vermindern und durch Importzölle die inländische Manufactur zu beschützen. Die englischen Kaufleute, in deren Händen der Colonialhandel lag, wollten sich diese Arten von Zöllen nicht gefallen lassen und beschwerten sich deshalb bei der Regierung. In dem Streite, der sich darüber entspann, hielt die Regierung zu den Kaufleuten, indem sie die Gouverneure anwies, solche Taxen nicht zu bewilligen, und denselben zugleich ihre eigene Sanction vorenthielt. In den Budgetvorlagen, welche zum Behuf der königlichen Sanction nach England gesandt wurden, kam der Zoll auf Neger als eine Rubrik neben andern vor und wurde mit diesen andern Rubriken gebilligt oder verworfen.*) Um dem Hader ein Ende zu machen, erlaubte man endlich den Colonien, beliebige Steuern auf die Einfuhr von Negern zu legen, nur sollten dieselben von dem Käufer und nicht von dem Verkäufer gezahlt werden. Diese Bestimmung war also der Begünstigung der Sklaverei eher feindlich und hätte, wenn Beschränkung die Absicht jener Anträge gewesen wäre, von den Colonien nur bewillkommnet werden müssen. Hätten die Colonien die Importation von Sklaven verboten oder wenigstens die Neger auf die gleiche Linie mit den bond-servants gestellt, und hätte die Krone einer solchen Maßregel ihre Beistimmung verweigert, so könnte von einem Zwang die Rede sein. So aber trifft das Mutterland nur der Vorwurf, die Einführung der Sklaverei zuerst zugelassen, darauf sie zu einem mercantilen Artikel erhoben und endlich als solchen durch Parlaments- und Regierungsbeschlüsse autorisirt zu haben.

Begründeter als diese Anklagen gegen England waren die Einwendungen, welche gegen den Fortbestand der Sklaverei in den Colonien selbst gemacht wurden. Schon im Jahre 1766, also sechs Jahre ehe der Fall Somerset's von Lord Mansfield entschieden ward, begann eine Antisklavereibewegung in Massachusetts. Der „Body of liberties", welcher die Sklaverei der Indianer und Neger billigte, war hier nicht mehr in Kraft, sondern mit der Aufhebung des ersten Charter, 1692, gefallen. Unter dem zweiten Charter war keine solche Bestimmung ergangen, und die Sklaverei dauerte de facto fort, obwol scheinbar von den Provinzialstatuten anerkannt. Im Jahre 1764 hatte James Otis sein berühmtes Pamphlet über die Colonialrechte veröffentlicht, in welchem er von dem Fundamentalsatz ausging, daß alle Eingeborenen in den Colonien, ob „weiß oder schwarz", freigeborene britische Unterthanen und zu allen Privilegien derselben berechtigt wären. Während der Discussion infolge dieser Schrift wurde wiederholt darauf aufmerksam gemacht, wie widerstreitend es wäre, für die eigene Freiheit zu kämpfen und zugleich andere Menschen der ihrigen zu berauben. Eine Controverse entstand über die Frage, ob die Negersklaverei überhaupt gerecht und legal wäre, wobei sich Nathanael Appleton und James Swan, zwei Kaufleute von Boston, als Schriftsteller auf seiten der Freiheit auszeichneten. Im Jahre 1767 wurde im Generalgerichtshof ein Versuch gemacht, die fernere Einfuhr von Negern zu verhindern, indem man den Zweifel aussprach, ob es nach den Gesetzen von Massachusetts ein Sklavenrecht gebe, und auf Grund dieses Zweifels wurden Negerprocesse instruirt, bei denen die Führer der Whigs als Advocaten und Geldvorstrecker auftraten. Diese Processe fielen zwar meist zum Vortheil der Sklaven aus, aber eine allgemeine Emancipation konnte dadurch nicht herbeigeführt werden. Die Emancipation blieb eine Gesammthandlung der Colonien.

Der erste Act dieser Art war die „Erklärung der Colonierechte", welche die American Association oder das amerikanische Vorparlament im Jahre 1774 erließ. In derselben wurde unter andern Artikeln, deren Nichtbezug auf England vorgeschlagen ward, auch der der Africaner beantragt. Ohne Beziehung auf das Handelsinteresse sprach hierauf der erste Colonialcongreß den Umschwung in der Anschauung der Colonien aus. „Wenn es für Menschen, die ihre Vernunft gebrauchen, möglich wäre zu glauben", sagt die Declaration von 1775, „daß der göttliche Urheber unseres Daseins die Absicht hatte, einem Theile des menschlichen Geschlechts eine absolute Gewalt und ein unbeschränktes Eigenthum über den andern zu übertragen, der auf diese Weise durch Gottes

---

*) Um diese Sanction kümmerten sich die Colonien übrigens nicht viel, und die virginische Sklavenacte von 1750 wurde z. B. in Wirksamkeit gesetzt, obschon sie der König zurückwies.

unendliche Güte und Weisheit zum Gegenstand einer gesetzlichen Herrschaft, der er nie widerstehen dürfte, so hart und bedrückend sie wäre, auserlesen sein würde, so könnten die Bewohner dieser Colonien von dem Parlament von Großbritannien wenigstens den Beweis fordern, daß diese fürchterliche Autorität über sie jenem Körper verliehen worden sei." Die Declaration stützt auf diesen Gedanken die Nothwendigkeit des gewaltsamen Widerstandes gegen England, indem sie mit der Versicherung schließt, daß der bevorstehende Kampf im Interesse „der Sache der Menschheit" sein würde. Was unter der Sache der Menschheit zu verstehen sei, gibt die Unabhängigkeitserklärung vom 4. Juli 1776 an. „Wir halten diese Wahrheiten für ausgemacht", heißt es in derselben, „daß alle Menschen gleich geboren, daß sie von ihrem Schöpfer mit gewissen unveräußerlichen Rechten begabt sind, und daß zu diesen Leben, Freiheit und das Streben nach Glückseligkeit gehören." Alle diese Erklärungen standen in zu grellem Widerspruch gegen das eigene System der Sklaverei, als daß ihr Bestand in den Einzelstaaten lange hätte unangefochten bleiben sollen. In der That ging die Bewegung dagegen nun fast gleichzeitig in den verschiedenen Einzelstaaten vor sich.

Im Jahre 1777 wurde ein gekapertes Schiff aus Jamaica, das mehrere Sklaven am Bord hatte, nach Salem in Massachusetts gebracht. Die Sklaven wurden zum Verkaufe angezeigt, aber der General-court intervenirte und setzte dieselben in Freiheit. Im Jahre 1780 nahm man in die Bill of rights des Staats Massachusetts die Erklärung auf, daß „alle Menschen frei und gleich geboren" seien, worauf der oberste Gerichtshof im Jahre 1783 auf Grund derselben entschied, daß das Halten von Sklaven in Massachusetts unerlaubt sei. Eine ähnliche Erklärung und Entscheidung wurde durch die zweite Verfassung und den Gerichtshof von Neuhampshire erlassen. Ein Beschluß der pennsylvanischen Versammlung von 1780 verbot die fernere Einführung von Sklaven und sicherte die Freiheit allen Schwarzen, die später geboren würden. Dasselbe verfügten vier Jahre später Connecticut und Rhode=Island. Virginien blieb nicht zurück und ergriff unter Jefferson's Leitung sogar die Initiative. Die constituirende Versammlung vom Jahre 1776 schickte der Verfassung des Staats eine Erklärung der Menschenrechte voraus, welche die angeborene Freiheit und Gleichheit aller verkündete. Auf Jefferson's Antrag wurde im Jahre 1778 die Einfuhr von Sklaven verboten und im Jahre 1782 das Colonialstatut widerrufen, welches die Emancipation von Sklaven außer unter Bewilligung des Gouverneurs verbot. Dieser Widerruf stand durch 10 Jahre in Geltung, während welchen Zeitraums zahlreiche Manumissionen stattfanden. Bei Gelegenheit der Revision der neuen Verfassung im Jahre 1785 ward hierauf verordnet, „daß von nun an niemand, mit Ausnahme derjenigen, die am ersten Tage der gegenwärtigen Sitzungsperiode es gewesen sind, mehr Sklave sein soll". Diese Verordnung, welche man später in die Gesetzgebung von 1792 einverleibte, wurde bis auf den heutigen Tag nicht abgeschafft. Die virginischen Maßregeln von 1778 und 1782 führte auch Maryland im Jahre 1783 bei sich ein. In beiden Staaten waren die ausgezeichnetsten Männer für die Abolition, d. h. die Abschaffung der Sklaverei, gesinnt.*)

---

*) Jefferson klagte das System in der entschiedensten Weise als „einen fortwährenden Druck des unermüdlichsten Despotismus auf der einen und entwürdigender Knechtschaft auf der andern Seite" an. Er wurde von Patrick Henry u. a. unterstützt. Washington wiederholte in allen seinen Briefen, daß es einer seiner dringendsten Wünsche sei, einen Plan angenommen zu sehen, welcher die Sklaverei gesetzlich abschaffe. Gleichwol blieben diese Gefühle auf wenige Männer von Humanität und Bildung beschränkt, mit denen die ungebildete Masse keineswegs sympathisirte. Jefferson äußerte sich in spätem Alter hierüber: „Ich sah bald, daß von denen, die in der Fülle ihres Lebens standen, als ich in das öffentliche Leben trat, nichts zu hoffen wäre. Erzogen und aufgewachsen in der täglichen Gewohnheit, die leiblich und geistig entwürdigte Lage dieser unglücklichen Geschöpfe anzusehen, ohne zu überlegen, daß diese Entwürdigung größtentheils ihr eigenes und ihrer Väter Werk wäre, hatten nur wenige Zweifel daran, daß dieselben ein ebenso legitimer Gegenstand des Eigenthums wie ihre Pferde und Ochsen seien. Der ruhige und einförmige Gang des Coloniallebens war durch keine Aufregung und kein Nachdenken über den Werth der Freiheit gestört worden, und als dieses Nachdenken endlich in ihrem eigenen Interesse erweckt wurde, war es nicht leicht, diese Leute durch die ganze Länge der Principien zu schleppen, welche sie für sich beanspruchten. In der ersten und zweiten Sitzung der Legislatur, nachdem ich Mitglied geworden war, richtete ich die Aufmerksamkeit des Colonel Bland, eines der ältesten, geschicktesten und geachtetsten Mitglieder, auf diesen Gegenstand, und er unternahm es, eine gewisse bescheidene Ausdehnung der zum Schutze der Sklaven erlassenen Gesetze zu beantragen. Ich unterstützte seine Motion und wurde als ein jüngeres Mitglied in der Debatte mehr gehört; aber jener ward als ein Feind des Landes angegriffen und mit der größten Unbill behandelt." Mit dem Fortschritt der Revolution fanden die Anträge Jefferson's mehr Anklang. Obwol sie aber fast alle durchgingen, trat doch fast keiner, ebenso wenig als die Abschaffung der Sklaverei selbst, in Ausübung.

Das Sklavenwesen in Nordamerika.

Neuyork und Neujersey folgten dem Beispiel Virginiens und Marylands, indem sie sowol den einheimischen wie den fremden Sklavenhandel verboten. Ein ähnlicher Geist hatte sich in Nordcarolina, besonders unter der Quäkerbevölkerung, geltend gemacht, wurde aber nicht von der Legislatur getheilt. Diese beklagte sich über die Gefahr zu häufiger Emancipationen und publicirte im Jahre 1777 das alte Restrictionsgesetz wieder, wonach man alle nach dem vorigen Gesetz Emancipirten festnehmen und wieder verkaufen ließ. Erst im Jahre 1786 machte Nordcarolina eine Concession in der Acte, welche die Importation von Sklaven als „höchst unpolitisch und verderblich" bezeichnete und einen Zoll von 5 Pf. St. per Kopf verordnete. Südcarolina und Georgien unterließen es gänzlich, dem Geist der Zeit Rechnung zu tragen. Das erstere ging sogar so weit, den Sklavencoder von 1740 durch Beschluß der Versammlung zuerst auf fünf Jahre und nach Ablauf derselben (1783) für immer wieder zu promulgiren. Diese beiden Staaten sind stets die unerbittlichsten Vertreter der Sklaverei geblieben.

Während die Sklaverei in den Neuengland=Staaten vermittelst der Gerichte und des Common law abgeschafft wurde, in den südlichen Colonien aber nur Beschränkungen durch Einfuhrverbote erlitt, war von allen 13 Staaten, welche die Verfassung der Union unterzeichneten, Delaware als jüngstes Mitglied der einzige, der das Institut im Jahre 1776 durch seine Verfassung aufgehoben hatte.

Schon nach Unterzeichnung der Unabhängigkeitserklärung ernannte der Congreß einen Ausschuß, welcher mit der Verfassung eines Conföderationsplans beauftragt war. Derselbe reichte alsbald einen Entwurf von 20 Artikeln ein, welcher zu langwierigen Verhandlungen sowol innerhalb des Congresses als zwischen dem Congreß und den einzelnen Staaten Veranlassung gab. Drei Fragen besonders waren es, über welche die Interessen und Meinungen sich spalteten. Die erste betraf den Modus der Wahl und Abstimmung im Bundesrath, die zweite die Basis der Truppen= und Steuererhebung, und die dritte die Disposition über die freien Ländereien im Westen. Die letzte war der hauptsächlichste Stein des Anstoßes. Sechs der 13 Staaten, nämlich: Neuhampshire, Rhode=Island, Neujersey, Pennsylvanien, Delaware und Maryland, hatten ihre Grenzen genau festgestellt. Fünf andere, Massachusetts, Connecticut, Virginien und die beiden Carolina, wollten, nach der Bestimmung ihrer Charters, ihre Grenzen bis zum Stillen Meere oder, insofern der Mississippi als die westliche Grenzlinie der britischen Besitzungen galt, bis zu diesem erstrecken. Laut einer Proclamation von 1763, welche das Land westlich vom Altamaha und nördlich von Florida als zu Georgia gehörend einbezog, forderte dieser Staat ebenfalls den Mississippi als Grenze, und dasselbe that Neuyork, indem es, unter dem Vorwand gewisser Eroberungsrechte aus den Colonialkriegen, ein ganzes westliches Territorium an beiden Seiten des Ontario= und Huronsees und auf beiden Ufern des Ohio im Süden bis zu den Cumberlandbergen beanspruchte. Diejenigen Staaten, welche keine solchen Ansprüche besaßen, waren der Meinung, daß das ganze westliche Territorium, wie es erst durch gemeinsamen Kampf von England zu erwerben sei, so auch das gemeinsame Eigenthum aller bilden solle. Die fordernden Staaten dagegen bestanden auf ihren Besitztiteln, weil sie in dem Verkaufe der Ländereien eine große Hülfsquelle zur Bezahlung ihrer Schulden erblickten. Der Werth des fraglichen Territoriums wurde auf beiden Seiten übertrieben, und nach langem Streite siegten endlich die fordernden Staaten. Auf ihren Vorschlag wurde eine Clausel in die Artikel der Conföderation aufgenommen, wonach kein Staat eines Theils seines Territoriums zum Besten der Vereinigten Staaten beraubt werden sollte. Die übrigen Staaten stimmten diesem Beschlusse nur mit Widerstreben bei, während Maryland eine entschiedene Opposition dagegen erhob. Neuyork, dessen Anspruch der vagste und nichtigste war, ertheilte seinem Delegaten die discretionäre Gewalt, die Cession zu bewilligen, und der Congreß forderte die andern Staaten auf, diesem Beispiel zu folgen, und zwar unter der Bedingung, daß diese Territorien zum gemeinsamen Besten verwandt und in dem Maße, wie sie bevölkert würden, in einzelne Staaten constituirt werden sollten, die auf derselben Basis (on the same footing) mit den andern in die Union aufzunehmen wären. Auf diesen Vorschlag bot Connecticut eine Cession seines Anspruchs auf einen im Westen von Pennsylvanien gelegenen Landstrich an, während auch Virginien gegen die Garantie seiner Ansprüche auf das westlich vom Mississippi und nördlich von 35° 30′ nördl. Br. befindliche Territorium, sich zu einer Cession des übrigen Theils erklärte. Während diese Unterhandlungen schwebten, wurde die Acte der Conföderation von allen Staaten, Maryland zuletzt, unterzeichnet. Die 20 Artikel waren nun das Grundgesetz der Vereinigten Staaten, und es blieb nur noch die Frage des westlichen Territoriums übrig. Der Congreß wollte auf die verschiedenen Bedingungen und Reservationen der einzelnen Staaten nicht eingehen. Im Frühjahr 1784 machte endlich Virginien einen neuen Antrag, durch welchen es das nordwestlich vom Ohio gelegene Territorium ohne Bedingung cedirte. Gleichzeitig mit dieser Cession reichte Jefferson, als Vorsitzender des Comité, den Entwurf zur Organisation einer Regierung über das westliche Territorium ein. Dieser Entwurf umfaßte nicht blos den von Virginien abgetretenen Theil, sondern die ganze Region zwischen dem 31.° nördl. Br. bis zur Nordgrenze der Vereinigten Staaten. Die Union wurde hiermit in 17 Staaten getheilt, acht oberhalb der Linie der Ohiofälle (wo jetzt Louisville steht) und neun unterhalb derselben. Die Bestimmungen des Entwurfs enthielten unter anderm Folgendes: "Es soll nach dem Jahre 1800 christlicher Zeitrechnung in keinem der befreiten Staaten Sklaverei oder unfreiwillige Dienstbarkeit bestehen, außer zur Bestrafung von Verbrechen, deren der betreffende Theil gesetzmäßig überführt worden ist."

Um diesen Antrag zum Beschluß zu erheben, war die Beistimmung von neun Staaten nothwendig. Es traten aber nur sieben dem Antrag bei, und derselbe fiel daher durch. Im Herbst 1785 brachte den Antrag Rufus King von Massachusetts wieder in Anregung. Dieser Abgeordnete schlug dem Congreß vor, von dem Territorium, auf welches Massachusetts Ansprüche habe, soviel als beliebig zu nehmen, unter der Bedingung, daß in den Beschluß über das westliche Territorium ein sofortiges und vollständiges Verbot der Sklaverei aufgenommen werde. Der Vorschlag wurde einem Comité überwiesen, das am 11. Juli 1787 seinen Bericht abstattete. Statt auf den ganzen westlichen District, dessen Abtretung in dem Entwurfe von 1784 anticipirt war, erstreckte sich dieser Bericht blos auf das bereits wirklich von den Staaten abgetretene Territorium und führte den Titel: "Ordonnanz für die Regierung des Territoriums der Vereinigten Staaten im Nordwesten von dem Ohio." Diese Ordonnanz, gewöhnlich die "Jefferson'sche Ordonnanz" genannt und von amerikanischen Politikern als ein Meisterstück der Legislatur gerühmt, wurde am 13. Juli 1787 von dem Congreß angenommen. Außer den nöthigen Anordnungen über die Organisation der Verwaltung des Territoriums enthält die Ordonnanz sechs "Artikel des Vertrags zwischen den ursprünglichen Staaten und dem Volk und den Staaten des Territoriums, die, außer der Modification durch gemeinsame Bestimmung, ewig unverändert bleiben sollen". Die fünf ersten betreffen die Grundrechte der Einwohner des Territoriums, während der sechste also lautet: "Es soll in dem besagten Territorium weder Sklaverei noch unfreiwillige Dienstbarkeit, es sei denn als Strafe für Verbrechen, dessen der Beschuldigte gesetzmäßig überführt worden ist, geben; vorausgesetzt jedoch, daß jede in dasselbe flüchtende Person, von welcher in einem der ursprünglichen Staaten gesetzmäßig Arbeit und Dienstbarkeit gefordert werden kann, auf gesetzlichem Wege reclamirt und der ihre Arbeit oder Dienste beanspruchenden Person übergeben werden darf."

Die Sklaverei unter der Unionsverfassung.

Die Artikel der alten Conföderation hatten sich für den Zweck des Bundes ungenügend erwiesen, und am 25. Mai 1787 trat eine Convention der Bundesstaaten in Philadelphia zusammen, um jene frühern Artikel einer Revision und Neugestaltung zu unterziehen. Die Aufgabe der Convention war indeß nicht, eine neue und endgültige Verfassung für die Union festzustellen, sondern blos einen Verfassungsentwurf auszuarbeiten, dessen Annahme und Ausführung von der Ratification der einzelnen Staaten abhängig blieb. Um die Zustimmung der einzelnen Staaten für den Entwurf zu sichern, war die Versammlung, in welcher das conservative Element vorherrschte, auf das Vereinbaren oder, wie man in Amerika sagt, den Weg der Compromisse in allen wichtigern Punkten angewiesen.

Die Verfassung für die Union beruht hiernach auf drei solchen Compromissen. Der erste wurde in der Frage über das Verhältniß der Repräsentation der einzelnen Staaten im Congreß geschlossen. Die große Schwierigkeit bestand nämlich von Anfang an darin, die entgegengesetzten Ansprüche der größern und kleinern Staaten zu vereinigen. Die kleinern Staaten fürchteten durch das Übergewicht der großen an Einfluß im Bunde zu verlieren und wollten die Gleichheit der Stellung, welche sie unter der Conföderation besaßen, nicht aufgeben. Die kleinen Staaten vertraten daher in der Convention die Sonderinteressen der Einzelstaaten und bildeten die "Staatsrechtspartei". Die größern Staaten dagegen hofften durch eine starke Centralregierung an Maß und Geltung zu gewinnen, und wünschten den Antheil an derselben nicht nach Staaten, sondern nach Besitz und Bevölkerung vertheilt. Dieselben vertraten darum den nationalen Gesichtspunkt und hießen die "nationale" oder "föderale" Partei. Während der Discussion der Repräsentationsfrage hatte die Versammlung bereits einen Beschluß im Sinne der Föderalisten gesagt, als die kleinern Staaten erklärten ausscheiden zu wollen. Um dies zu verhindern, gaben die Föderalisten nach, und man einigte sich dahin, daß die Repräsentation im Senat nach Staaten, jene im Unterhause nach „Bevölkerungszahl und Besitz" bestimmt wurde. Diese Vereinbarung wird das große oder Fundamentalcompromiß genannt. Dasselbe war noch nicht zu Stande gebracht, als die Nothwendigkeit eines zweiten eintrat. Wie sollte es bei der Erhebung der Bevölkerung und des Besitzes mit den Sklaven gehalten werden? Sollten dieselben als Individuen und Menschen gezählt oder als blos sachliches Eigenthum zu dem Besitz gerechnet werden? Die Discussion über diese Frage zeigte bald, daß der Gegensatz zwischen den größern und kleinern Staaten bei weitem nicht so groß war als der Conflict der Interessen zwischen den sklavenhaltenden und sklavenfreien Staaten. Um den Zwiespalt zu versöhnen, schlug Williamson von Nordcarolina vor, in den Census die Gesammtzahl der Freien nebst drei Fünfteln aller andern Einwohner aufzunehmen. Diesem Vorschlage hatte sich früher Butler von Südcarolina widersetzt, weil die Arbeit von drei Freien mehr producire als die von fünf Sklaven. Butler sprach damals, als er opponirte, für die Staatsrechtspartei; jetzt aber schlug er rasch um und erklärte, daß die Arbeit eines Sklaven in Südcarolina ebenso viel werth und ebenso productiv sei wie jene eines Freien in Massachusetts. Mason von Virginien wollte die Neger mitgeschätzt, aber nicht als freie Männer vertreten sehen. Morris von Pennsylvanien, der den Antrag deshalb verwarf, weil er ihn als den Freund des Besitzcensus nicht befriedigte, brachte nun ein Amendement ein, nach welchem die Repräsentation im Verhältniß zur directen Besteuerung stehen sollte. Dies hatte zur Wirkung gehabt, daß die Sklaven entweder mitversteuert oder nicht gezählt werden durften. Das Amendement wurde gleichwol angenommen, worauf Davis von Nordcarolina die Erklärung abgab, „daß Nordcarolina unter diesen Umständen nicht eintreten würde, und daß die Drei-Fünftelsclausel das Wenigste wäre, was zugestanden werden müsse". Nach einigen Debatten ging die Versammlung auf diese Bestimmung ein, welche als das „zweite Compromiß" bezeichnet wird. Das dritte Compromiß kam zu Stande, als es sich darum handelte, ob der Congreß berechtigt sein solle, Schiffahrtsgesetze zu erlassen und Ein- und Ausfuhrsteuern zu erheben. Diese Frage involvirte zugleich die der fernern Importation der Negersklaven oder, wie man sich euphemistisch ausdrückte, „der Wanderung und Einführung dienstpflichtiger Personen". Die südlichen Staaten entwickelten bereits einen nicht unbedeutenden Export für ihre Rohproducte, den sie der Beschränkung von Bundesmaßregeln nicht unterwerfen wollten, auch besorgten sie, daß bei jenen Gesetzen die Centralregierung ein ihr zugestandenes Tarirungsrecht zur Verhinderung der Sklaveneinfuhr benutzen würde. Auf der andern Seite wünschten die östlichen Staaten dem Congreß die Befugniß zu Schiffahrtsgesetzen einzuräumen, weil sie dieser Gesetze zum Schutz ihrer Rhederei bedurften. Zwischen ihnen in der Mitte standen die nördlichen ackerbauenden Staaten, welche, ohne ein eigenes Interesse in der Sache zu haben, dem Congreß zwar das Recht sowol zu Schiffahrtsgesetzen als zu Ein- und Ausfuhrzöllen zugesprochen wissen wollten, aber nur als finanzielle Quelle. Das Comité, welches mit der Behandlung dieser drei Fragen beauftragt war, trug darauf an, daß der Congreß keine Exportsteuern erheben, dagegen Schiffahrtsgesetze erlassen solle, und die Sklaveneinfuhr nur bis zum Jahre 1800 bei einer Steuer von 10 Dollars per Kopf erlaubt sein möge. Obwol dieser Antrag das Resultat vielfacher Vereinbarungen in und außer der Versammlung war, verwarfen ihn doch die Sklavenhalter entschieden, und der Zwiespalt in den Ansichten trat immer schroffer auf. Der Abgeordnete Ellsworth beklagte damals, daß „die Union in allen Richtungen auseinander gehe und in mehrere Conföderationen, die sich bekriegen werden, zu zerfallen drohe". Pinkney von Südcarolina beantragte hierauf, die Frist der Sklaveneinfuhr bis auf 1808 zu verlängern. Wenn man dies zugestehe, sagte er, so wolle der Süden dem Norden die Schiffahrt bewilligen. Dieser Antrag oder, wie Morris sagte, dieser „Handel", wurde als drittes Compromiß angenommen. Die nördlichen Staaten erhielten die Befugniß der Union zu Navigationsgesetzen gegen eine zwanzigjährige Verlängerung des Sklavenhandels.

Außer diesen drei Vergleichen wird von seiten der Sklavenpartei öfter noch von einem vierten Vergleich oder Compromiß gesprochen. Nachdem endlich die Versammlung die Berathung über einzelne Artikel beendet hatte, wurde das Ganze als Material einem Specialausschuß überwiesen. Der Bericht, welchen derselbe einreichte, enthielt einige neue Anträge, unter diesen namentlich zwei, von denen der eine sich auf die politische Gleichstellung aller Bürger, der andere auf die Auslieferung flüchtiger Verbrecher in den einzelnen Staaten bezog. Als der erste dieser Anträge zur Verhandlung kam, wünschte Pinkney die Aufnahme irgendeiner Bestimmung, welche das Recht der Sklaverei anerkennen sollte, wagte aber selbst nicht einen solchen Antrag zu stellen. Bei der Berathung des zweiten erhob sich sein College Butler und verlangte, daß „flüchtige Sklaven und Diener wie Verbrecher ausgeliefert" würden. Wilson von Pennsylvanien und Sherman von Connecticut wandten dagegen ein, „daß dies nur durch die Executive des betreffenden Staats auf öffentliche Kosten geschehen müßte", und „daß das öffentliche Ergreifen und Ausliefern eines Sklaven ebenso wenig ehrenvoll wie das eines Pferdes oder andern Thieres sei". Butler zog hierauf seinen Antrag zurück, brachte aber den nächsten Tag einen andern ein, in welchem er vorschlug, jenen Passus der Jefferson'schen Ordonnanz, welcher auf die Auslieferung flüchtiger Dienstpersonen Bezug hat, in der Verfassung zu wiederholen. Der Antrag wurde angenommen, und zwar ohne daß es dabei zur Androhung eines Bruchs und zu einem wirklichen Compromiß kam.

Die Paragraphen der Verfassung selbst, welche die obigen Compromisse enthalten, sind nebst denjenigen, welche sich auf die Sklaverei in dem einen oder andern Sinne beziehen, folgende:

Einleitung: „Wir, das Volk der Vereinigten Staaten, beschließen und errichten, um eine vollkommenere Union zu bilden, Gerechtigkeit zu handhaben, die innere Ruhe zu verbürgen, für die gemeinsame Vertheidigung zu sorgen, die allgemeine Wohlfahrt zu befördern und die Segnungen von Freiheit uns selbst und unsern Nachkommen zu sichern, diese Verfassung für die Vereinigten Staaten von Amerika."*)

Art. 1, §. 1. „Alle hierin ertheilte gesetzgebende Gewalt soll von einem Congreß der Vereinigten Staaten, der aus einem Senat und einem Repräsentantenhause besteht, ausgeübt werden." §. 2. „Die Repräsentanten und directen Steuern sollen unter die verschiedenen Staaten, die in diese Union eintreten, nach ihrer respectiven Einwohnerzahl vertheilt werden, und ist diese so zu bestimmen, daß zu der Gesammtanzahl aller freien Personen, einschließlich der auf eine Reihe von Jahren zur Dienstbarkeit Verpflichteten und ausschließlich der nicht besteuerten Indianer, drei Fünftel aller andern Personen zuzufügen sind." §. 9. „Die Wanderung oder Einführung solcher Personen, deren Zulassung irgendeiner der jetzt bestehenden Staaten schicklich (proper) erachten würde, soll vom Congreß nicht vor dem Jahre 1808 verboten werden; doch mag ein Zoll auferlegt werden, der für die Person nicht 10 Dollars übersteigt... Das Privilegium der Habeas-Corpus-Acte darf, außer in Fällen der Rebellion oder Invasion, wo es die öffentliche Sicherheit erfordert, nicht suspendirt werden... Keine Entehrungsbill oder Ex-post-facto-Gesetz darf erlassen werden."

Art. 2, §. 3. „Als Verrath gegen die Vereinigten Staaten soll nur die Kriegführung gegen dieselben oder der Anschluß an ihre Feinde durch Hülfs- und Vorschubleistung angesehen werden."

Art. 4, §. 2. „Die Bürger eines jeden Staats sollen zu allen Privilegien der Bürger jedes andern Staats berechtigt sein... Keine Person, die zu Dienst oder Arbeit in einem Staat unter den Gesetzen desselben verhalten ist, und die sich in einen andern Staat flüchtet, soll infolge von was immer für einem Gesetz oder Verordnung daselbst von diesem Dienst oder dieser Arbeit befreit, sondern auf Verlangen desjenigen Theils, dem dieser Dienst oder Arbeit geschuldet ist, ausgeliefert werden." §. 3. „Neue Staaten können durch den Congreß in diese Union zugelassen werden, aber kein neuer Staat darf innerhalb der Jurisdiction irgendeines andern Staats gebildet oder errichtet, noch irgendein Staat durch die Verbindung von zwei oder mehreren Staaten oder Theilen von solchen ohne die Beistimmung der Legislaturen der betreffenden Staaten sowol wie des Congresses geschaffen werden... Der Congreß soll die Macht haben, über das den Vereinigten Staaten gehörige Territorium und übrige Eigenthum zu verfügen und alle nothwendigen Gesetze und Verordnungen zu erlassen, und soll in dieser Verfassung nichts so ausgelegt werden, daß dadurch den Ansprüchen der Vereinigten Staaten oder eines besondern Staats in etwas vergeben würde." §. 4. „Die Vereinigten Staaten sollen jedem Staat in dieser Union eine republikanische Regierungsform gewährleisten, und einen jeden von ihnen gegen einen Angriff von außen und auf Verlangen der Legislatur oder, falls dieselbe nicht zusammentreten kann, auf Verlangen der Executive gegen innere Gewaltthat in Schutz nehmen."

Art. 6. „Diese Verfassung und die Gesetze der Vereinigten Staaten, die zu ihrer Ausführung erlassen werden, sollen ebenso wie alle Verträge, die unter der Autorität der Vereinigten Staaten entweder schon geschlossen sind oder erst geschlossen werden, das höchste Gesetz des Lan-

---

*) Diese Bezeichnung „Vereinigte Staaten von Amerika", nicht blos „von Nordamerika", ist die officielle in der Union, die auch auf den Landesmünzen steht.

des sein, an welches die Richter in einem jeden Staat, aller in der Verfassung oder den Gesetzen desselben entgegenstehenden Verfügungen ungeachtet, gebunden sind."

Nachdem die Verfassung vollendet und den Einzellegislaturen zur Ratification vorgelegt worden, fanden die Legislaturen, daß diese Verfassung nicht alle Garantien, die man von ihr erwartet hatte, darböte. Von dem Gesichtspunkte ausgehend, daß sie blos zu der Revision der Conföderationsartikel berufen sei, hatte die Convention namentlich unterlassen, ihrem Verfassungsentwurf eine Bill of rights beizufügen, ohne welche Eingriffe der Centralgewalt in die „unveräußerlichen Rechte" der Bürger, von denen die Unabhängigkeitserklärung sprach, denkbar erschienen. Um diese Lücke auszufüllen, liefen von den Einzelstaaten Zusatzanträge ein, welche sich auf die Grundrechte jedes Menschen bezogen, und die, nachdem sie die Convention gebilligt, in dieser Form der Verfassung angehängt wurden.

Von diesen Zusätzen wurden in neuerer Zeit als für die Sklavereifrage von Bedeutung folgende angesehen: Art. 1. „Der Congreß darf kein Gesetz in Rücksicht auf die Feststellung einer Religion oder die Behinderung der freien Ausübung einer solchen, noch in Betreff der Verkürzung der Rede- und Preßfreiheit oder der Rechte des Volks, sich friedlich zu versammeln und die Regierung um Abhülfe von Beschwerden anzugehen, erlassen." Art. 2. „Da eine wohleingerichtete Miliz zu der Sicherheit eines freien Staats nothwendig ist, so soll das Recht des Volks, Waffen zu haben und zu tragen, nicht beschränkt werden." Art. 5. „Keine Person soll ohne das gesetzmäßige Verfahren des Lebens, der Freiheit oder des Eigenthums beraubt, noch Privateigenthum ohne gerechte Entschädigung zum öffentlichen Gebrauch verwandt werden." Diese drei Artikel wurden gewöhnlich in Rücksicht auf das Recht des Widerstandes angeführt, falls der Congreß verfassungswidrige Beschlüsse erließe, wie z. B. das Sklavenfanggesetz in den freien Staaten.

Es kann nicht schwer sein, aus einer Vergleichung der obigen Paragraphen die Frage zu beantworten, ob die Verfassung der Vereinigten Staaten ein Recht der Sklaverei anerkennt? Die Partei der Sklavenhalter, welche diese Frage bejaht, stützt ihre Ansicht hauptsächlich auf die §§. 2 und 9 des Art. 1 und den §. 2 des Art. 4. Nach ihrer Meinung sollen die Ausdrücke „Dienstbarkeit", „Dienst und Arbeit" nichts anderes als die Sklaverei bedeuten, und das Gesetzgeben im Betreff des Factums der Sklaverei zugleich eine Anerkennung ihres Rechts sein. Aber eine solche Behauptung ist sowol dem Wortlaut wie dem Geiste jener Bestimmungen zuwider. Was zunächst den Wortlaut betrifft, so ist in dem §. 2 des Art. 1 ausdrücklich nur von den auf eine Reihe von Jahren zur Dienstbarkeit verpflichteten Personen die Rede, worunter offenbar blos die indented-servants oder „weißen Dienstleute" zu verstehen sind. Sodann wurde bei der Abfassung des §. 2 im Art. 4 der Ausdruck bound to servitude („zur Dienstbarkeit verpflichtet"), der ursprünglich im Entwurf stand, als die Sklaverei bezeichnend absichtlich gestrichen und an seine Stelle held to service („zu Dienst verhalten") gesetzt. Endlich kommen diese Ausdrücke nicht isolirt vor, sondern immer in Verbindung mit dem Substantiv „Personen", die bekanntlich das Gegentheil von „Sklaven" sind. Eine verfängliche Beziehung scheint nur in den Worten „unter den Gesetzen" (§. 2, Art. 4) zu liegen, aus denen man auf eine Anerkennung schließen kann. Aber auch diese Beziehung verliert ihre Bedenklichkeit, wenn man auf die Entstehung jenes Passus Rücksicht nimmt. In der ersten Fassung des §. 2, die angenommen wurde, hieß derselbe nämlich: „Keine Person, die zu Dienst und Arbeit in einem Staat gesetzlich verhalten ist." Bei der stilistischen Revision des Artikels fand man, daß das Wort „gesetzlich" zu viel sage und eventuell als eine Anerkennung der Sklaverei ausgelegt werden könnte; man beschloß daher, daß dasselbe in die Worte „unter den Gesetzen" verwandelt werden solle. So wie der Satz nunmehr lautete, enthält er also höchstens eine Bejahung der Thatsache der Sklaverei, aber keine Sanction derselben. Aus dem bloßen Factum oder seiner Erwähnung in einem Gesetze aber die Anerkennung oder Gutheißung jenes Factums beweisen zu wollen, heißt jedenfalls von allen Regeln der Logik und Vernunft absehen.*) Wenn es unter den Sklavenhaltern viele gibt, die sich auf solche Art oder Gesetzinterpretation berufen, bleibt doch noch der Geist der Verfassung übrig, welcher im Zweifel entscheidet. Abgesehen von den drei Erklärungen der revolutionären Behörden und den erwähnten Amendements der Verfassung, weist zunächst die ganze Haltung der Convention von 1787 auf eine starke Oppositionsstimme gegen die Sklaverei. Ge-

---

*) Die Verhandlungen der Convention waren geheim, und es kam nur wenig von dem, was in ihr vorging, in die officiellen Protokolle. Um so belehrender aber sind die Privatmittheilungen ihrer Mitglieder, von denen einige, wie „Madison's Journal", später gedruckt wurden.

neral Pinkney schlug im Laufe der Debatte mehr als einmal vor, den Sklavenhaltern irgendein
Garantie ihres Besitzes zu ertheilen, statt aber seinem Wunsche zu entsprechen, wurde vielmeh
alles gethan, um „die Idee des Menscheneigenthums" von der Verfassung fern zu halten. „Di
ausgezeichneten Männer", sagt Webster in seiner berühmten Rede vom 7. März 1850 (mit de
er übrigens zur Sklavenpartei überging), „und fast alle hervorragenden Politiker des Süden
hegten dasselbe Gefühl, daß die Sklaverei ein Übel, ein Aussatz, eine Geisel und ein Fluch wär
Es gab im Norden nie eine so heftige Sprache des Tadels gegen die Sklaverei als in jene
Tagen im Süden. Der Norden war nicht so stark dagegen aufgebracht wie der Süden, und de
Grund davon, wie ich vermuthe, ist, weil sie im Norden viel weniger ausgebreitet war und da
Volk den Schaden nicht so deutlich wahrnahm wie im Süden. Als daher diese Verfassung z
Stande kam, war dies das Licht, in welchem die föderale Convention die Sache anfaß ... D
Frage war, wie man sich mit ihr abfinden und wie man mit ihr als einem Übel verfahren soll
Man kam zu folgendem Resultat. Man glaubte, daß die Sklaverei nicht fortbestehen könn
wenn die Importation von Sklaven aufhörte, und man bestimmte daher, daß die Einfuhr, na
einiger Zeit, durch das Verbot der Regierung verhindert werden dürfte ... Es mag hier nid
unpassend sein, an die berühmte Meinung von Madison zu erinnern. Man bemerkt, daß be
Ausdruck «Sklave» von der Verfassung nicht gebraucht wird. Die Verfassung schreibt nicht vo
daß «flüchtige Sklaven» ausgeliefert werden sollen. Sie verlangt blos, daß Personen, die zu
Dienst in einem Staate verhalten sind und die in einen andern fliehen, ausgeliefert werden solle
Madison widersetzte sich der Aufnahme des Ausdrucks «Sklave» oder «Sklaverei» in die Ver
fassung, denn er sagt, daß er es von der Verfassung der Vereinigten Staaten nicht anerkan
sehen wollte, daß es ein Menscheneigenthum gebe."

Die Convention von 1787 war demnach nicht für, sondern gegen die Sklaverei eingenom
men und revidirte oder vielmehr entwarf in diesem Sinne das Verfassungswerk. Im Zu
sammenhange hiermit steht aber auch noch eine andere wichtige Verhandlung derselben Zeit, d
nicht genug berücksichtigt worden ist. Die Convention, welche die Verfassung zu besorgen hatt
versammelte sich in Philadelphia im Mai und saß bis im September 1787. Während dies
ganzen Zeit hielt der Congreß der Vereinigten Staaten seine Sitzung in Neuyork. Zu derselb
Zeit, wo die Convention zu Philadelphia die Verfassung berathschlagte, beschloß der Congr
in Neuyork die bereits erwähnte Ordonnanz von 1787 für die Organisation und Regieru
des Territoriums im Nordwesten von Ohio. Die Ordonnanz kam am 13. Juli 1787
Stande, in demselben Monat, vielleicht an demselben Tage, an welchem die Fragen über die In
portation von Sklaven und das Wesen der Sklaverei in der Convention von Philadelphia deba
tirt wurden. Soweit es sich ermitteln läßt, bestand eine völlige Gleichheit der Ansichten zwisch
diesen beiden Versammlungen, deren Ergebniß jene Ordonnanz von 1787 war, welche die Skl
verei von dem nordwestlichen Territorium der Vereinigten Staaten ausschloß.

Drei Punkte stehen in der Sklavenangelegenheit durchaus klar und historisch erwiesen b
Zunächst, man erwartete, die Sklaverei würde mit dem Aufhören der Sklavereieinfuhr au
Afrika in den Vereinigten Staaten ihr Ende erreichen: das wurde gehofft und angenomme
Dann, soweit der Congreß überhaupt die Macht besaß, der Ausbreitung der Sklaverei in den Ve
einigten Staaten vorzubeugen, hatte er diese Macht in der absolutesten Weise und in der vollst
Umfange gebraucht. Das Votum eines jeden Staats war nämlich einstimmig zu Gunsten d
erwähnten Ordonnanz. Nur ein einziges persönliches Votum macht eine Ausnahme, und dies
persönliche Votum gab ein Vertreter des Nordens. Die Ordonnanz, welche die Sklaverei fi
immer nordwestlich vom Ohio verbietet, trägt die Unterschrift und das Siegel eines jeden sü
lichen Mitglieds im Congreß. Es war also kein Angriff des Nordens gegen den Süden. A
dritter Punkt steht historisch fest, daß die Convention von 1787 die Sklaverei in den Staate
belassen wollte, wie sie dieselbe vorfand, gänzlich unter der Autorität und Controle dieser selb

Die Errichtung der Verfassung der Vereinigten Staaten mit Anerkennung der Sklaver
wie sie in den Staaten bestand; ferner, die Abfassung der Ordonnanz für die Regierung de
nordwestlichen Territoriums mit Ausschluß der Sklaverei in dem Territorium, während de
einzelnen Staaten in ihren Grenzen das Sklavenwesen überlassen blieb; endlich, die Ertheilun
der Macht an die neue Regierung, nach einer bestimmten Zeit der Einführung von Sklaven ei
Ende zu machen — dies waren die drei wichtigen Punkte, in denen sich die Erledigung der Skla
venfrage zusammenfaßte und über welche zur Zeit der Annahme der Bundesverfassung eir
vollständige Übereinstimmung und Gleichheit der Willensmeinung zwischen dem Norden und
Süden der Union herrschte.

Das Sklavenwesen in Nordamerika.

Die ersten Bestrebungen für und gegen die Ausdehnung der Sklaverei.

Während der Congreß und die Föderalconvention in Philadelphia und Neuyork tagten, gingen die Cessionen der Territorien vor sich, welche die Staaten an den Bund abzutreten versprochen hatten. Mehrere der Einzelstaaten benutzten diese Gelegenheit, um die Sklaverei in die neuen Territorien einzuführen. Der Staat Nordcarolina hatte, wie mancher andere, eine Ausdehnung seines Gebiets im Westen bis zum Mississippi verlangt. Die Ansiedler jenseit der Alleghanygebirge widersetzten sich aber diesem Ansinnen, und ein Theil derselben unternahm es, sich als selbständiger Staat, unter dem Namen Frankland, zu constituiren. Nordcarolina trat einem solchen Beginnen mit Gewalt entgegen, und da ein Theil der Einwohner für Nordcarolina Partei nahm und als Bürger dieses Staats zu votiren fortfuhr, wurde der Delegirte, welchen Frankland in den Congreß sandte, von diesem nicht empfangen. Am 22. Dec. 1789, einen Monat nach der Ratificirung der Bundesverfassung, kam dagegen in der Legislatur von Nordcarolina ein Beschluß zu Stande, durch welchen das ganze im Westen von den gegenwärtigen Grenzen Nordcarolinas gelegene Territorium (das heutige Tennessee) an den Congreß abgetreten ward. Unter den Bedingungen, welche die Legislatur von Nordcarolina hierbei stellte und die der Congreß annahm, war auch die: „daß keine von dem Congreß erlassene oder noch zu erlassende Verfügung auf die Emancipation der Sklaven abzielen solle."

Dem Beispiel Nordcarolinas folgte sobann Virginien. Im Jahre 1790 wurde ein Theil seines Gebiets unter Einwilligung der Bevölkerungen als besonderer Staat Kentucky ausgeschieden und derselbe durch Congreßacte vom 4. Febr. 1791 in die Union aufgenommen, ohne daß eine die Sklaverei beschränkende Clausel gestattet ward. Ebenso bedung sich Georgia bei Abtretung seines Gebiets, das jetzt die Staaten Alabama und Mississippi umfaßt, am 2. April 1802: „daß dieses also abgetretene Territorium ein Staat werden und in die Union aufgenommen werden soll ... unter denselben Bedingungen und Einschränkungen, sowie denselben Privilegien und in derselben Weise, welche die Ordonnanz vom 13. Juli 1787 anordnet, mit Ausnahme des Artikels, welcher die Sklaverei verbietet."

Ein wiederholter Versuch, die Ordonnanz von 1787 umzustoßen, wurde im Jahre 1802 gemacht, als es sich um die Aufnahme des heutigen Staats Ohio in die Union handelte. Im Einklange mit jener Ordonnanz war das ganze nordwestlich vom Ohiofluß gelegene Territorium unter die Oberaufsicht des Congresses gestellt und von diesem unter der Bezeichnung „Indian Territory" verwaltet worden."*) Wie in allen zwischen den nördlichen und südlichen Staaten gelegenen Gebieten bestand auch in Ohio die erste Ansiedelung aus einem gemischten Element: einem nördlichen oder neuenglischen, das der Sklaverei feindlich, und einem südlichen oder virginischen, welches ihr freundlich war. Das letztere machte eine starke, aber friedliche Anstrengung, die Sklaverei auf eine bestimmte Zeit in das Territorium und den werdenden Staat einzuführen. Die Virginier behaupteten sogar, zu diesem Plan die Billigung Jefferson's erhalten zu haben, obwol dessen Feindseligkeit gegen das System bekannt war. Es herrschte damals ziemlich allgemein die Ansicht, daß wenn auch die Sklaverei auf die Länge schädlich und verwerflich wäre, sie doch zur Lichtung der Urwälder, Gründung der Wohnungen und Überwindung der großen Beschwerden und Entbehrnisse des Pionnierlebens zeitweilig zu dulden sei. Auf Grund dieser Anschauung begann das Territorium seine Agitation, welche auf eine Abänderung der Ordonnanz abzweckte. Zuerst adressirte der Territorialgouverneur Henry Harrison (nachmaliger Präsident) eine Denkschrift an den Congreß, in welcher er um eine zeitweilige Suspension des Art. 6 ansuchte. Diese Denkschrift wurde von dem Hause einem Specialcomité von drei Mitgliedern, zwei davon aus Sklavenstaaten, überwiesen, in welchem der als Führer der Sklavenpartei bekannte Randolph aus Virginien den Vorsitz führte. Randolph erstattete am 2. März 1803 seinen Bericht, worin die auf die Sklaverei bezügliche Stelle also lautet: „Die erste Bevölkerungszunahme des Staats Ohio beweist zur Genüge, daß die Sklavenarbeit nicht nothwendig ist, um das Wachsthum und die Niederlassung von Colonien in diesem Landstrich zu befördern; daß diese Arbeit — nachweisbar die theuerste von allen — nur zur Erzeugung werthvollerer Producte, als man in diesem Theil der Vereinigten Staaten kennt, verwendet werden kann. Das Comité hält es

---

*) Infolge der Bestrebungen um Aufhebung dieser Ordonnanz ist die Besetzung der Gouverneurstellen in den Territorien Gegenstand der Parteieifersucht geworden. Man bewarb sich um die Gouverneurstellen in den Territorien, um sich hierdurch die Sporen für die Candidatur zur Präsidentenstelle zu verdienen.

daher für höchst gefährlich und unthunlich, eine Verfügung anzutasten, welche mit Weisheit darauf berechnet ist, das Glück und Gedeihen des Nordwestens zu fördern und seinen ausgedehnten Grenzen Stärke und Sicherheit zu verleihen. In der heilsamen Wirkung dieser weisen und wohlwollenden Beschränkung, sollte man glauben, werden die Einwohner von Indiana in nicht ferner Zukunft reichliche Belohnung für eine zeitweise Entbehrung von Einwanderung und Arbeit finden."

Der Bericht schloß auf Verwerfung des Suspensionsbegehrens, kam aber wegen Kürze der Sitzungsperiode nicht zur Berathung. In der folgenden Periode wurde der Gegenstand einem zweiten Ausschuß überwiesen, welcher sich am 17. Febr. 1804 zu Gunsten der Suspension aussprach. Doch sollte dieselbe nur 10 Jahre dauern und auf die Einführung eingeborener Neger, deren Nachkommen frei würden, beschränkt bleiben. Dieser Bericht war bereits ein Gewinn für die Sklavenhalterpartei, konnte aber ebenfalls nicht auf die Tagesordnung gesetzt werden. Inzwischen liefen neue Denkschriften und Petitionen aus Ohio bei dem Hause ein, infolge deren ein dritter Ausschuß ernannt wurde, der am 14. Febr. 1806 seinen Bericht einreichte. Wie der zweite trug auch dieser dritte auf die Gewährung des Suspensionsgesuchs an, indem der Ausschuß seinen Vorschlag folgendermaßen motivirte. Die gegenwärtige Frage sei durchaus verschieden von der zwischen Sklaverei und Freiheit; es handele sich blos um die Verpflanzung von Personen, die bereits Sklaven wären; es würde zur Vermehrung der Bevölkerung im Territorium beitragen, die unter jener Ordonnanz gelitten habe. Die Lage der Sklaven selbst wurde dadurch verbessert, da bei ihrer größern Vertheilung und geringern Anzahl die Herren sie besser pflegen könnten. Auch würden auf diese Weise die Gefahren, welche aus einer zu starken schwarzen Bevölkerung entstehen möchten, vermindert werden. Dieser Bericht wurde zwar auf die Tagesordnung gesetzt, gelangte aber dennoch nicht zur Verhandlung. Ein vierter Bericht, welcher auf ein neues Schreiben des Gouverneurs in der nächsten Sitzung, am 21. Jan. 1807, zu Stande kam und der ebenfalls, nur in dringenderer Weise, zu Gunsten des Petitums sprach, theilte dasselbe Schicksal. Da das Haus sich der Sache nicht annahm, so hatte Harrison sein letztes Gesuch zugleich dem Senat überschickt. Gegen bin Petition des Gouverneurs war aber auch eine Vorstellung einiger Einwohner des Territoriums eingegangen, und so rapportirte am 13. Nov. 1807 Hr. Franklin von Nordcarolina über die Sache dahin, daß aus diesem Grunde, d. h. wegen des Widerspruchs von seiten mehrerer Einwohner, „es in diesem Augenblick nicht thunlich sei, den sechsten Artikel des Übereinkommens für die Regierung des Territoriums nordwestlich vom Ohioflusse zu suspendiren".

Dieser Beschluß wurde, wie es scheint, nie gefaßt, aber mit dem Antrage endeten die Versuche, die Ordonnanz zu beseitigen. Diese Versuche zeigen die ganze Politik der Sklavenpartei im Keime auf. Unter der Maske der Scheinheiligkeit mit unabläßiger Consequenz vorgehend, ist ihre Taktik und Beweisführung hier schon ganz dieselbe, welche sie im spätern Verlauf an den Tag legte.

Die Prosklavereibestrebungen blieben jedoch nicht ohne das Gegengewicht einer Antisklavereiagitation. Im März 1790, schon während das Repräsentantenhaus die Bill der öffentlichen Schuld berieth, wurde es das erste mal in eine lebhafte Discussion über Sklaverei und Sklavenhandel verwickelt. Mit Ausnahme von Massachusetts bestand die Sklaverei noch in jedem Staate der Union. Die Verfassungsclausel jenes Staats, die alle Menschen frei und gleich geboren erklärt, ward von den Gerichten als die Sklaverei aufhebend ausgelegt. Kurz vor der Annahme dieser Verfassung in Massachusetts war in Pennsylvanien (1780) eine Acte zu Stande gekommen, welche eine stufenweise Emancipation der Sklaven einführte, indem sie die Einfuhr der Sklaven von 1790 an verbot und allen Neugeborenen die Freiheit sicherte. Dieses System wurde von Connecticut, Rhode-Island und Neuhampshire nachgeahmt. Die andern Staaten behielten das alte System bei. Neuyork, Neujersey, Delaware, Maryland und Virginien hatten indeß die fernere Sklaveneinfuhr untersagt, und die beiden letztern die alten Beschränkungen der Emancipation aufgehoben. Jefferson und Wythe wollten im Revisionsausschuß der Statuten von Virginien eine Bill der stufenweisen Emancipation vorschlagen, als die Frage aber zur Verhandlung kam (1785), befand sich Jefferson bereits auf dem Gesandtschaftsposten in Paris. Selbst in Neuyork mislang ein Versuch, die stufenweise Emancipation einzuführen. Ebenso gab es von Nordcarolina aufwärts zahlreiche Gegner der Sklaverei in allen Staaten. Rhode-Island untersagte bald nach der Vertagung der Convention seinen Bürgern die Theilnahme am Sklavenhandel (October 1787). Die Entführung von drei Farbigen in Boston, die nach Westindien verkauft wurden, rief die gleiche Maßregel in Massachusetts hervor, die auch in Connecticut und Pennsylvanien adoptirt wurde. Und diese Opposition gegen die Sklaverei blieb nicht auf die Legislaturen in den Staaten beschränkt. Die „Vereinigte Synode" von Neuyork und Philadelphia erließ, indem sie sich zur Generalversammlung der presbyterianischen Kirche in Amerika constituirte, im Jahre 1788 einen Hirtenbrief, in welchem sie dringend die Abschaffung der Sklaverei und die Unterrichtung der Neger in der Lectüre und Religion anempfahl. Die Episkopalkirche der Methodisten, die, seit kurzem errichtet, besonders in Maryland und Virginien an Anhängern zunahm, ging sogar so weit, die Sklavenhalter von ihrer Gemeinschaft auszuschließen. Coke, ihr erster Bischof, war sehr eifrig in dieser Hinsicht, obwol die Strenge dieser Sekte später nachließ. Durch den Einfluß Woolman's und anderer war die Opposition gegen die Sklaverei ein festes Axiom der Quäker geworden. Wie eine Frage der Religion, so wurde aber auch die Sklaverei eine Frage der Humanität und Politik. Schon im Jahre 1787 trat in Philadelphia eine „Gesellschaft zur Beförderung der Aufhebung der Sklaverei", ein sogenannter Abolitionistenverein, ins Leben, deren Präsident Franklin war. Ein ähnlicher Verein bildete sich in Neuyork und in allen Staaten nordwestlich von Virginien. Am 11. Febr. 1790 kam eine Petition der Jahresversammlung der Quäker von Pennsylvanien und Delaware, sowie eine andere derjenigen von Neuyork in das Haus, welche vorstellte, ob nicht der Congreß, scheinbarer Hindernisse ungeachtet, Gerechtigkeit und Barmherzigkeit durch Abschaffung der Sklaverei" üben möchte. Andern Tags lief eine ähnliche Petition von dem Abolitionistenverein aus Philadelphia ein, welche von Franklin unterzeichnet und einer der letzten Acte des großen Menschenfreundes war. Hartley schlug die Verweisung dieser Gesuche an einen Ausschuß vor, worauf Tucker und Burke bemerkten, „daß dieselben verfassungswidrig wären, da der Congreß keine Macht habe, über den Sklavenhandel vor zwanzig Jahren zu beschließen". „Ich kann keinen Zweifel hegen", entgegnete ihnen Scott, „daß das Memorandum der Verfassung streng angemessen ist. Es bezieht sich auf einen Theil der Pflicht, die uns durch dieselbe übertragen ist. Wir können jetzt eine unbedeutende Taxe von 10 Dollars auflegen. Wenn dies alles ist, was wir thun können, müssen wir zufrieden sein. Ich bedauere, daß die Verfasser der Constitution nicht weiter gingen und uns in den Stand setzten, den Sklavenhandel ganz zu verbieten, denn ich betrachte denselben als eins der verabscheuungswürdigsten Dinge auf der Erde, und ich würde diesem Handel, wenn es weder einen Gott noch Teufel gäbe, aus Principien der Menschlichkeit und Natur widerstreben. Was mich betrifft, so kann ich nicht begreifen, wie irgendjemand ein Eigenthum an seinem Nächsten erwerben soll. Die Gesuchsteller sehen die Sache in einem religiösen Lichte an; aber ich bedarf keiner religiösen Motive, um den Schacher mit Menschenfleisch zu verdammen. Vielleicht können wir in unserer legislativen Eigenschaft nicht weiter als bis zur Auflage eines Zolls von 10 Dollars gehen; aber ich weiß nicht, wie weit ich gehen würde, wenn ich einer der Richter der Vereinigten Staaten wäre und diese Leute kämen zu mir und würden ihre Emancipation verlangen. Gewiß, ich würde so weit als möglich gehen." Jackson erwiderte darauf mit dem „qualificirten Eigenthumsrecht des Herrn an seinem Sklaven", der Beziehung auf die Republiken des Alterthums und mit dem „ganzen Geist der Bibel von der Genesis bis zur Offenbarung", welcher beweise, daß die Sklaverei nicht gegen die Religion verstoße.

Nach einer Vordebatte wurden die Petitionen einem besondern Ausschuß übertragen, dessen Bericht, nach einem Monat in vermittelndem Sinne erstattet, aus sieben Anträgen bestand und eine sechstägige Debatte hervorrief, die mit der ganzen Hitze der Leidenschaft geführt wurde und schon damals alle Gründe pro et contra von beiden Seiten zu Tage förderte. Zuerst trug Tucker darauf an, über den ganzen Bericht, „als unconstitutionell" zur Tagesordnung überzugehen. Als dieses verworfen ward, begehrte White von Virginien die Streichung der ersten Clausel, welche eine Definition der Befugnisse des Congresses enthielt. Sein College Moore wünschte die Sache fallen zu lassen, weil er hoffte, die Emancipation würde sich besser auf anderm Wege ergeben. Burke war kein Vertheidiger der Sklaverei, aber er sah die Ruhe der Union durch solche Maßregeln bedroht und meinte, daß die Neger besser daran wären als die Armen in Europa. „Was ihre Hochzeitsceremonien betrifft, so verbinden sie sich aus Freundschaft und Liebe." Smith von Südcarolina eiferte gegen „falsch angewandte und schlecht berathene Humanität". Die südlichen Staaten bedürften Sklaven zum Anbau ihres Landes, was nicht durch weiße Leute geschehen könne. Die Reis- und Indigoniederungen würden im Fall der Emancipation zu Grunde gehen, und wo bliebe dann das Staatseinkommen. Die Befreiung der Sklaven wäre ein Fluch für diese selbst. Dieselben nach ihrer Freilassung aus dem Lande schicken, sei unausführbar; sie daheim lassen, würde alles zu Mulatten machen. Der Vorwurf der Sklaverei treffe nur die Sklavenhalter, und die nähmen ihn auf sich. „Die Sklaverei soll", fuhr der Redner fort, „auf den Charakter der Herren schädlich wirken, aber wo ist der Beweis." Ebenso sei die grausame Behandlung ein Irrthum. Die Abschaffung der Sklaverei würde nur ein Blutbad unter den Negern anrichten. Baldwin wünschte, das Haus möge sich mit diesen Petitionen nicht beschmutzen, sondern sie, wie der Senat gethan, einfach beiseite legen. Die Postbill und andere Fragen wären wichtigere Dinge der Verhandlung. Der schlechte Einfluß, den die Sache auf das Haus habe, sei bereits sichtbar. Glücklicherweise sei der Senat da, dessen Weisheit und Festigkeit eine Schranke bilde. Congreßacte sollten auch die Billigung des großen Mannes (Washington) haben (Lieblingsphrase der amerikanischen Politiker aller Parteien), den das Volk als seinen Vater ansehe. Übrigens müsse die Verfassungsmäßigkeit der Frage erst von dem obersten Gerichtshof der Union entschieden werden. Die hohe Brandung dieser Debatte mache zwar viel Lärm, schlage aber gegen einen Felsen. In dieser Weise discutirte man eine Zeit lang, bis die Versammlung die drei ersten Anträge des Ausschusses annahm. Doch bei dem vierten, über die Einfuhrsteuer, erhob sich die Debatte aufs neue. Burke erklärte, daß die südlichen Staaten ihr Eigenthum zu vertheidigen wissen würden. Wenn solche Aufwiegler wie die Quäker kämen, so würden sich Gesetze der Bestrafung schaffen lassen. Page war zu Gunsten der Einfuhrsteuer, wollte aber ihren Beschluß an dieser Stelle vermeiden. Der fünfte Antrag, welcher sich auf das Recht des Congresses zu Handelsbestimmungen bezog, erzeugte neue Protestationen von seiten der Südländer. Der Congreß, meinten sie, dürfe nur den Eintritt in den charlestoner Hafen auf Schiffe von 600 Tonnenlast beschränken, um den ganzen Handel zu ruiniren. Nach diesen Worten verloren die Nordländer die Geduld. Vining von Delaware ermahnte die Südländer, mit den erhaltenen Concessionen sich endlich zufrieden zu geben. Die vorherrschende Stimmung der Nation erheische auch Berücksichtigung, denn alle Staaten, von Virginien bis Neuhampshire, hätten Gesetze gegen den Sklavenhandel erlassen. Baldwin und Tucker opponirten ihm, aber der von Madison eingebrachte Antrag wurde angenommen.

Bei dem sechsten Punkt, den fremden Sklavenhandel aus amerikanischen Häfen betreffend, erhob sich Scott von Pennsylvanien mit einer gewandten Rede. Das wäre, sagte er, ein Gegenstand der Besprechung bei allen civilisirten Völkern, und was hier gesagt und beschlossen werde, müsse also den politischen Charakter von Amerika bestimmen. Ein Advocat der Sklaverei im vollen Sinne, in diesem Zeitalter und auf dieser Bühne würde ein Phänomen sein. Und doch wären solche Advocaten hier erschienen und hätten Dinge vorgebracht, die nur jene glaublich halten könnten, die sie gehört hätten. Was immer die Vereinbarungen in der Convention gewesen, die Verfassung sei nun fertig und abgeschlossen. Danach besitze der Congreß die Macht einen Einfuhrzoll auf gewisse Personen zu erheben, unter denen ebensowol Schwarze als Weiße zu verstehen seien. Der Congreß könne sogar weiter gehen und die Einfuhr von Personen, die gewisse Eigenschaften, wie z. B. eine ansteckende Krankheit, besäßen, ganz verbieten. Wenn nun die Sklaverei als eine solche Eigenschaft bezeichnet würde, so dürften Neger als Sklaven gar nicht und als Schwarze nur unter Zoll eingeführt werden. Andererseits habe der Congreß auch das Recht, Handel und Schiffahrt zu reguliren. Angenommen, die Neger sollten Waare und Eigenthum sein, könne der Congreß sie nicht als Contrebande erklären? Weiter sei der Congreß zu Naturalisationsgesetzen berechtigt. Diese gehörten ausschließlich in das Gebiet der Politik, und es hänge blos von der Zweckmäßigkeit ab, zu erklären, jeder Mensch, der seinen Fuß auf amerikanischen Boden setzt, sei nicht blos ein freier Mann, sondern ein freier Bürger der Union. Endlich stehe dem Congreß die Gesetzgebung über Seeräuberei und Landesverrath zu. Unter dieser Rubrik könne er die Wegführung von Personen ohne deren Beistimmung als Menschenraub bei Todesstrafe verbieten. Man sehe also, daß der Congreß das Recht und die Macht habe, die Sklaverei zu verbieten, ohne in Conflict mit irgendeiner Verfassungsbestimmung zu gerathen. Freilich, wenn man frage, was der Congreß thun werde, so sei er der erste zu antworten — nichts. Vorläufig sei auch noch kein Grund zum Handeln. Aber die Rechtsfrage solle vollständig klar werden, damit die Welt wisse, was sie von dem Congreß zu halten habe.

Jackson suchte Scott durch den göttlichen Ursprung der Sklaverei nach Moses und durch die Beispiele Roms und Griechenlands zu widerlegen, indem er zum Schluß auf die Compromißnatur der Verfassung zurückging. Smith war der Debatte müde, anerkannte aber in einem Punkte Scott's Logik, nach welcher er es für keine Person verschlage, die Einfuhr von Quäkern zu verbieten. Jackson ergriff nochmals das Wort und lobte Scott's Schärfe und Aufrichtigkeit; er sei für keine halben Maßregeln. Wenn es dem Norden aufrichtig um die Emancipation zu thun

Das Sklavenwesen in Nordamerika.

wäre, so möge er zuerst damit bei sich selbst anfangen; der Süden bedürfe nicht jener heuchlerischen Theilnahme für seine Interessen. Williamson endlich erklärte sich gegen den ganzen Bericht, weil der Congreß nach der Verfassung kein Recht habe, sich in die Angelegenheit einzumischen. Nichtintervention sei die einzig richtige Politik. Der sechste Paragraph wurde hierauf angenommen. Der siebente Punkt, der dem Congreß die volle Ausübung seiner Beschränkungsbefugniß gegen den Sklavenhandel vindicirte, erlitt das Schicksal, ausgestrichen zu werden.

Der ganze Beschluß, in vier Paragraphen zusammengezogen, lautete: „Daß der Congreß die Wanderung oder Einführung solcher Personen, deren Zulassung einer der jetzt bestehenden Staaten schicklich erachtet, vor dem Jahre 1808 nicht verbieten könne"; — „daß der Congreß keine Befugniß habe, sich in die Emancipation der Sklaven oder ihre Behandlung in den einzelnen Staaten einzumengen, sondern es den letztern überlasse, diejenigen Vorkehrungen, welche die Menschlichkeit und eine richtige Politik vorschreiben, zu treffen"; — „daß der Congreß das Recht habe, den Bürgern der Vereinigten Staaten die Betreibung des afrikanischen Sklavenhandels zum Zwecke der Versorgung von Fremden mit Sklaven zu untersagen und die geeigneten Maßregeln behufs einer menschlichen Behandlung solcher von den besagten Bürgern in die besagten, die Einfuhr gestattenden Staaten importirter Sklaven zu erlassen"; — „daß der Congreß auch die Macht habe, Fremden die Ausrüstung von Schiffen zum Transport von Personen aus Afrika nach einem fremden Hafen in irgendeinem Hafen der Vereinigten Staaten zu verbieten".

Diese Verhandlung und der Beschluß, welchen sie zur Folge hatte, waren der erste parlamentarische Act des Congresses, welcher in den Mitgliedern den vollen Gegensatz zwischen dem Norden und Süden zum Bewußtsein brachte. Unter dem letztern waren indessen blos noch Südcarolina und Georgia zu verstehen, während die Majorität der Abgeordneten von Maryland und Virginien Antisklavereiansichten huldigte. Die Leidenschaftlichkeit, mit welcher Südcarolina und Georgia das Sklavereiinteresse und die Politik der Nichteinmischung des Congresses in dasselbe vertheidigten, erregte allgemeine Überraschung. Die Freunde der Union waren höchst bestürzt über dieses Hervortreten eines bittern Trennungsgefühls, dem sie bald ihre bessere Überzeugung zum Opfer brachten. Obgleich die Majorität des Hauses entschieden zu Gunsten der Autorität des Congresses war, so schrak sie doch vor der praktischen Anwendung derselben zurück. Statt daher diese Autorität zu befestigen und der öffentlichen Meinung Rechnung zu tragen, was die Absicht des Berichts war, endigte die Debatte vielmehr damit, die Aufregung des Südens — einer kleinen und auch nicht mächtigen, aber durch ihre Wuth und Drohung einschüchternden Partei — zu beschwichtigen. Die Quäker und Gegner der Sklaverei ließen sich indeß dadurch weder einschüchtern noch Stillschweigen auferlegen. Zwei Jahre später, im Jahre 1792, schickte der Abolitionistenverein von Philadelphia eine neue Denkschrift ein, in welcher er den Congreß aufforderte, von seiner ihm vorbehaltenen Gewalt zur Unterdrückung des Sklavenhandels Gebrauch zu machen. Diese Denkschrift wurde, von den Abolitionistenvereinen in Rhode-Island, Connecticut, Newyork, Virginien und Maryland unterstützt, einem besondern Ausschuß überwiesen. Da derselbe mit seiner Berichterstattung zögerte, so regte man den Gegenstand in der nächsten Session abermals an. Zugleich sandte Werner Mifflin, ein philanthropischer Quäker aus Delaware, eine besondere Denkschrift über die Negersklaverei, ihre Ungerechtigkeit und die Nothwendigkeit ihrer Abschaffung ein: Dieselbe wurde in der Versammlung vorgelesen und ohne Bemerkung auf den Tisch des Hauses niedergelegt. Zwei Tage später lenkte Steele von Nordcarolina die Aufmerksamkeit darauf hin, indem er beantragte, daß sie ihrem Verfasser zurückgegeben und ihre Eintragung aus dem Protokoll gestrichen würde. Diese Petition soll, wie Smith von Südcarolina bemerkt, blos eine „schwülstige Rhapsodie eines fanatischen Narren, voll Bibelsprüche und ohne bestimmtes Petitum" gewesen sein. Die Debatte, welche sich hierüber entspann, zeigte indeß den Boden dieser Frage noch so entzündbar, daß das Haus Steele's Antrag in seiner ersten Hälfte annahm. Mit besserm Erfolg traten die Gegner der Sklaverei im nächsten Jahre wieder vor. Auf Antrag der neuyorker Gesellschaft hatten die Abolitionistenvereine eine Generalversammlung in Philadelphia abgehalten, die jedes Jahr wiederholt werden sollte. In einem sorgfältig ausgearbeiteten Memorandum, das sich in streng constitutionellen Formen hielt, bat man den Congreß, alles zu thun, um den Sklavenhandel zu beseitigen. Die Denkschrift wurde nebst einigen Quäkerpetitionen einem Ausschuß übertragen, dessen Antrag, wie es scheint, ohne Widerstand beschlossen ward. Derselbe verbot die Ausrüstung von Schiffen in den Vereinigten Staaten behufs des fremden Sklavenhandels bei Strafe des Verlustes des Schiffs und einer Buße von 2000 Dollars.

Während diese Kämpfe für und gegen die Sklaverei im Repräsentantenhause stattfanden, wurde im Senat (1793) das Gesetz zur Ausführung des §. 2, Art. 4 der Verfassung über flüchtige Verbrecher und Sklaven erlassen. Als eine constitutionelle Maßnahme, deren Verfassungsmäßigkeit keinem Zweifel unterlag, stieß es auf keinen Widerstand. Vor der Gerechtigkeit Flüchtige sind hiernach auf Verlangen der Executive, aus deren Bezirk sie geflohen, von der Executive des Staats, in dem sie sich befinden, gegen Vorzeigung eines Affidavit auszuliefern und zur Aburtheilung zurückzubringen. Vor Dienst und Arbeit Flüchtige dagegen sollen von ihrem Herrn, dessen Agenten oder Vertreter ergriffen und vor den Vereinigten=Staaten=Richter oder irgendeine andere Magistratsperson des Orts geführt werden dürfen, die nach ihrer moralischen Überzeugung über den Auslieferungsfall zu entscheiden habe. Wer immer die Ergreifung oder Wegführung des Flüchtigen verhindert, oder einen solchen nach erfolgter Anzeige verbirgt, soll dem Reclamirenden 500 Dollars erlegen. Zur Zeit, als diese Bill beschlossen ward, verhielt sich die öffentliche Meinung ziemlich gleichgültig dagegen. Später aber fand man die Bill außerordentlich hart und ungerecht, und die Mehrzahl der freien Staaten verbot ihre Ausführung. Als Vorwand zur Erlassung dieses Verbots diente eine Entscheidung des obersten Gerichtshofs der Union, wonach der Congreß kein Recht habe, Staatsbeamten ihre Pflichten vorzuschreiben.

Im Jahre 1800 wurde die Antisklavereiagitation im Hause wieder aufgenommen. Am 2. Jan. jenes Jahres reichte Wale eine Petition der freien farbigen Einwohner von Philadelphia und Umgegend ein, welche sich über die geheime Fortsetzung des Sklavenhandels an der Küste von Guinea, die mißbräuchliche Entführung freier Farbigen aus den Staaten und die Härte des Flüchtlingsgesetzes beklagten. Wale's Antrag, die Petition einem Ausschuß zu überweisen, rief eine große Opposition, selbst auf seiten einiger nördlichen Mitglieder, wie Otis von Boston, hervor. Dennoch ging derselbe nach einiger Abänderung von seiten des Antragstellers durch und hatte den Erfolg, daß das Haus neue und strengere Verfügungen gegen den fremden Sklavenhandel erließ.

Die Abolitionistenvereine unternahmen erst im Jahre 1804 wieder Schritte für ihre Sache bei dem Congresse. Die Union hatte damals das Territorium Louisiana von Frankreich erworben, und die Abolitionisten baten, in demselben die Sklaveneinfuhr zu verbieten. Infolge dieses Gesuchs wurde in die Organisationsacte des Gebiets von Neuorleans die Bestimmung aufgenommen, daß Sklaven, die seit 1798 in die Vereinigten Staaten importirt worden, gar nicht, alle andern aber nur von wirklichen Ansiedlern in das Territorium gebracht werden dürften. Die Absicht der erstern Bestimmung war, die Wirkung eines Gesetzes von Südcarolina zu entkräften, welches kürzlich den afrikanischen Sklavenhandel, dem Verbot des Congresses zum Trotz, wieder bei sich eingeführt. Diese Maßregel hatte viele Mitglieder des Congresses so sehr verletzt, daß Ward von Pennsylvanien den Antrag stellte, die Zehndollarsteuer auf jeden importirten Neger endlich anzuordnen. Das Haus schien entschlossen auf denselben einzugehen. Indessen machten die Repräsentanten von Südcarolina Versprechungen, worauf die Sache liegen blieb. Kurz vorher hatten die Abolitionisten die Aufhebung der Sklaverei in Neujersey durchgesetzt (am 15. Febr. 1804).

Die Jahre 1804 und 1805 verstrichen, ohne daß neue Discussionen in der Sache stattfanden, aber in der Sitzungsperiode von 1806 zu 1807 kam das Ausführungsgesetz des §. 9, Art. 1 der Verfassung, das Aufhören der Sklavereieinfuhr vom 1. Jan. 1808 an betreffend, zur Verhandlung. Zwei Fragen beschäftigten hauptsächlich die Parteien. Was sollte mit den widerrechtlich eingeführten Negern geschehen, und worin sollte die Strafe der Zuwiderhandelnden bestehen? In Rücksicht auf die erste Frage schlug der Ausschuß „die Confiscation und Veräußerung der Sklaven zum Besten der Vereinigten Staaten vor". Dagegen beantragte Sloan, die confiscirten Sklaven in Freiheit zu setzen. Das erstere würde die Sklaverei sanctionirt und die Union zum Sklavenhändler gemacht haben; das letztere schien unannehmbar, weil es eine Anerkennung abolitionistischer Principien enthielt. Nicht geringer waren die Schwierigkeiten der zweiten Frage, der Bestrafung der Zuwiderhandelnden, wobei als Abschreckungsmittel die Todesstrafe vorgeschlagen ward. Nachdem man sich lange vergeblich herumgestritten, überwies man den Gegenstand einem Gesammtausschuß aller Staaten, welcher an die Stelle des Verkaufs der confiscirten Sklaven die stufenweise Emancipation der Confiscirten in freien Staaten setzte, damit aber nur einen neuen Sturm hervorrief. Inzwischen hatte der Senat, der sich gleichzeitig mit der Frage beschäftigte, eine Bill dem Hause überschickt, welche die Verfügung über widerrechtlich Importirte den betreffenden Staaten überließ. Beide Häuser einigten sich hierauf dahin, daß das Repräsentantenhaus die letztere Bestimmung annahm, dagegen die Todes=

strafe fahren ließ. Die Acte, wie sie nun zu Stande kam, verordnet eine Strafe von 20000 Pf. St. und Verlust des Schiffs gegen alle Personen, die bei der Ausrüstung eines Sklavenschiffs betheiligt sind; ebenso eine Strafe von 5000 Pf. St. und Verlust des Schiffs gegen die, welche einen Neger, Mulatten oder Farbigen an Bord nehmen, um ihn in den Vereinigten Staaten zu verkaufen. Wer einen Sklaven aus dem Auslande wirklich einbringt und verkauft, soll mit Gefängniß von nicht weniger als fünf und nicht mehr als zehn Jahren, außerdem mit einer Buße von 1000—10000 Pf. St. bestraft werden. Der Käufer bezahlt für jede so gekaufte Person 800 Pf. St. Sowol der Importeur als der Käufer verlieren ihren Anspruch an den Importirten, welche nach den Gesetzen des betreffenden Staats, die mit dieser Acte nicht im Widerspruch stehen sollen, behandelt werden. Zur Regulirung des Küstentransports von Sklaven wurde bestimmt, daß jedes Schiff, welches Sklaven aus einem Staate in den andern führt, dieselben bei Abgang und Ankunft in den Hafen nach Namen, Alter und Geschlecht nebst dem Namen der Eigenthümer bei Strafe des Verlustes des Schiffs und 1000 Pf. St. Buße für jedes Individuum zu declariren habe. Schiffe unter 40 Tonnen dürfen gar keine Sklaven transportiren, und solche, die mit Sklaven am Bord von der angezeigten Route abweichen, sollen confiscirt werden. Der Herr des Schiffs wird bei Übertretung mit 10000 Pf. St. Geldbuße und zwei bis vier Jahre Gefängnißstrafe belegt. Die Ergreifer erhalten die Hälfte des confiscirten Schiffs und seines Cargo.

Obgleich dieses Gesetz von einer legislativen Anerkennung der Sklaverei nicht mehr sehr entfernt war, befriedigte es doch nicht die Erwartungen des Südens. Randolph drohte sogar mit Ausscheidung des Südens und forderte die Einbringung einer Bill, welche unter dem Vorwande der Interpretation dem Congreß das Gesetzgebungsrecht in der Sklavenfrage absprach. Die Einbringung dieser Bill wurde ihm bewilligt, aber ad acta gelegt. Dafür rächten sich die südlichen Staaten durch neue Sklavengesetze. Schon im Jahre 1796 hatte Nordcarolina seine alten Beschränkungen der Emancipation wieder eingeführt. Südcarolina erlaubte dieselbe nur unter Bewilligung des Friedensrichters und von fünf Freien, und verbot Zusammenkünfte von Farbigen behufs „geistigen Unterrichts und religiöser Erhebung". Derselbe Geist gewann in Virginien die Oberhand, wo Negerrevolten im Jahre 1799 und 1801 stattfanden. Die Erlaubniß der Emancipation wurde 1805 aufgehoben, und emancipirte Sklaven, welche man besonders fürchtete, wurden bei Verlust ihrer Freiheit aus dem Lande gewiesen. Die Legislatur von Kentucky beschloß sogar, daß freie Neger, die in den Staat kämen, Bürgschaft stellen müßten, denselben in 20 Tagen wieder zu verlassen, bei Strafe nach dieser Zeit auf ein Jahr verkauft zu werden. Von dieser Reaction der Sklavenstaaten scheint selbst der Norden nicht ganz verschont geblieben zu sein. Die Generalversammlung der Abolitionistenvereine hatte ihre jährlichen Sitzungen seit dem Jahre 1793 regelmäßig fortgesetzt, aber es begann nun ein Theil der Mitglieder auszubleiben, und die Gesellschaft beschloß, künftig blos alle drei Jahre sich zu versammeln. Die Mehrzahl der einzelnen Vereine hörten allmählich auf, und auch die dreijährige Generalversammlung kam nicht zu Stande. Selbst Jefferson, mehr Diplomat als Politiker und Parteimann geworden, wollte seine Popularität im Süden nicht in die Schanze schlagen und beobachtete ein unverbrüchliches Stillschweigen. Kaum daß er noch in Privatbriefen von der Nothwendigkeit sprach, der Sklaverei als eines Übels los zu werden.

Der Missouri-Kampf.

Die Bestrebungen für und gegen die Ausdehnung der Sklaverei hatten bisjetzt keinen entscheidenden Einfluß auf die Stellung der amerikanischen Parteien ausgeübt. So consequent diese Bestrebungen auch einander folgten, und so heftig sie jedesmal auftraten, so wurden sie doch immer wieder durch andere, das öffentliche Interesse mehr beschäftigende Fragen in den Hintergrund gedrängt. Eine tiefere Rückwirkung auf das Parteiwesen begann die Sklavenfrage erst gegen das Ende des zweiten Decenniums unsers Jahrhunderts zu äußern, als die Missouri-Angelegenheit zur Erörterung kam.

Es gab zu jener Zeit zwei große Parteien in den Vereinigten Staaten, welche, wie schon bemerkt, beide mit der Gründung der Union ihren Ursprung nahmen, von denen aber jede sich ihrer Auflösung näherte. Die Föderalisten oder die nationale Partei bildeten die, welche die Durchführung der Verfassung, die Befestigung der Union und Bundesregierung, die Erfüllung der eingegangenen Verträge, die Sicherung des öffentlichen Credits, die Beförderung des nationalen Handels, der Schiffahrt und Industrie, kurz mehr die allgemeinen als lokalen Interessen der Union im Auge behielten. In der auswärtigen Politik zogen sie den Frieden dem Kriege vor, um die innere Entwickelung der Union zu begünstigen, waren auch einer Ausdehnung des Unionsgebiets entgegengesetzt. Als Führer und Gründer dieser Partei wird Alexander Hamilton, Vertrauter von Washington und nachmaliger Finanzsecretär, angesehen. Ihr gegenüber standen die Antiföderalisten, später auch Republikaner oder Demokraten genannt. Die Antiföderalisten behaupteten, eigentlich die wahren Vertreter des Föderalismus zu sein, indem sie erklärten, daß die Verfassung der neuen Nationalregierung schon zu ausgedehnte Befugnisse einräume, sodaß man diese in der Ausübung zu beschränken suchen müsse. Bei ihrer Opposition stützten sie sich hauptsächlich auf das Interesse der Pflanzer- und Ackerbaubevölkerung, welche durch die Centralgewalt zur Bezahlung ihrer aus der Colonialzeit herrührenden Schulden an die englischen Kaufleute nicht gezwungen werden wollten. Insofern die Föderalisten die Vertreter der Macht und Autorität der Unionsregierung waren, traten dagegen die Antiföderalisten als die Vertheidiger der Principien der Freiheit und Selbstregierung auf. Ihr Haupt und Stammvater war Jefferson. Im Laufe der ersten Entwickelung des jungen Bundesstaats hatte jede dieser Parteien abwechselnd das Steuerruder der Administration in Händen geführt, bis sie nach Erreichung ihrer Parteizwecke und Überwindung des Gegensatzes, der ihrer Entstehung zu Grunde lag, in ihre Elemente zerfielen. Diese Periode ihrer Auflösung und Neubildung fällt mit der Wiederaufnahme der Sklavenfrage zusammen.

Die rasche Zunahme von Ansiedelungen, welche der vortheilhafte Anbau der Baumwolle im südwestlichen Theile der Union erzeugte, hatte trotz der gesetzlichen Verbote nicht nur den afrikanischen Sklavenhandel wieder aufgefrischt, sondern auch einen inländischen Menschenschacher ins Leben gerufen, von welchem die Stadt Washington einer der Hauptplätze ward. Derselbe wurde von Leuten betrieben, die ein Gewerbe daraus machten, die Neger der herabgekommenen Sklavenhalter von Maryland und Virginien, deren es viele gab, aufzukaufen und nach den ... blühenden Ortschaften des Südens und Westens zu transportiren. Wie unmenschlich die ... dieses Handels gewesen sein muß, läßt sich am besten daraus abnehmen, daß der Führer der Sklavenpartei selbst, Randolph von Virginien, vor dem Congresse ihn als „hassenswerth und abscheulich" bezeichnete. Auf Verlangen des Gouverneurs Williams, welcher „dieses endlose Treiben von Massen leidender Opfer auf den Straßen und Wegen zur Befriedigung unersättlicher Geldgier" in seiner Botschaft als ebenso unmenschlich wie unpolitisch und gesetzlos erklärte, wurde derselbe endlich in Südcarolina verboten, was auch Georgien that. Aber beide Verbote erwiesen sich fruchtlos, und Südcarolina nahm sogar das seinige schon nach zwei Jahren wieder zurück. Nicht besser erging es einem andern Project, welches mehrere Mitglieder des Congresses in Washington hegten. Dieselben beabsichtigten die Errichtung einer Colonisationsgesellschaft zur Auswanderung freier Neger nach Afrika. England besaß eine solche Colonie bereits in Sierra-Leone, welche mit flüchtigen Sklaven aus dem Unabhängigkeitskriege bevölkert worden war. Die Idee, der Anlage ein ähnliches Etablissement auf amerikanische Kosten zur Seite zu setzen, hatte durch einen Auswanderungszug, den ein farbiger Bürger von Massachusetts nach Sierra-Leone geführt, neue Anregung erhalten und schien an und für sich rathsam, seitdem nicht nur die südlichen, sondern auch einige der nördlichen Staaten, wie Ohio, freien Farbigen den Aufenthalt in ihrem Gebiete untersagten. Der Ausschuß, welcher über den Plan Bericht erstattete, meinte jedoch, daß es das Beste wäre, England um die Erlaubniß zur Aufnahme der Transportirten in seine Colonie zu ersuchen, und schlug eine dahin gehende Autorisation des Präsidenten zur Unterhandlung vor, worauf das Project vorläufig aufgegeben ward. Bald darauf (im Frühjahr 1818) wurde in beiden Häusern eine Petition der Jahresversammlung der Quäker von Baltimore eingereicht, welche auf größere Schutzmaßregeln gegen die Entführung freier Neger antrug, wozu der inländische Sklavenhandel unter dem bestehenden Flüchtlingsgesetze Veranlassung gab. Wie gewöhnlich, wenn auf die Beschränkung der Sklaverei abzielende Vorschläge gemacht wurden, trug auch diesmal ein Abgeordneter des Südens Pindal von Virginien, auf eine Verschärfung des Flüchtlingsgesetzes an, indem, wie er meinte, die Lust des Entfliehens bei den Sklaven der Grenzbezirke seit dem Steigen des inländischen Sklavenverkehrs außerordentlich groß geworden sei. Seiner Ansicht schlossen sich sogar mehrere Mitglieder aus dem Norden an, unter denen z. B. Stores von Neuyork jetzt das erste mal die Meinung aussprach, daß um des lieben Friedens und Bestandes der Union willen die nördlichen Männer endlich lernen müßten, ihre Vorurtheile aufzugeben. Der Ausschuß trug auf die Annahme des Pindal'schen Antrags an, und im Januar und März 1818 wurde von beiden Häusern eine Bill angenommen, welche die Strenge des Gesetzes gegen flüchtige Sklaven vom Jahre 1793 erhöhte. Ein Jahr später erließen Neuyork und Neujersey, die über das häusliche

Das Sklavenwesen in Nordamerika.

Sklavenhandel empört waren, ein Verbot der Sklavenausfuhr aus ihren Gebieten und baten den Congreß, sie in der Ausführung desselben zu unterstützen. Da die öffentliche Mißstimmung durch Beschlagnahme eingeschmuggelter Negercargos und deren öffentliche Versteigerung in Georgia und Louisiana vermehrt worden war, beschloß der Congreß, eine Prämie von 50 Pf. St. für die Anzeige jedes gesetzwidrig importirten Negers zu erlassen und den Präsidenten zu autorisiren, die geeigneten Vorkehrungen zu ihrer Rücksendung an die Küsten von Afrika zu treffen.

Die erwähnten Beschlüsse waren jedoch nur die Vorboten eines größern Kampfes, welcher im Anzuge war. Im Jahre 1803 wurde das große im Westen und Nordwesten vom Mississippi gelegene, etwa 15 Breitengrade umfassende und unter dem Namen Louisiana bekannte Land von Frankreich an die Vereinigten Staaten um 15 Mill. Dollars abgetreten, von denen 3,750000 Dollars zur Bezahlung amerikanischer Forderungen (für von amerikanischen Kaufleuten gemachte Lieferungen) an Frankreich bestimmt waren. In diesem Gebiet, welches Frankreich kurz vorher von Spanien ohne Entschädigung erworben hatte, bestand die Sklaverei sowol unter spanischer als französischer Herrschaft. Der Art. 3 des Cessionsvertrags sagt darüber: „Die Einwohner des abgetretenen Territoriums sollen in die Union der Vereinigten Staaten einverleibt und sobald als möglich den Principien der Bundesverfassung gemäß zu dem Genusse aller Rechte, Vortheile und Immunitäten der Bürger der Vereinigten Staaten zugelassen, in der Zwischenzeit aber in dem freien Genusse ihrer Freiheit, ihres Eigenthums und ihrer Religion belassen und geschützt werden."

Der südliche Theil dieses Territoriums war als Staat Louisiana im Jahre 1812 von dem Congresse aufgenommen worden, worauf das übrig bleibende und außerhalb desselben gelegene Gebiet den Namen Missouri-Territorium erhielt. Kraft des Cessionsvertrags fuhren die Einwohner desselben fort, Sklaven zu halten, und der Bestimmung gemäß, wonach b.. Territorien gestattet war, einen Abgeordneten mit blos berathender Stimme in den Congr.. u senden, erschien John Scott als Delegirter von Missouri bei der Eröffnung des funfzehnten Congresses in Washington (1. Dec. 1817). Derselbe wurde vom Hause zugelassen .nd reichte am 16. März 1818 mehrere Petitionen von Bürgern aus Missouri ein, welche um Zulassung für Missouri als Staat in die Union ansuchten. Die Sache wurde einem Ausschusse von sieben Mitgliedern, Scott als Vorstand, übertragen, welcher am 3. April eine Bill behufs „der Autorisation des Volks in Missouri zur Bildung einer Verfassung und Staatsregierung und zum Zwecke seiner Zulassung als Staat auf gleicher Grundlage mit den ursprünglichen Staaten" einbrachte. Nach zweimaliger Lesung ging diese Bill an den Gesammtausschuß, wo sie bis zur nächsten Session liegen blieb. Am 13. Febr. 1819 nahm das Haus, als Ausschuß constituirt, dieselbe vor, wobei mehrere Amendements angenommen wurden, von denen das wichtigste, von J. Tallmadge aus Neuyork eingebrachte, lautete: „Und soll die fernere Einführung der Sklaverei oder unfreiwilligen Dienstbarkeit, außer als Strafe für Verbrechen, deren die Partei gesetzmäßig überwiesen, verboten und alle Kinder von Sklaven, die in dem besagten Staate nach seiner Zulassung geboren werden, frei sein und nur bis zum fünfundzwanzigsten Jahre in Dienst gehalten werden."

Dieser beschränkende Zusatz wurde von 87 gegen 76 Stimmen angenommen, worauf Storrs von Neuyork die Streichung der Worte „auf gleicher Grundlage mit den ursprünglichen Staaten" aus dem Titel der Bill vorschlug, was jedoch verneint wurde. Bei einer dritten Lesung ging die ganze Bill mit 98 gegen 56 Stimmen durch und wurde dem Senat überschickt, welcher die Beschränkungsclausel ausstrich und die Bill dem Hause zurückgab. Das Haus verweigerte aber seinen Beitritt und übersandte die Bill sammt der Restriction abermals dem Senat. Dieser verharrte jedoch ebenfalls auf seinem Votum, da auch das Haus nicht nachgab, kam keine Einigung zu Stande. Damit endete die erste Phase des Kampfes.

Einige Tage nachdem die Versammlung das Amendement von Tallmadge angenommen, ging eine Bill zur Organisation des Territoriums Arkansas bei dem Hause ein. Dieses Territorium bildete den südlichen Theil des Gebiets von Missouri, von dem es schon im Jahre 1812 abgesondert worden war. Taylor von Neuyork trug darauf an, die obige Restrictionsclausel von Missouri auch in die Arkansas-Bill aufzunehmen, und das Haus ging auf diesen Vorschlag ein. Den nächsten Tag aber schon wurde dieselbe wieder hinwegvotirt, worauf Taylor an ihrer Statt den Zusatz beantragte, daß Sklaverei und unfreiwillige Dienstbarkeit hinfort in keinem Theile der Territorien der Vereinigten Staaten jenseit der nördlichen Grenze von Arkansas, nämlich im Norden des 36° 30' nördl. Br. zugelassen werden sollte. Livermore von Neuhampshire, ein Vertheidiger der Missouri-Clausel, bemerkte, daß dieser Antrag im „wahren

58　Das Sklavenwesen in Nordamerika.

Sinne des Compromisses" gemacht sei, und auch Harrison stimmte demselben bei, indem er nur eine nördlichere Grenzlinie der Sklaverei vorschlug. Doch war eine große Mehrheit aller nördlichen und südlichen Mitglieder jedem Compromisse zuwider, und Taylor zog sein Amendement wieder zurück, worauf die Bill ohne Restriction bewilligt ward.

Die Weigerung des Hauses, ein Compromiß einzugehen, hatte ihren Grund in der Praxis, welche bisher bei der Aufnahme neuer Staaten in die Union befolgt worden war. Die Zulassung neuer Staaten hatte bisjetzt nach dem Grundsatz stattgefunden, daß immer abwechselnd ein sklavenfreier und sklavenhaltender Staat aufgenommen ward. Vermont und Kentucky, Tennessee und Ohio, Louisiana und Indiana, Mississippi und Illinois folgten sich alternirend als Sklavenstaaten und freie Staaten. Im Jahre 1817 war Alabama zur Entwerfung einer Staatsverfassung ohne Restriction autorisirt worden, und Missouri, das nach diesem einkam, hätte also wieder unter die Beschränkungsclausel gestellt werden sollen. Taylor's Amendement, welches bei der Sklaverei eine beständige Grenzlinie anwies, derogirte die bisherige Regel und wurde ebenso von den nördlichen wie südlichen Mitgliedern als überflüssig angesehen, von den letztern freilich noch mehr darum, weil sie unter Umständen auch ein Abgehen von der alten Uebung beabsichtigten.

Von der Debatte, welche über den Antrag von Tallmadge stattfand, ist kein vollständiger und genauer Bericht vorhanden. Die Verhandlung wurde dem Publikum nur theilweise bekannt, aber die wenigen Reden, welche man veröffentlichte, waren genügend, den Antisklavereigeist im Norden wach zu rufen. Die Convention oder Gesellschaft zur Abschaffung der Sklaverei, welche seit langer Zeit eingegangen war, vereinigte sich wieder und trat in Philadelphia zusammen. Ihr kamen die Politiker zu Hülfe. Die Föderalisten des Nordens, welche mit dem Ankaufe von Louisiana unzufrieden waren, weil sie eine Suprematie des Südens befürchteten, hatten schon gegen die Verwandlung des Territoriums von Neuorleans in einen Staat protestirt. Ihre Gefühle theilten die nördlichen Demokraten, besonders jene von Neuyork, auf welche ihre südlichen Collegen als auf ihre Vasallen herabsahen. Schon früher waren Annäherungsversuche zwischen den Föderalisten und Demokraten des Nordens gemacht, und der Gedanke, die Ordonnanz von 1787 auf das ganze im Westen vom Mississippi liegende Gebiet auszudehnen, als Basis in Anregung gebracht worden. Im Einklang mit der Sitte, wonach die Beschränkung der Sklaverei beabsichtigende Maßregeln immer von den mittlern Staaten ausgingen, wurde auch jetzt ein Meeting in Trenton, im Staat Neujersey (26. Oct. 1819), gehalten, welchem bald andere in Neuyork, Philadelphia, Boston und den meisten Städten des Nordens nachfolgten. Dieselben wurden von Mitgliedern beider Parteien zahlreich besucht und setzten Ausschüsse nieder, welche Adressen an das Volk erließen. Während dieser Vorgänge trat jedoch ein Ereigniß ein, welches dem Süden einen entschiedenen Vortheil über den Norden in die Hände gab. Der schon zur Zeit der Verfassung betriebene, aber später aufgegebene Plan, das Gebiet von Maine, welches bisher mit Massachusetts unter einer Verfassung vereinigt war, als selbständigen Staat zu constituiren, wurde von der Bevölkerung wieder aufgenommen. Die Demokraten, welche die Majorität in demselben besaßen, betrieben diesen Plan, um den Föderalisten von Massachusetts einen Stoß zu versetzen, und die Föderalisten waren der Theilung nicht zu sehr abgeneigt, weil sie die Führerschaft ihrer Partei an Neuyork abgetreten und sich auf die Stärkung ihrer eigenen Position zurückgezogen hatten. Die Föderalisten in Maine protestirten zwar gegen diese Desertion, nachdem aber die Bevölkerung sich wiederholt zu Gunsten der Trennung ausgesprochen, wurde unter der Autorisation der Legislatur von Massachusetts eine Versammlung zur Entwerfung einer Staatsverfassung einberufen.

Am 6. Dec. 1819 trat der sechzehnte Congreß unter H. Clay's Vorsitz zusammen. Schon am 8. desselben Monats bat Scott von Missouri um die Wahl eines Ausschusses zur Erledigung der Missouri-Angelegenheit. Zugleich kündigte Strong von Neuyork die Einbringung einer Bill, „das Verbot der fernern Ausdehnung der Sklaverei betreffend", an. Das Haus ernannte zwei Ausschüsse für beide Anträge, von denen jeder aus einer Prosklavereimehrheit bestand. Da der zweite über Strong's Antrag sich jedoch nicht einigen konnte, wurde er aufgelöst, und Taylor beantragte, einen neuen Ausschuß zu ernennen, dessen Aufgabe die Einbringung einer Bill sein sollte, welche die „fernere Zulassung von Sklaven in die Territorien westlich vom Mississippi verbiete". Das Haus ging auf diesen Vorschlag ein, und der Bericht des Ausschusses wurde für den 10. Jan. 1820 auf die Tagesordnung gesetzt, ohne zur Verhandlung zu kommen. Sieben Tage vorher war eine Bill zur Aufnahme von Maine im Repräsentantenhause durchgegangen und dem Senat übersandt worden.

Noch ehe der Bericht des Ausschusses über Missouri zur Verhandlung kam, sprachen sich die Legislaturen der meisten Staaten über die Sklavenfrage aus. Pennsylvanien ging mit einem feierlichen Aufruf an alle Staaten und der Erklärung voran, daß es sowol das Recht als die Pflicht des Congresses sei, die Sklaverei im Westen des Missisippi zu verbieten. Derselben schlossen sich Neujersey und Delaware an. Neuyork faßte auf Antrag seines Gouverneurs Clinton ähnliche Beschlüsse, und alle Parteien vereinigten sich, um den Antisklavereimann King in den Senat zu wählen. Ohio unterstützte dieselbe Politik. Die Legislatur von Indiana sprach einen scharfen Tadel gegen Taylor, einen seiner Senatoren, aus, weil derselbe für die Arkansas-Bill ohne die Restriction gestimmt hatte. Neuengland sandte zahlreiche Denkschriften aus Städten und Ortschaften beim Congresse ein, und selbst in Baltimore, der Hauptstadt von Maryland, wurde ein öffentliches Meeting gehalten, welches unter dem Vorsitze des Maire den Congreß um Nichtausdehnung der Sklaverei bat. Auf der andern Seite trat das Haus der Abgeordneten in Virginien hervor und sprach die Drohung aus, zu Gunsten Missouris mit Gewalt einschreiten zu wollen, falls ein Beschluß der Restriction der Sklaverei gefaßt würde. In derselben Richtung stimmten die Legislaturen von Kentucky und Maryland.

Die Discussion über den Missouri-Bericht hatte in dem Repräsentantenhause vom 25. Jan. bis zum 18. Febr. gedauert, als von dem Senat die Bill über die Aufnahme von Maine zurückkam. Dieser Bill war eine Clausel eingeschaltet, welche sich auf die unbeschränkte Zulassung Missouris und das Verbot der Sklaverei jenseit der Nordgrenze von Arkansas bezog. Das Haus verwarf diese Compromißclausel sofort mit einer Majorität von 158 gegen 18 Stimmen, zu welcher beide Parteien mitwirkten. Die Bill ging sodann ohne dieselbe an den Senat zurück, welcher jedoch nicht nachgab, sondern, da auch das Haus auf seiner Verwerfung beharrte, zu einer Conferenz beider Häuser einlud. Die Conferenz fand statt, aber ehe der Ausschuß seinen Bericht abfaßte, wurde die Missouri-Bill im Repräsentantenhause mit der Restriction angenommen und dem Senat übersandt. Dieser strich die Restriction und stellte die Bill mit jener Compromißclausel versehen dem Hause zurück. Der Conferenzausschuß beantragte nun folgenden Ausweg: der Senat solle die Combination von Missouri und Maine in einer Bill aufgeben, während das Repräsentantenhaus den Versuch der Beschränkung der Sklaverei in Missouri nicht fortsetzen und beide Häuser die Bill des Senats über Missouri mit dem Compromißproviso annehmen möchten. Der Ausschuß hatte die Aufstellung seines Vorschlags zu Stande gebracht, indem vier der Mitglieder dafür gewonnen wurden und drei sich zur Enthaltung der Stimmabgabe verstanden. Nachdem das Repräsentantenhaus für die Streichung der Restrictionsclausel mit 90 gegen 87 gestimmt, wurde die Einschaltung der Compromißbestimmung an ihrer Statt mit 134 gegen 42 gebilligt. Dieselbe Bestimmung lautete: „Und sei verordnet, daß in jenem ganzen von Frankreich an die Vereinigten Staaten unter dem Namen Louisiana abgetretenen Territorium, welches nördlich von 36° 30′ nördl. Br. liegt, mit einziger Ausnahme desjenigen Theils, der von den Grenzen des durch diese Acte beabsichtigten Staats (Missouri) eingeschlossen wird, Sklaverei und unfreiwillige Dienstbarkeit anders denn als Strafe für Verbrechen, deren die Partei gesetzmäßig überführt worden, für immer verboten sein soll und verboten ist; unter der Bedingung jedoch, daß jede Person, von welcher Arbeit und Dienst in irgendeinem Staate oder Territorium der Vereinigten Staaten gesetzlich gefordert werden kann, gesetzmäßig zurückverlangt werden kann und der Person, die ihre Arbeit und Dienst beansprucht, zugeführt werden soll."

Der Abschluß dieses Compromisses war nicht ganz im Wunsch und Sinne der Sklavenpartei. Randolph selbst nannte ihn einen „schmutzigen Handel" und die nördlichen Mitglieder, welche dazu beigetragen, „Breigesichter" (doughfaces), welches Epitheton seitdem stereotyp geworden ist. Randolph und seine Freunde hatten bereits eine neue Theorie in Bereitschaft, von welcher sie sich viel größere Erfolge als von Compromissen versprachen. Bei ihrem Beschluß in der Missouri-Angelegenheit war schon die Legislatur von Virginien von der Meinung ausgegangen, daß Congreß kein Recht habe, den neuen Staaten rücksichtlich ihrer Zulassung zur Union Bedingungen vorzuschreiben. Jetzt wurde im ganzen Süden die Ansicht aufgestellt, daß das Recht des Congresses, „alle nothwendige Regeln und Vorkehrungen für die Territorien und anderes Eigenthum der Vereinigten Staaten zu erlassen", sich nur auf die Territorien so lange erstrecke, als letztere Eigenthum der Union wären, nicht aber auch dann noch, nachdem sie als unabhängige Staaten auf gleiche Stufe mit allen andern Einzelstaaten getreten. Man führte die Controverse in Bezug auf jene Behauptung in den öffentlichen Blättern mit solcher Leidenschaftlichkeit, daß der Präsident Monroe, bevor er die Missouri-Bill unterzeichnete, seinem Cabinete die beiden Fragen vorlegte: Hatte der Congreß die constitutionelle Macht, die Sklaverei in einem Territorium zu verbieten? Ist in der Ausschlußclausel der Missouri=Bill der Ausdruck „für immer" als nur auf die territoriale Eigenschaft jenes Districts sich beziehend zu verstehen, oder war dieselbe ein Versuch, das Verbot der Sklaverei auf die Staaten, die aus demselben gebildet werden mögen, zu erstrecken?

Auf die erste Frage antworteten alle Mitglieder des Cabinets bejahend, obwol weder Calhoun und Crawford noch Wirt eine ausdrückliche Autorisation dazu finden konnten. Was die zweite Frage betraf, so glaubte Adams, daß das Wort „für immer" eben in der That „für immer" bedeute, also das Verbot, statt mit der Territorialeigenschaft jenes Districts aufzuhören, auf alle Staaten, die auf dem Territorium entstehen, sich beziehe. Die andern waren der Meinung, daß dieses „für immer" blos Geltung für den Territorialzustand beanspruchen könne, während den entstehenden Staaten trotzdem das Recht verbleibe, die Sklaverei bei sich einzuführen oder zu verbieten. Die Entscheidung eines so wichtigen Punktes seitens der Executive schien indeß etwas bedenklich, und um seinem Cabinet den Anstrich der Harmonie zu geben, änderte Monroe die Frage dahin um: ob das Proviso, wie es in der Bill stehe, constitutionell sei, was natürlich von allen bejaht wurde.

Adams schrieb damals in sein Tagebuch: „Der Eindruck, den der Fortschritt dieser Discussion auf mich macht, ist, daß der Handel zwischen Freiheit und Sklaverei, welchen die Verfassung der Vereinigten Staaten enthält, moralisch und politisch fehlerhaft sei; unverträglich mit den Principien, durch welche allein unsere Revolution gerechtfertigt werden kann, grausam und unterdrückerisch, indem er die Treue der Freiheit zur Aufrechthaltung und Vertheidigung der Tyrannei des Herrn verpfändet und die Ketten der Sklaverei fester schmiedet; endlich höchst unpolitisch und unbillig, da er zugleich gestattet, daß die Sklaven als Feinde angesehen werden, die in Knechtschaft zu halten sind, als Eigenthum, das dem Besitzer garantirt und zurückgestellt werden muß, und als Personen, die nichts für sich selbst repräsentiren, sondern für welche ihre Herren das Privilegium der Repräsentation in fast doppeltem Maßstab besitzen. Die Folge hiervon war, daß diese Sklavenrepräsentation die Union regiert hat... Es würde nicht schwer sein, durch eine Übersicht der Unionsgeschichte unter dieser Verfassung zu beweisen, daß fast jede Thatsache, welche zu der Ehre und Wohlfahrt der Nation beitrug, ihr zum Trotz vollbracht worden ist, und daß alles, was unvortheilhaft und entehrend war, die Fehler und Thorheiten ihrer Gegner eingerechnet, auf sie zurückgeführt werden muß." Ähnlich drückte sich Gouverneur Wolcott von Connecticut bei Eröffnung der Staatslegislatur (Mai 1820) aus. „Es kann Ihrer Aufmerksamkeit nicht entgangen sein", sagte er, „daß eine Verschiedenheit von Gewohnheiten und Principien der Regierung in diesem Lande besteht; und es ist offenbar, denke ich, daß es die Sklaverei ist, welche jene Gegensätze hervorbringt, die den unveränderlichen Gesetzen des menschlichen Handelns gemäß den charakteristischen Unterschied zwischen aristokratischen und demokratischen Republiken bildet. Wo die Agriculturarbeit ganz oder meistens von Sklaven verrichtet wird, muß diese Sklavenarbeit die hauptsächlichste Einnahme der Gesellschaft ausmachen. Die Eigenthümer der Sklaven müssen nothwendigerweise die Haupteigenthümer des Bodens werden, und diejenigen Arbeiter, die zu arm sind, um eigene Sklaven zu haben, müssen, obgleich dem Namen nach frei, von einer aristokratischen Klasse abhängig werden und ohne Macht oder politischen Einfluß sein. Man hat als eine Compensation für die eingestandenen Übel der Sklaverei angeführt, daß der Geist der Freiheit unter den Herren der Sklaven größer und ausdauernder sei als in Staaten, wo die Freiheit der Segen aller ausmacht. Wir mögen zugeben, daß unsere südlichen Geschwister der Freiheit ebenso stark wie wir sich ergeben seien, aber wir können nicht ohne Demüthigung und Selbstanklage zugestehen, daß sie in irgendeinem Punkte unsere Obern seien. Wahrscheinlich hat dieser Anspruch keinen andern Grund als die wohlbekannte Rührigkeit, Zähigkeit der Anschauung und strenge Einheit des Handelns, mit welchen die Mitglieder einer privilegirten Klasse unverrückt ihr besonderes und exclusives Interesse verfolgen. Aber selbst eine stillschweigende Zulassung unserer Unterordnung durch gewöhnliche Concessionen würde auf unserer Seite eine geheime Vorliebe aristokratischer über demokratische Einrichtungen bedingen."

Die Missouri=Angelegenheit kam zum dritten mal vor den Congreß, als es sich um die Aufnahme des Missouri=Territoriums als Staat in die Union handelte. Am 16. Nov. 1820 reichte die Territoriallegislatur den Entwurf einer Staatsverfassung ein, welcher unter anderm folgenden Absatz enthielt: „Die Generalversammlung soll keine Macht haben, Gesetze für die Emancipation der Sklaven ohne Einwilligung ihrer Eigenthümer zu erlassen oder ohne diesen vorher eine volle Entschädigung für die also zu Emancipirenden zu bezahlen. Ebenso wenig soll

die Versammlung das Recht haben, Einwanderer, die bona fide eingetreten, oder wirkliche An=
siedler an der Einführung solcher Personen, welche in irgendeinem Staate oder Territorium der
Vereinigten Staaten als Sklaven angesehen werden, zu verhindern, solange Personen dieser
Art nach den Gesetzen dieses Staats als Sklaven gehalten werden dürfen... Es soll zugleich die
Pflicht der Generalversammlung sein, sobald als möglich solche Gesetze zu beschließen, welche
nothwendig sind, um freie Neger und Mulatten an dem Eintritt und der Niederlassung in die=
sem Staate unter was immer für einem Vorwande zu verhindern."

Diese Clausel stand im Widerspruche mit dem Paragraphen der föderalen Verfassung, wonach
die Bürger eines jeden Staats — was die Schwarzen in mehreren freien Staaten sind — zu
den Rechten der Bürger in allen andern Staaten als berechtigt erklärt werden. Der Norden,
der sich von seiner Niederlage im vorigen Jahre noch nicht erholt hatte, betrachtete jenen Vor=
schlag als einen Hohn und eine Beleidigung. Ein entschlossener Widerstand erhob sich dagegen;
und mehrere Mitglieder erklärten sogar, den Kampf im Princip von neuem beginnen zu wollen.
Die Aufnahme Missouris als Staat wurde in der That mit steigender Mehrheit bei der ersten
und zweiten Lesung der Bill verworfen und wäre wahrscheinlich auch bei der dritten Lesung ab=
gelehnt worden, wenn nicht der Senat sich ins Mittel gelegt hätte. Dieser setzte eine vage und
unbestimmte Phrase an die Stelle obiger Clausel, und Henry Clay, der jetzt als Führer der
Missouri=Partei auftrat, schlug ein Compromiß vor, das zwar das Repräsentantenhaus zwei=
mal zurückwies, das aber endlich nach einer Conferenzsitzung mit dem Senat angenommen ward.
Demselben zufolge sollte die Legislatur von Missouri das feierliche Versprechen abgeben, daß
die Verfassung jenes Staats nichts enthalten werde, was als Autorisation zur Annahme eines
Acts dienen könnte, „durch welchen irgendeiner der Bürger aus was immer für einem Staate
von dem Genusse der Privilegien und Immunitäten, zu denen er nach der Verfassung der Ver=
einigten Staaten berechtigt ist, ausgeschlossen würde". Missouri ging auf diese Bedingung ein,
und so schloß ein Parteikampf, der, wie mancher andere seitdem, den Fortbestand der Union be=
droht hatte.*)

Die Annexation von Texas.

Die Sklavenfrage ruhte nun wieder für eine verhältnißmäßig lange Zeit, bis sie bei der
Annexation von Texas im Jahre 1846 aufs neue hervortrat. Mit dem Namen Texas wurde
ursprünglich die spanische Provinz, welche zwischen dem Mississippi und Rio=Grande=del=Norte
liegt, ohne sich bis an die Ufer dieser Flüsse zu erstrecken, bezeichnet. Sie war ein Bestandtheil
des Vicekönigthums von Mexico, in dem aber nur wenige civilisirte Einwohner wohnten. Zwei=
oder dreimal waren Banden französischer Abenteurer an der Küste dieser Provinz gelandet oder
von dem benachbarten Louisiana aus eingedrungen, von den spanischen Militärbehörden aber
theils zerstreut, theils gefangen genommen worden. Obgleich eine Grenzlinie zwischen Louisiana
und Texas gezogen worden, lief doch die traditionelle Grenze zwischen den beiden Gebieten
südlich von dem Red=River etwas innerhalb des Umfangs des gegenwärtigen Staats von Loui=
siana. Die Etymologie des Worts „Natchitoches", einer Stadt am Red=River in Louisiana
und mehrere Meilen innerhalb dieses Staats, weist auf ihren spanischen Ursprung hin. Als
Louisiana von Frankreich an die Vereinigten Staaten überging, wurden seine Grenzen nicht
weiter festgestellt, und man mußte sich daher auf Grenzstreitigkeiten gefaßt machen. General
Wilkinson, der Commandirende der amerikanischen Grenzposten, rückte immer weiter nach We=
sten vor, und dasselbe that der spanische General, bis beide einander gegenüberstanden. Der
Punkt, an dem dies geschah, wurde hierauf als die Grenze beider Länder angesehen und als solche
von beiden Theilen geachtet.

Langwierige Mißhelligkeiten, welche zwischen Spanien und der Union bei verschiedenen Ge=
legenheiten ausbrachen, hatten gegen das Jahr 1819 beide Mächte einem Kriege nahe gebracht.

---

*) Missouri kam indeß noch ein viertes mal vor den Congreß in der Session von 1835—36. Die
Organisationsurkunde des Staats hatte im Westen desselben den Zubehör eines öden Landes nicht aus=
gesprochen, welches sich später als äußerst fruchtbar erwies. Dem Missouri=Pact zufolge war dieser Strich
freies Land und gehörte den Indianerstämmen, zu deren Expropriirung ein Senatsbeschluß von zwei
Drittel Mehrheit erforderlich war. Die Einverleibung desselben wurde von den Senatoren Benton und
Linn so geräuschlos betrieben und durchgesetzt, daß die Sache kaum die öffentliche Aufmerksamkeit auf
sich zog. Der erworbene Strich Landes wurde bald der wohlhabendste und bevölkertste des ganzen
Staats und bildete später den Mittelpunkt der Sklavenpartei in Missouri, wo diese ihre Invasionen nach
Kansas organisirte.

General Jackson war zweimal in das spanische Florida unter dem Vorwande eingefallen, daß die Behörden und Einwohner des Landes zuerst die Engländer und dann die Indianer in ihren Feindseligkeiten gegen die Union unterstützt hätten. Auf der andern Seite ward der amerikanische Handel von Spanien blokirt, und beträchtliche Transporte amerikanischen Eigenthums wurden zur See weggenommen. Um diese Differenzen zu ordnen, pflogen John Quincy Adams, damaliger Staatssecretär des Präsidenten Monroe, und Don Otis, der spanische Gesandte in Washington, Unterhandlungen miteinander, bei denen Adams einen Anspruch auf Texas als die natürliche Grenze von Louisiana erhob. Dieser Anspruch wurde von der Sklavenpartei mit großem Lärm auf die Fahne geschrieben, von der Regierung aber wieder aufgegeben, da Spanien an die Vereinigten Staaten Florida abtrat, wofür die amerikanische Regierung außerdem die Liquidation der Forderungen ihrer Kaufleute für die erlittenen Confiscationen übernahm. Texas blieb auf diese Weise, was es war, eine Provinz von Mexico, die als solche durch einen formellen Verzicht seitens der Union anerkannt wurde. Die reichen Hülfsquellen dieser Provinz zogen indeß die Beutelust der amerikanischen Abenteurer an, und im Jahre 1819—20 ließ sich in Texas eine kleine Colonie von Amerikanern unter einem gewissen Moses Austin von Connecticut nieder, welcher bald andere nachfolgten. Da in Texas, als einer Provinz Mexicos, nur die katholische Religion gestattet war, so wandten sich die Ansiedler um die Bewilligung von Landstücken unter dem Vorwande an die spanische Regierungsbehörde, daß sie römische Katholiken und Religionsflüchtlinge aus den Vereinigten Staaten wären. Die spanische Regierung ertheilte ihnen auf diese Angabe hin die Erlaubniß zur Ansiedelung, indem sie ihnen zugleich Grundstücke verlieh.

Nachdem Mexico sich von Spanien unabhängig erklärt hatte, begann im Jahre 1834 aus den südlichen Staaten der Union eine allgemeine und ruhige, aber wie es schien, absichtlich eingeleitete Emigration nach Texas, welche jedoch im Grunde einer Invasion ähnlicher sah als einer Einwanderung. Die Emigranten kamen bewaffnet, viele mit Sklaven, die in Mexico verboten waren, und keiner suchte um das mexicanische Bürgerrecht an. Die Absicht dieser Bewegung konnte nicht länger zweifelhaft bleiben, als General Samuel Houston, einer der Parteigänger des Südens, sich von Arkansas nach Texas begab und das „Little Rock Journal" die Reise dieses Mannes mit den Worten anzeigte: „Nun werden wir ohne Zweifel bald hören, daß er seine Fahne in Texas aufgepflanzt hat." An Gelegenheiten und Vorwänden zu einem solchen Schritt konnte es natürlich nicht fehlen. Die Zustände waren in Mexico anarchisch und willkürlich. Santana hatte die föderale Verfassung umgestürzt und sich zum Dictator gemacht. Infolge dessen brach eine Empörung in Texas aus, auf Grund deren sich die Provinz im Jahre 1835 unabhängig erklärte. Durch die Schlacht von Jacinto, welche mit der Niederlage und Gefangennehmung des mexicanischen Dictators endete, wurde die Unabhängigkeit von Texas bekräftigt, ein Triumph, der hauptsächlich den amerikanischen Einwanderern und Freibeutern zu verdanken war, da kaum einige Dutzend der ansässigen Mexicaner an der Revolution theilnahm. Als Gefangener willigte Santana in einen Frieden, dessen Grundlage die Unabhängigkeit von Texas bildete, den er aber zu halten nicht willens war. Während des Kriegs waren die Texaner auch in andere Provinzen von Mexico und zweimal bis an die Ufer des Rio-Grande vorgedrungen, ohne jedoch diese Position halten zu können. Nichtsdestoweniger forderten die texanischen Behörden bei den Verhandlungen den Rio-Grande als Grenzlinie, und zwar von der Quelle bis zur Mündung, einschließlich eines großen Theils von Tamaulipas, Coahuila und der bei weitem bedeutendsten und fruchtbarsten Strecke von Neumerico. Diese Forderung wurde von dem Präsidenten Tyler der mexicanischen Regierung gegenüber vertreten und in den ersten Annexationsentwurf aufgenommen, welchen er dem Senat in der Sitzungsperiode von 1843—44 vorlegte. Benton und andere südliche Mitglieder des Senats erblickten in dieser Forderung, die jedenfalls zu früh kam, da der Krieg noch nicht beendet war, einen hinreichenden Grund der Einsprache, und der Entwurf wurde von dem Senat verworfen. Aber bald trat General Hamilton von Südcarolina, der den Rio-Grande das „Gibraltar des Südens" nannte, auf und gewann den ganzen Süden für seine Meinung. In der Controverse, welche sich nun im Norden und Süden erhob, wurde von südlicher Seite auf die Sklaverei nicht Bezug genommen; nördlicherseits dagegen veröffentlichten mehrere Mitglieder des Congresses eine Adresse an das Volk der sklavenfreien Staaten, in welcher sie als den „eigentlichen Zweck dieser neuen Erwerbung von Sklavengebiet die Verewigung der Sklaverei und das fortdauernde Wachsthum der Sklavenmacht" darstellten. Bei der bevorstehenden Präsidentenwahl wurde die Annexation von Texas zur Parteifrage gemacht, und Polk als Präsident, Dallas als Vicepräsident der

Union gewählt, ohne daß die Sklavenangelegenheit dabei weiter zur Sprache kam. Die Führer der nördlichen Demokratie baten blos in einem „geheimen Circular" ihre Freunde, in den Congreß solche Mitglieder zu senden, welche der Annexation entgegen wären. Da jedoch die Wahl Polk's und Dallas' die Annexationsfrage bereits moralisch erledigt hatte, so beschloß der Congreß nach einer heftigen Verhandlung in beiden Häusern die Annexation von Texas am 2. März 1845, drei Tage vor Amtsantritt des neuen Präsidenten. Texas war ein fremder Staat, und zu seiner Aufnahme in die Union war eigentlich die Majorität von drei Vierteln der Stimmen erforderlich. Der Senat kümmerte sich aber darum nicht, sondern faßte seinen Beschluß mit gewöhnlicher Mehrheit. Eine der Bedingungen, unter denen die Annexation geschehen sollte, war folgende: „Außer dem Staate von Texas dürfen mit dessen Zustimmung späterhin neue Staaten, jedoch nicht mehr als vier von entsprechender Größe und hinreichender Bevölkerung, aus dem besagten, zur Zulassung nach den Bestimmungen der föderalen Verfassung berechtigten Territorium gebildet werden, und zwar sollen diejenigen Staaten, die aus dem südlich von 31° 30′ nördl. Br. oder der Missouri=Compromißlinie liegenden Theile errichtet werden, mit oder ohne Sklaverei, je nachdem es die Bevölkerung wünscht, zugelassen werden, dagegen in jenem Staat oder Staaten, die nördlich von der besagten Missouri=Compromißlinie entstehen, Sklaverei und unfreiwillige Dienstbarkeit verboten sein." Das Bemerkenswerthe an diesem Paragraphen ist, daß in demselben die neue Theorie der Sklavenpartei, wonach die Bevölkerung eines Territoriums, das in einen Staat übergeht, selbst das Recht habe, über die Einführung der Sklaverei zu entscheiden, bereits offen, wenn auch nur rücksichtlich eines Landes, in welchem dieselbe dem Missouri=Compromiß gemäß erlaubt war, und mit ausdrücklicher Anerkennung des Compromisses ausgesprochen ist.

Das Wilmot=Proviso.

Nachdem infolge des obigen Beschlusses Texas im Sommer 1845 annectirt worden war, ging im Frühjahr 1846 eine Abtheilung der Unionsarmee nach dem Ufer des Rio=Grande, um dasselbe zu besetzen. Dieser Fluß wurde von Texas noch immer als dessen Grenze beansprucht, aber von Mexico als solche nicht anerkannt. Es fand ein feindlicher Zusammenstoß statt, welcher zu dem Kriege der Vereinigten Staaten mit Mexico führte. Noch während der Dauer desselben ergab sich die Nothwendigkeit, dem Präsidenten eine beträchtliche Summe Geldes zur Unterhandlung eines Friedens zur Verfügung zu stellen. Polk selbst sandte am 8. Aug. 1846 eine Botschaft an den Congreß, in welcher er um die nöthigen Fonds ansuchte und dem Hause eine darauf bezügliche Bill vorlegte. Dieselbe verlangte einen unmittelbaren Credit von 30000 Dollars behufs der Unterhandlungen und eine weitere Anweisung von 2,000000 Dollars zum Zwecke des Friedensabschlusses. Als die Bill in einer Ausschußsitzung des Hauses in Betracht kam, beantragte David Wilmot von Pennsylvanien folgenden Vorbehalt: „Und soll es eine besondere und fundamentale Bedingung der Erwerbung irgendeines Gebiets von der Republik Mexico sowie der Verwendung des der Executive hiermit angewiesenen Geldes sein, daß weder Sklaverei noch unfreiwillige Dienstbarkeit in irgendeinem Theile des besagten Territoriums, außer als Strafe für Verbrechen, deren der Schuldige vorher gesetzmäßig überführt worden, bestehen darf."

Dieses Proviso wurde in der Ausschußsitzung des Hauses mit 80 gegen 64 Stimmen gebilligt und hierauf in der Plenarsitzung ohne Widerspruch angenommen. Im Senat beantragte man die Streichung, ehe es aber zum Beschluß kam, vertagten sich beide Häuser. In dem neuen Congreß, der am 6. Dec. 1847 zusammentrat, mußten neue Anstrengungen gemacht werden, um das Proviso in veränderter Form durchgehen zu lassen. Zuerst suchte Preston King die Bestimmung durchzubringen, wurde aber zurückgewiesen. Hierauf setzte sie Hamelin, ein Gesinnungsgenosse King's, glücklich im Repräsentantenhause durch. Der Senat verweigerte indeß seine Zustimmung. Mittlerweile war auch der Senat bestrebt, die Angelegenheit in seinem Sinne zu ordnen. Clayton von Delaware trug als Berichterstatter des Ausschusses, dem die Sache übertragen war, wieder auf ein Compromiß an. Er wollte die Organisation von Oregon, Neumexico und Californien, von denen das erstere Land nach dem Missouri=Compromiß ein freies und die beiden letztern Sklaventerritorien waren, in eine Bill zusammenfassen und die Entscheidung über den rechtlichen Bestand und die Ausdehnung der Sklaverei in derselben von der Entscheidung des obersten Gerichtshofs abhängig machen. Dieser Vorschlag ward auch von dem Senat angenommen, aber von dem Repräsentantenhause abgeworfen.

Die Lage der Dinge veränderte sich inzwischen durch die Beendigung des mexicanischen Kriegs, sodaß die Haupteinwendung vieler wegfiel, die Exclusionsclausel könne der glücklichen

Beendigung des Kriegs hinderlich werden. General Taylor hatte als neuer Präsident gegen General Caß, den erklärten Gegner der Sklavenbeschränkung, gesiegt. Viele der nördlichen Demokraten betrachteten sich durch diese Wahl ihrer Verpflichtungen gegen den Süden ledig. Sie stimmten demgemäß, und der Gang der Verhandlungen im Congreß schien in der That eine neue Wendung zu nehmen. Schon am 13. Dec. 1848 beantragte Root von Ohio, den Territorialausschuß mit der Abfassung einer Bill zur Organisation von Neumexico und Californien zu beauftragen, durch welche die Sklaverei daselbst ausgeschlossen würde. Das Repräsentantenhaus ging auf diesen Vorschlag ein, und die betreffende Bill wurde nach dreimaliger Lesung gebilligt. Aber der Senat suchte ihr auszuweichen. Sein Manöver bestand darin, daß er die Verfügung über den mexicanischen Credit in das diplomatische Budget aufnahm und auf diese Weise dem Repräsentantenhause die Alternative stellte, entweder das letztere zu verweigern oder die Restrictionsclausel fallen zu lassen. Das Haus that jedoch keins von beiden, sondern votirte den betreffenden Paragraphen des Budgets einfach hinaus. Um eine Verständigung herbeizuführen, wurde nun ein Conferenzausschuß gebildet, der aber ebenfalls zu keinem Beschlusse kam. In dieser Verlegenheit beantragte Thompson von Indiana, das Territorium unter Aufrechthaltung der bisher darin bestandenen Gesetze einzuverleiben, ohne es zu organisiren. Dies ward angenommen. Der Senat trat nach einigem Widerstande diesem Beschlusse bei, und so kam Neumexico in die Union ohne das Proviso.

Das Compromiß von 1850.

Der neuernannte Präsident Taylor trat sein Amt am 4. März 1849 an. In seiner ersten Jahresbotschaft empfahl er dem Congreß rücksichtlich Neumexicos und Californiens, welche in der letzten Sitzung der Gegenstand des Parteiconflicts geworden waren, nichts zu überstürzen, sondern ruhig die Schritte der Einwohner selbst abzuwarten, auf welche Art am besten „alle Ursachen zur Unruhe vermieden" würden. Denselben Rath wiederholte er einen Monat später, als das Haus um den Stand der Dinge anfrug. „Indem ich der Bevölkerung dieser Territorien eine baldige Verwendung um ihre Zulassung als Staaten anrieth", sagte Taylor, „war ich hauptsächlich von dem ernsten Wunsche beseelt, der Weisheit und dem Patriotismus des Congresses eine Gelegenheit zu bieten, alle Veranlassung zu bittern und ärgerlichen Discussionen im Volke der Vereinigten Staaten zu beseitigen. Kraft der Verfassung hat jeder Staat das Recht, unabhängig von jedem andern Staat und von der Generalregierung, allein den ausdrücklich in der Verfassung der Vereinigten Staaten aufgeführten Beschränkungen und Garantien unterworfen, seine municipalen Gesetze und häuslichen Einrichtungen zu errichten und von Zeit zu Zeit zu verändern. Es wird weder beabsichtigt noch erwartet, daß die solchergestalt den resp. Staaten überlassenen Angelegenheiten Gegenstand einer nationalen Agitation werden sollen. Da nach der Verfassung jedoch der Congreß die Macht besitzt, alle nöthigen Anordnungen und Vorkehrungen rücksichtlich der Territorien der Vereinigten Staaten zu treffen, so hat jede neue Gebietserwerbung zu Discussionen über die Frage geführt, ob das System der unfreiwilligen Dienstbarkeit, das in mehreren Staaten vorherrscht, in den Territorien verboten sein solle oder nicht. Die Zeiten der Aufregung, die infolge dessen eintraten, sind glücklich überwunden, doch scheint es, daß während des längern oder kürzern Zwischenraums, der vor der Zulassung der von Mexico cedirten Territorien als Staaten verfließen mag, eine ähnliche Aufregung von ungebührlicher Dauer entstehen soll. Unter solchen Umständen glaubte ich und glaube noch, daß es meine Pflicht sei, zu versuchen, es in die Macht des Congresses zu legen, durch die Zulassung von Californien und Neumerico als Staaten allen Anlaß zu einer unnöthigen Agitation des öffentlichen Geistes zu entfernen... Sollte der Congreß, sobald Californien sich für die Incorporation in die Union meldet, seiner Zulassung eine Bedingung in Bezug auf seine häuslichen Institutionen beifügen, welche den Wünschen der Bevölkerung entgegen wäre und welche die letztere sogar nöthigen würde, sich ihr zu unterwerfen, so könnte doch der Staat nach seiner Zulassung zu irgendeiner Zeit seine Verfassung ändern, wenn er es rathsam erachtet. Jeder Versuch, dem Volke des Staats das Recht der Selbstregierung in einer Sache, die es so nahe angeht, abzusprechen, wird unfehlbar von ihm als ein Eingriff in seine Rechte betrachtet und in dieser Hinsicht vermöge der in unserer Unabhängigkeitserklärung niedergelegten Principien auch von der großen Masse des amerikanischen Volks unterstützt werden. Die Behauptung, daß das neue Land ein erobertes sei und als Staat sich dem Willen seiner Eroberer fügen müsse, wird keine warme Aufnahme unter den freien Männern Amerikas finden."

Neun Tage nach Empfang dieser Botschaft stellte Henry Clay von Kentucky, der „Politiker der Compromisse", folgende Vergleichsanträge: 1) Californien soll auf sein Ansuchen als ein Staat dieser Union zugelassen werden, ohne daß der Congreß ihm eine Beschränkung in Rücksicht auf Ausschließung oder Einführung der Sklaverei auferlegt. 2) Da die Sklaverei in dem durch die Vereinigten Staaten von der Republik Mexico erworbenen Territorium gesetzlich nicht existirt und nicht geeignet ist, eingeführt zu werden, erscheint es für den Congreß unnöthig, behufs ihrer Einführung oder Ausschließung in das besagte Territorium eine gesetzliche Vorkehrung zu treffen. Es sollen daher passende Territorialregierungen in jenem gesammten Territorium, das nicht in die Grenzen des beabsichtigten Staats von Californien fällt, ohne Feststellung irgendeiner Beschränkung oder Bedingung über den Gegenstand der Sklaverei von dem Congresse errichtet werden. 3) Als westliche Grenze des Staats Texas soll der Rio-del-Norte bestimmt werden, eine Seemeile von seiner Mündung angefangen und den Lauf des Flusses bis zur südlichen Linie von Neumexico hinauf, sodann in dieser Linie östlich und in derselben Richtung weiter bis an die Linie, welche zwischen den Vereinigten Staaten und Spanien festgesetzt wurde, jeden Theil von Neumexico im Osten oder Westen jenes Flusses ausschließend. 4) Es soll dem Staate von Texas ein Vorschlag gemacht werden, wonach die Vereinigten Staaten die Bezahlung desjenigen Theils der legitimen und bona fide gemachten Staatsschuld, welche Texas vor seiner Annexation an die Vereinigten Staaten contrahirt hat und für den die Einfuhrzölle den Gläubigern verpfändet worden sind, in Betracht, daß diese Zölle nach der Incorporation an die Vereinigten Staaten zu entrichten sind, unter der Bedingung übernehmen, daß der Staat von Texas durch einen feierlichen und authentischen Act seiner Legislatur oder durch einen Vertrag, jeden Anspruch, den es auf irgendeinen Theil von Neumexico macht, den Vereinigten Staaten überlassen will. 5) Es ist nicht rathsam, die Sklaverei in dem District Columbia, während diese Institution in dem benachbarten Staate von Maryland fortdauert, ohne die Einwilligung dieses Staats, die Beistimmung der Bevölkerung im District selbst und ohne eine Entschädigung an die Eigenthümer der Sklaven zu verbieten. 6) Dagegen ist es allerdings rathsam, den Handel mit Sklaven, die in den Columbiadistrict aus Staaten oder Plätzen außerhalb desselben zum Verkaufe oder Transito als Waare gebracht werden, in demselben zu verbieten. 7) In Gemäßheit der Forderung der Verfassung sollen durch das Gesetz wirksamere Vorkehrungen für die Rückgabe und Auslieferung dienst- und arbeitspflichtiger Personen, die aus einem Staat in einen andern Staat oder in ein Territorium flüchten, getroffen werden. 8) Der Congreß hat keine Macht, den Sklavenhandel zwischen den sklavenhaltenden Staaten zu verbieten oder zu verhindern, indem die Zulassung oder Ausschließung von Sklaven, die von einem dieser Staaten in einen andern geführt werden, ausschließlich von ihren eigenen besondern Gesetzen abhängt.

Die Absicht dieser Anträge war nicht zu verkennen. Clay wollte unter dem Vorwande eines Compromisses der Sklavenmacht zu einem neuen Siege verhelfen, indem er ihr gegen die Aufhebung des Sklavenmarkts in Columbia (Washington) nichts weniger als die Anerkennung ihrer Souveränetät in den neuern Staaten, die Beschränkung des Congresses gegenüber dem inländischen Sklavenhandel und ein verschärftes Sklavenfanggesetz seitens der Gegenpartei versprach. Dessenungeachtet ging die Opposition gegen diese Anträge, der gewöhnlichen Taktik gemäß, zuerst von den Sklavenhaltern aus, und die Debatte, die sich darüber entspann, war eine der verworrensten und stürmischsten, die je in dem Congreß geführt wurden. Dieselbe dauerte volle acht Monate. Am 13. Febr. 1850 theilte der Präsident die Verfassung von Californien mit, welche merkwürdigerweise, aus bisjetzt unerklärtem Grunde, die Sklaverei aus dem künftigen Staate ausschloß. Damit war der erste Punkt von Clay's Anträgen erledigt. Vom 29. Jan. bis 15. April stritt man sich im Senat über die andern Punkte der Motion ohne Zweck und Ziel herum. Endlich trug Foote von Mississippi auf die Niedersetzung eines Comité an, das aus 13 Mitgliedern, darunter sieben Sklavenhaltern, gebildet wurde. Am 8. Mai brachte dasselbe seinen Bericht ein, der seines verschiedenartigen Inhalts wegen die „Omnibusbill" genannt ward. Dieser Bericht verlangte: 1) Aufschub der Zulassung irgendeines neuen aus Texas zu bildenden Staats bis zu der Zeit, wo sich ein solcher selbst melden würde. 2) Unmittelbare Aufnahme von Californien in den Grenzen, die es vorschlägt. 3) Errichtung von Territorialregierungen ohne das Wilmot-Proviso in Neumexico und Utah (dem ganzen von Mexico erworbenen in den Grenzen von Californien nicht enthaltenen Territorium). 4) Vereinigung der beiden letztgenannten Maßregeln in derselben Bill. 5) Feststellung der westlichen und nordwestlichen Grenze von Texas mit Ausschluß von ganz Neumexico gegen eine Geldentschädigung.

6) Wirksamere Verfügungen für die rasche Auslieferung flüchtiger Sklaven. 7) Keine Abschaffung der Sklaverei, sondern Verbot des Sklavenhandels im Columbiadistrict.

Obwol dieser Bericht Clay's Anträge im wesentlichen wiederholte, wollte doch auch jetzt noch keine Form und Ordnung in die Discussion kommen. Einzelne Sätze der Anträge wurden angenommen, andere verworfen, Amendements hineinvotirt, selbständige Motionen beschlossen und dies Spiel so lange fortgesetzt, bis von der ursprünglichen Bill nichts als ein einziger Paragraph stehen blieb. Die Verwirrung war aufs höchste gestiegen, als Präsident Taylor plötzlich (9. Juli 1850) starb. An seine Stelle trat der Vicepräsident Fillmore, ein entschiedener Anhänger der Nichtausdehnung der Sklaverei. Insofern Taylor als Demokrat eine Nichtinterventionspolitik befolgte, fürchtete man, daß Fillmore als Whig auf die Politik Jefferson's zurückgehen würde. Zur allgemeinen Verwunderung aber fand das Gegentheil statt. Fillmore ernannte zu seinem Premierminister Daniel Webster, einen der Führer der Whigpartei, der kürzlich ihre Reihen verlassen hatte. Diese Ernennung brachte in der Stellung der Parteien einen Umschwung hervor. Die Senatoren des Südens, welche bisher die heftigsten Gegner des Compromisses gewesen und die Anträge Clay's verworfen hatten, stimmten auf einmal für denselben und brachten nun diese Anträge einen nach dem andern wieder ein. Ihre Gegner aber, schien es, waren froh, so leichten Kaufs loszukommen. Im Repräsentantenhause gestaltete sich freilich der Kampf immer noch schwer genug. Die Texas-Bill war sogar dreimal und damit definitiv verworfen worden. Nichtsdestoweniger wurde eine vierte Abstimmung beschlossen und in dieser die Bill angenommen. Die verschiedenen Bills, die zusammen die Compromißmaßregeln von 1850 genannt werden, betrafen: 1) die Grenzregulirung von Texas, welcher zufolge der Staat Texas alle seine Territorialansprüche jenseit der in dieser Bill bestimmten Grenzen an die Vereinigten Staaten cedirt, während die Union 10 Millionen von der Staatsschuld Texas übernimmt; 2) die Organisation von Neumerico, welches mit oder ohne Sklaverei, sowie es seine Constitution vorschreiben wird, als Staat aufgenommen werden soll; 3) die Organisation von Utah, mit demselben Vorbehalt; 4) die Aufnahme von Californien unter seiner freien Verfassung; 5) ein neues Sklavenfanggesetz; 6) die Unterbrückung des Sklavenhandels im District Columbia (Washington).

Der Kansas-Nebraska-Kampf.

So groß die Aufregung und Zwietracht waren, welche die Verhandlung über Clay's Vorschläge hervorrief, so ruhig und versöhnlich wurde die allgemeine Stimmung, als ihr Abschluß einmal gewiß war. Senator Foote hatte sogar verlangt, den Act als final, d. h. ewig unabänderlich zu erklären, und in der That war dies der Gesichtspunkt, unter dem jetzt die ganze Angelegenheit betrachtet ward. Man glaubte, die Controverse über das Sklavenwesen sei für immer erledigt, und auf der Convention von Baltimore, welche der neuen Präsidentenwahl vorausging, gelobten sich die Parteien gegenseitig, die Sklavenfrage nie mehr vorzubringen. Das Resultat dieser Übereinkunft war die fast einstimmige Ernennung des Generals Pierce zum Präsidenten der Union für die Verwaltungsperiode von 1853—57.

Pierce drückte sich in seiner Antrittsbotschaft über die Sklavenfrage also aus: „Ich glaube, daß unfreiwillige Dienstbarkeit, wie sie in verschiedenen Staaten dieser Confoederation besteht, von der Verfassung anerkannt wird. Ich glaube, daß es sich damit verhält wie mit jedem andern eingeräumten Recht, und daß die Staaten, wo sie besteht, zu wirksamen Mitteln für die Durchsetzung der verfassungsmäßigen Bestimmungen berechtigt sind. Ich bin der Ansicht, daß die Gesetze von 1850, gewöhnlich die Compromißmaßregeln genannt, streng verfassungsmäßig sind und ohne Anstand ausgeführt werden müssen. Ich glaube, daß die eingesetzten Behörden dieser Republik verbunden sind, die Rechte des Südens in dieser Beziehung ebenso wie irgendein anderes gesetzliches und verfassungsmäßiges Recht anzusehen, und daß die zu ihrer Geltendmachung erlassenen Gesetze nicht mit Widerstreben, hervorgerufen durch abstracte Meinungen über ihre Schicklichkeit in einem andern Zustande der Gesellschaft, sondern mit Freuden in Gemäßheit der gerichtlichen Entscheidungen beachtet und befolgt werden sollen. Das war und ist meine Überzeugung, und nach ihr werde ich handeln. Ich hoffe mit Inbrunst, daß die Frage beigelegt ist, und daß keine secessionistische noch ehrgeizige und fanatische Aufregung die Dauerhaftigkeit unserer Institutionen bedrohen oder den Glanz unserer Wohlfahrt verdunkeln werde."

Diese schöne Hoffnung währte nicht nur nicht lange, sondern Präsident Pierce hat selbst b- Meiste dazu beigetragen, sie zu vereiteln. Schon am 15. Dec. 1853 stellte Senator Dodge o Jowa im Senat einen Antrag, welcher die Organisation des Territoriums Nebraska vorsch!

Das Sklavenwesen in Nordamerika.

Unter diesem Namen wurde das ganze Land verstanden, welches, zwischen den Staaten von Texas, Arkansas, Missouri und Jowa in der Mitte liegend, den Rest des vormals von Frankreich abgetretenen Gebiets von Louisiana bildete. Dem Missouri-Compromiß zufolge, der doch durch die Compromißmaßregeln von 1850 nicht aufgehoben ward, gehörte dieses Territorium zu jenem Districte, von welchem die Sklaverei „für immer" ausgeschlossen worden war. Man kann sich daher das allgemeine Erstaunen vorstellen, als Senator Douglas als Vorsitzender des Territorialausschusses am 4. Jan. 1854 über Dodge's Antrag einen Bericht abstattete, in welchem er folgendermaßen anhob: „Die hauptsächlichsten Verbesserungsanträge, welche der Ausschuß für seine Pflicht hält, der Beschlußfassung des Senats zu empfehlen, sind diejenigen, welche die Bestätigung und praktische Ausführung der in den Compromißmaßregeln von 1850 rücksichtlich der Territorien festgestellten Principien vorschlagen. Nach der Meinung des Ausschusses waren diese Maßregeln auf eine viel umfassendere und durchgreifendere Wirkung berechnet als die bloße Beilegung der wegen der letzten Erwerbung des mexicanischen Territoriums entstandenen Streitigkeiten. Sie waren darauf berechnet, gewisse große Principien zu begründen, die nicht allein für bestehende Übel Abhülfe gewährten, sondern für alle Zukunft die Gefahren einer ähnlichen Agitation dadurch beseitigten, daß sie die Frage der Sklaverei aus der Halle des Congresses und der politischen Arena entfernten und der Entscheidung derjenigen übertrugen, welche dabei am meisten interessirt und für ihre Folgen allein verantwortlich sind." Als solche Principien gibt der Bericht schließlich folgende an: 1) daß alle die Sklaverei in den Territorien und den neuzubildenden Staaten betreffenden Fragen der Entscheidung der in denselben wohnenden Bevölkerung vermittelst ihrer zu diesem Zweck zu wählenden Repräsentanten zu überlassen seien; 2) daß alle den Anspruch an Sklaven und die Frage der persönlichen Freiheit involvirenden Fälle an die Beurtheilung der Lokaltribunale, mit dem Recht der Appellation an den obersten Gerichtshof der Vereinigten Staaten, zu weisen seien; 3) daß die Bestimmungen der föderalen Verfassung in Bezug auf Dienstflüchtlinge in den ursprünglichen Territorien ebenso wie in den Staaten gewissenhaft auszuführen sind.

In Anwendung dieser Principien schlug hierauf Douglas die Organisation zweier Territorien, Kansas und Nebraska, ohne jede Restrictionsclausel vor. Bei Vorlesung dieses Berichts in dem Ausschuß hatte Dixon von Kentucky (Whig) bemerkt, daß wenn der Zweck desselben, wie es scheine, wäre, das Missouri-Compromiß für ungültig zu erklären, dies wenigstens auf eine directe und männliche Art geschehen sollte. Bald nach Eröffnung der Verhandlungen brachte daher auch Douglas einen Zusatzantrag ein, der einen ausdrücklichen Widerruf des Missouri-Compromisses enthielt. Die Debatte über die Bill selbst dauerte in dem Senat vom 24. Jan. bis 3. März 1854, an welchem Tage sie mit 37 gegen 14 Stimmen angenommen wurde. Im Repräsentantenhause ging sie nach längerm „Flibusteriren" am 15. März mit 113 (darunter 44 von sklavenfreien Staaten) gegen 100 (darunter 9 von Sklavenstaaten) Stimmen durch. Der Präsident unterzeichnete sodann die Bill, die hiermit rechtskräftig wurde. In Gemäßheit dieses Gesetzes sollen die Territorien Nebraska und Kansas, wenn sie in die Union als Staaten aufgenommen werden, mit oder ohne Sklaverei, gerade wie es ihre Verfassung zur Zeit der Aufnahme vorschreiben wird, zugelassen werden.

Der Wunsch des Ausschusses, die Sklavenfrage aus der Halle des Congresses zu verbannen, ging, wenn auch nur vorläufig, doch wörtlich in Erfüllung. Das Territorium von Kansas wurde nun der Schauplatz, auf welchem die Sklavenhalter und ihre Gegner ihre Fehde, statt mit Worten, mit den Waffen fortsetzten.*) In dem Congreß selbst machte sich der Rückschlag des Kampfes erst im folgenden Jahre fühlbar. Der Congreß wurde am 3. Dec. 1855 unter drohenden Anzeichen eröffnet. Das Repräsentantenhaus konnte sich bis zum 20. Febr. 1856 nicht über die Wahl eines Sprechers einigen. Erst bei der 133. Abstimmung wurde N. P. Banks von Massachusetts, ein Anti-Nebraska-Mann, gegen W. Aiken von Südcarolina ernannt. Der Präsident wollte die Constituirung des Hauses nicht abwarten, sondern brachte zuerst seine Jahresbotschaft und dann eine Specialbotschaft, Kansas betreffend, ein. In der letztern beklagte er die vorgefallenen Unordnungen, vertheidigte die Übereinstimmung der von ihm getroffenen Maßregeln mit der Nebraska-Bill, schob alle Schuld auf den Gouverneur des Territoriums, Hrn. Reeder, anerkannte die Wahlen der Missouri-Invasion als fait accompli, drohte

---
*) Vgl. hierüber den aus der Feder desselben Verfassers hervorgegangenen Aufsatz: „Die Vorgänge und Zustände in Kansas", im ersten Bande dieses Werks, S. 225—252. D. Red.

den freien Ansiedlern im Fall fernern Widerstandes mit der Execution und schlug als Beruhigungsmittel eine Bill vor, durch welche die Bevölkerung zur Entwerfung einer Staatsverfassung autorisirt würde. Der Senat antwortete auf diese Botschaft mit einem langen Bericht von Douglas, der in einer breiten Auseinandersetzung der Pläne und Bestrebungen der Freistaatspartei behauptete, diese Partei wolle Kansas mit Gewalt zu einem (sklaven=) freien Staat machen. Das Repräsentantenhaus dagegen beschloß eine Commission zur Untersuchung des Standes der Dinge nach Kansas zu schicken und erhielt von dieser einen 1200 Seiten langen Bericht, welcher Gegenstand der Verhandlung wurde. In der Zwischenzeit hatte die Freistaatspartei in Kansas eine Staatsverfassung in Topeka entworfen und dieselbe mit der Bitte um Aufnahme des Landes in die Union an beide Häuser eingeschickt. Alle die Berathung bezweckenden Anträge fielen aber durch. Am 30. Juni beschloß der Senat eine Autorisationsbill für Kansas zu einer Verfassung und theilte diesen Beschluß dem Repräsentantenhause mit. Letzteres ließ die Bill aber liegen, übersandte dagegen dem Senat eine Motion, welche den Widerruf der Aufhebung des Missouri=Compromisses und der Sklavenclausel in der Nebraska=Bill beanspruchte. Unter diesen Streitigkeiten rückte das Ende der Sitzungsperiode heran. Indem sich das Repräsentantenhaus am 18. Aug. vertagte, nahm es in dem Budget der Armee ein Proviso an, wonach die bewilligte Summe nicht zur Unterstützung der Missouri=Legislatur (der Sklavenpartei) in Kansas verwendet werden durfte. Pierce wollte sich diese Beschränkung jedoch nicht gefallen lassen und rief eine außerordentliche Sitzung für den 21. Aug. 1856 zusammen. Obwol ein Theil der Mitglieder schon abgereist war, erschien doch noch eine beschlußfähige Anzahl, welche die Restriction mit einer Majorität von vier Stimmen zurückzog.

Der Beschluß der Kansas=Nebraska=Bill konnte nicht ohne Rückwirkung auf die Stellung der Parteien bleiben. Der „Douglas'sche Verrath", denn ein solcher war die Motion Douglas' gegenüber der Nationalconvention von 1852, hatte nicht blos die Nation im allgemeinen mit Unwillen erfüllt, sondern auch im eigenen Schose der demokratischen Partei Aussprüche hervorgerufen, welche den Vertragsbruch misbilligten. Das Verfahren der Sklavenpartei in Kansas und die von der Administration Pierce's daselbst befolgte perfide Politik entfernte diese Unzufriedenen immer weiter von beiden. Gouverneur Reeder von Kansas selbst trat gegen den Präsidenten auf, und der ganze Norden begann aus seiner halbhundertjährigen Lethargie zu erwachen. Die Frage der Negersklaverei, kürzlich noch eine Frage neben andern, wurde plötzlich die Cardinalfrage der ganzen amerikanischen Politik, und die neue Wahlschlacht für die Administrationsperiode von 1857 — 61 fand ausschließlich auf ihrem Boden statt. Das Volk der Union nahm an derselben in zwei gesonderten Lagern theil, die zum ersten mal eine ganz neue Parteibildung aufzeigten. Die „Demokraten" der Sklavenhalter versammelten sich in Cincinnati, um als ihren Candidaten James Buchanan zu ernennen, und die „Republikaner" der Freistaatspartei kamen in Philadelphia zusammen, wo sie John Charles Fremont zum Präsidenten vorschlugen. Zwischenparteien, wie die Knownothings und die alten Whigs, welche theils secundäre Interessen, theils die Neutralisirung der Hauptfrage zum Zwecke hatten, gingen in der Hitze des Kampfes unter. Der Sieg der Wahlschlacht fiel zwar den Sklavenhaltern zu, aber es war dieses ein Sieg, der einer Niederlage gleichsam. Buchanan verdankte seine Wahl blos dem Sklavencensus des Wahlgesetzes, welches die drei Fünftelvertretung der Schwarzen fingirt. In Wirklichkeit, d. h. bei den Urwahlen, hatte sein Gegner Fremont mit einer Majorität von 97358 Stimmen den Triumph gefeiert. Dieser Umstand war offenbar auch für die Politik des neuen Präsidenten maßgebend, denn Buchanan hat, trotz der seiner Partei gemachten Versprechungen, während seiner Verwaltung eine unentschiedene, lauwarme, aber gerade darum höchst unheilvolle Haltung bewahrt.

Friedrich Christoph Dahlmann.

Das Leben eines deutschen Gelehrten pflegt selten so reich ausgestattet zu sein, um über die Grenzen der wissenschaftlichen Thätigkeit und der häuslichen Beziehungen hinaus ein allgemeineres Interesse darzubieten, oder gar auf die politische Entwickelung der Nation einen unmittelbar bestimmenden Einfluß auszuüben. Denn was die Wissenschaft und ihre Lehre wirkt, das gewinnt seine Bedeutung nach dem Verhältnisse, in welchem es zu dem geistigen Leben und der Bildung eines Volks steht, und wie hoch auch diese Einwirkung angeschlagen werden mag, sie mußte, versteht sich von selbst; ihrer Kunst aber sind diese Fehler, Extravaganzen und beleidigenden Kühnheiten einer übermächtigen Natur sicher im höchsten Grade zu statten gekommen. Denn wenn es vielleicht nie eine Künstlerin gegeben hat, die so rücksichtslos wie sie jede Schranke niederriß, welche sie als ein Hemmniß für die freie Entfaltung ihres künstlerischen Wollens und Schaffens ansehen zu müssen glaubte, so ist doch auch niemals eine Künstlerin gewesen, die so wie sie den ganzen Menschen an die Ausübung ihrer Kunst gesetzt und darum Wirkungen erzielt hat, die mächtiger waren als alles, was auf dem Gebiete des Operndramas je geleistet worden, und deren Erinnerung erst mit dem letzten Zeugen derselben aussterben kann.

Alfred Freiherr von Wolzogen.

Das Sklavenwesen
in den Vereinigten Staaten von Nordamerika.
Zweiter Abschnitt.*)
Die Zustände in den amerikanischen Sklavenstaaten.

Die Sklaverei und Sklavenarbeit in wirthschaftlicher Beziehung.

Amerikanische Nationalökonomen, besonders die Schutzzöllner unter ihnen, lieben es, England die Entstehung und Entwickelung des Sklavenwesens nicht nur aus moralischen und politischen, sondern auch aus ökonomischen Gründen zur Last zu legen. Dieser Vorwurf verdient eine kurze Beleuchtung.

Der erste Versuch, die Fabrikation von Tuch in den nordamerikanischen Colonien einzuführen, zog einen Beschluß des englischen Unterhauses nach sich, in welchem dasselbe erklärte, daß „die Errichtung von Manufacturen in den Colonien die Tendenz habe, ihre Abhängigkeit von Großbritannien zu vermindern". Bald darauf, im Jahre 1710, liefen bei dem Parlament Klagen ein, welche sich über die Gründung von Manufacturen in den Colonien beschwerten, und das Unterhaus beauftragte die Handelskammer, über die Sache Bericht zu erstatten. Im Jahre 1732 wurde zuerst die Ausfuhr von Hüten zwischen den Colonien verboten. Im Jahre 1750 erschien ein Verbot gegen Walz- und Stabeisenmühlen, während die Einfuhr von Roheisen nach England freigegeben ward. Zu einer spätern Zeit erklärte Lord Chatam, daß er den Colonisten nicht die Verfertigung eines Hufnagels erlauben würde, und diese Ansicht fand bald allgemeinen Beifall. Im Jahre 1765 wurde in England die Ausfuhr von Handwerkern, 1781 und 1782 die von Woll- und Baumwollmaschinen sammt Spinnarbeitern, 1785 die von Eisen- und Stahlmaschinen, und noch 1799 die von Kohlenarbeitern nach Nordamerika verboten. Die Absicht und Wirkung dieses Systems soll nach Carey gewesen sein: 1) Die Verwendung der Arbeitskräfte zu andern als Ackerbauzwecken zu verhindern und dadurch den schwächern Theil der Gesellschaft — die Frauen und Kinder — von jeder Beschäftigung außer auf dem Felde auszuschließen. 2) Ganze Bevölkerungen zu der Production desselben Gegenstandes zu zwingen und sie dadurch der Möglichkeit des Waarenverkehrs unter sich zu berauben. 3) Die Bevölkerung infolge dessen zur Ausfuhr aller ihrer Producte in ihrer rohesten Form und zu großen Transportkosten nach England zu nöthigen. 4) Ihnen die Fähigkeit, den Boden durch den Gewinn seiner Producte zu verbessern, zu entziehen und dadurch die Nothwendigkeit seiner Erschöpfung herbeizuführen. 5) Die Errichtung von Städten, Schulen, Straßen und öffentlichen Vertheidigungsmaßregeln unmöglich zu machen. 6) Mit dem Fortschritt der Bodenerschöpfung die Wanderung der Anbauer und ihre weitere Entfernung von dem Marktplatz zu veranlassen. 7) Den Wegfall jeder Arbeitskraft, die nicht im Felde gebraucht werden kann, herbeizuführen. 8) Die Werthlosigkeit einer Menge von Dingen, ohne Bedeutung für sich, aber sehr brauchbar im Zusammenleben der Menschen, zu begründen. 9) Den Werth des Lan-

---

*) Vgl. den Ersten Abschnitt: „Geschichte der amerikanischen Sklaverei", S. 27—68 dieses Bandes.
D Red.

des und die Nachfrage nach Arbeit zu vermindern. 10) Dem Streben nach Civilisation und Freiheit Schranken zu setzen. „Die Folgen dieses Systems waren", setzt Carey hinzu, „daß das allmähliche Wachsthum der mechanischen Gewerbe in den Colonien verhindert wurde, daß Virginien z. B. keine einzige Stadt von irgendeiner Bedeutung hatte, während England die Macht erlangte, jeden Versuch der Concurrenz mit ihm in Manufacturen zu beseitigen. Im Norden waren zwar einige Manufacturen entstanden und die Klasse der Arbeiter zahlreicher, auch hatten sich Städte gebildet, und infolge dessen ging es dem Landmann besser. Aber überall war der Fortschritt der Manufacturen sehr langsam, und überall mußte daher der Farmer seinen Boden aussaugen, indem er Weizen, Taback und andere Producte für entlegene Märkte erzeugte, von denen er kein Düngungsmittel zurückerhielt. Mit der Erschöpfung des Landes verarmten die Eigenthümer, und es trat für sie die Nothwendigkeit ein, sich nach neuen Landstücken zu begeben, die wieder erschöpft wurden. Im Süden verließ der Pflanzer zuweilen seinen Sitz und wanderte mit allen seinen Leuten weiter, aber häufiger war er genöthigt, einen Theil derselben fahren zu lassen. Auf diese Weise hat der innere Sklavenhandel durch den Erschöpfungsproceß, welchem das Land und seine Eigenthümer unterworfen wurden, seinen Ursprung genommen."

Dieser Argumentation läßt sich ohne Zweifel eine gewisse Berechtigung nicht absprechen. Die ökonomischen Interessen der Colonien waren in der That mit die hauptsächlichste Ursache, welche die Revolution gegen England hervorgerufen haben. Dennoch ist es aber unrecht, die Schuld der Sklaverei, wie sie heute in den Vereinigten Staaten besteht, auf die Vergangenheit statt auf die Gegenwart zu wälzen. Die amerikanischen Colonien sind seit mehr als achtzig Jahren frei und selbständig. Während dieser Zeit ist die Sklavenarbeit im ganzen Norden der Union abgeschafft worden, und für deren Fortbestehen in den übrigen Gebieten sind demnach die betreffenden Staaten und ihre Helfer selbst und allein verantwortlich zu machen. Die Frage nach der materiellen Ursache der Sklaverei läßt sich am besten durch die Schilderung der ökonomischen Zustände in den Sklavenstaaten beantworten.

Der „Richmond Enquirer", ein sehr entschiedenes Prosklavereiblatt in Virginien, beschreibt in seiner Nummer vom 29. Dec. 1852 den Fortschritt dieses Staats seit der Revolution im Vergleich zu einigen freien Staaten folgendermaßen: „Virginien besaß vor der Revolution und bis zur Zeit der Annahme der Verfassung mehr Wohlstand und eine größere Volkszahl als irgendein Staat der Conföderation... Von dieser seiner ersten Stellung in Reichthum und Macht ist es in Bezug auf Wohlstand in die fünfte und in Bezug auf Bevölkerung in die vierte Linie zurückgetreten. Neuyork, Pennsylvanien, Massachusetts und Ohio überragen es an Wohlstand, und alle, mit Ausnahme von Massachusetts, an Volkszahl und politischer Geltung. Drei von diesen Staaten sind buchstäblich mit Eisenbahnen und Kanälen übersäet, und der vierte (Massachusetts) nur mit Eisenbahnen... Wenn wir finden, daß die Bevölkerung der Stadt Neuyork und ihrer Umgebungen allein die ganze freie Bevölkerung des östlichen Virginien sammt dem Thale zwischen dem Blauen Rücken (Blue Ridge) und dem Alleghanygebirge übersteigt, so haben wir Ursache, unsere Lage tief zu beherzigen. Sogar Philadelphia hat eine bei weitem größere Bevölkerung als die gesammte freie Bevölkerung des östlichen Virginien. Der kleine Staat von Massachusetts hat einen Gesammtwohlstand, der jenen von Virginien um mehr als 126 Mill. Dollars übertrifft, und dieser Staat ist nicht im Stande, seine Einwohner mit seiner Production zu erhalten. Neuyork aber, welches zur Zeit der Annahme der Verfassung in Macht und Reichthum ebenso tief unter Massachusetts stand als dieses unter Virginien, ist jetzt beiden an Wohlstand voraus. Während der Gesammtreichthum Neuyorks im Jahre 1850 auf 1080,309216 Dollars stieg, betrug der von Virginien 436,701082 Dollars, ein Unterschied zu Gunsten des erstern von 643,608134 Dollars. Dabei ist der Mineralreichthum Virginiens größer, das Klima und der Boden besser, das Hinterland bei gleicher Sorgfalt ebenso ergiebig... In keinem Staate der Conföderation sind die Gelegenheiten zu Manufacturoperationen mehr gegeben als in Virginien. Jede wesentliche Bedingung zum Erfolge in diesem Betriebszweige wird hier im Überfluß und unter besonders günstigen Combinationen gefunden. Wir haben in den zugänglichsten Lokalitäten einen unbeschränkten Vorrath von Wasserkraft — der billigsten von allen Triebkräften. Dieser Wasserreichthum ist so außerordentlich, daß bei Landschätzungen gar kein besonderer Werth darauf gelegt wird, außer in der Nachbarschaft großer Städte. (Ebenso wenig fehlt es in diesen Gegenden an Baumaterial; Bauholz und Granit gibt es im Überfluß. Ein anderer Vortheil, den Virginien besitzt, ist die Nähe seiner Mühlen zur Verarbeitung des Rohstoffs der Baumwolle... Die Kohlenlager von Virginien sind die ausge=

dehntesten in der Welt und ihre Qualität die beste und reinste. Die Eisenlager sind unerschöpflich und in vielen Fällen so rein, daß das Metall in seinem primitiven Zustande gehämmert werden kann. Viele dieser Lager befinden sich in der unmittelbaren Nähe ausgedehnter Kohlenlager. Virginien besitzt ebenfalls starke Lager von Kupfer, Blei und Gips. Ein bemerkenswerther Umstand für seine Bergwerks- und Manufacturbestimmung ist die Leichtigkeit und Wohlfeilheit, mit welcher alle Minerale gewonnen werden. Warum also verlegt sich Virginien nicht auf einmal mit der Hälfte seiner Arbeit und Kapitalien auf den Bergbau und auf Manufacturen? Warum producirt nicht Lynchburg alle Artikel in Eisen und Stahl ebenso billig und ebenso vortheilhaft wie irgendeine Stadt der nördlichen Staaten? Warum errichtet nicht jede Stadt und jedes Dorf an allen Linien der Eisenbahn Fabrikmagazine, in welchen Tausende von Artikeln des täglichen Bedarfs ebenso gut und billig wie überall sonst erzeugt werden? Fast für jede Elle Tuch, jeden Rock, Stiefel und Hut, den wir tragen, für unsere Beile, Sensen, Kübel und Wassereimer, mit Einem Wort für jedes Ding, mit Ausnahme des Brots und Fleisches, von Europa und dem Norden abhängig, muß es dem Süden begegnen, daß wenn unser Verhältniß zum Norden jemals zerrissen werden sollte, wir, im ganzen Süden, nicht im Stande wären, uns selbst zu bekleiden. Wir könnten unsere Wälder nicht fällen, unsere Felder nicht pflügen, unsere Wiesen nicht mähen. Wahrlich wir befänden uns in einer elendern Lage, als wir nur eingestehen möchten. Und doch, mit allen diesen Aussichten, die uns ins Gesicht stieren, schließen wir unsere Augen und wandeln in Blindheit."

Ähnliche Selbstbekenntnisse und Schilderungen ließen sich aus allen Staaten des Südens beibringen. Jene Skizze wird aber genügen, um annähernd einen Begriff von dem ökonomischen Zustande eines Sklavenstaats zu geben. Wenn man einen Südländer fragt, wie er dem materiellen Zustande aufhelfen wolle, so pflegt seine Antwort eher alles andere als das Wesen der südlichen Arbeit, der Sklaverei, zu berühren. In Bezug auf die Sklavenarbeit hat erst ein Nordländer, Frederic Law Olmstedt, in seinem ausgezeichneten Werke „Our slave states" das geeignete Material zusammengestellt. Olmstedt erzählt: „Während der Zeit meines Aufenthalts daselbst wurden mehrere tausend Sklaven im östlichen Theile Virginiens in Miethe gegeben. Den Lohn, welchen man für einen tüchtigen, gesunden, wohlerhaltenen Arbeiter ohne besondern Fehler im Alter von 20—30 Jahren zahlt, war 110—140 Dollars. Der Durchschnittspreis belief sich, soweit ich aus einer sehr ausgedehnten Nachforschung entlehnen konnte, auf 120 Dollars das Jahr, Kost und Wohnung sammt einigen andern Ausgaben einbegriffen. Dieser Lohn muß genau den Werth der Sklavenarbeit darstellen, weil der entgegengesetzte Fall den Besitzer eines Sklaven hindern würde, dessen Arbeit zu diesem Preise fortzugeben. Da die große Mehrzahl der Sklaven zu Ackerbaudiensten verwendet wird, und viele allein Vermiethete zu andern Zwecken gar nicht abgerichtet sind, so zeigen diese Preise die Kosten der agriculturen Arbeit im östlichen Virginien an. In Neuyork haben die gewöhnlichen Löhne für freie Arbeiter, falls es Amerikaner sind, genau dieselbe Höhe im Nominalwerthe. Für irländische und deutsche Arbeiter werden im Sommer 10 Dollars, im Winter 8 Dollars den Monat, also im Durchschnitt 108 Dollars für das Jahr gezahlt. Der Miethsherr des Sklaven aber hat außer der Bezahlung des Lohns noch dessen Ernährung und Bekleidung auf sich zu nehmen, während der freie Arbeiter nur verpflegt, aber nicht gekleidet zu werden braucht. Man hegt in Virginien die Meinung, daß die Sklaven besser genährt werden als die freien Arbeiter. Das ist indeß ein Irrthum, und wir müssen in Betracht ziehen, daß die Beköstigung eines nördlichen Arbeiters wenigstens ebenso viel ausmachen würde wie die Bekleidungsauslage für den Sklaven. Wenn man Mann gegen Mann vergleicht, mit bloßer Rücksicht auf ihre gegenseitige Stärke und Ausdauer, so glaube ich, daß, alles in Betracht genommen, die Löhne für gewöhnliche Arbeiter in Virginien 25 Proc. höher sind als in Neuyork. Nehmen wir aber an, daß beide gleich sind."

Unter den Umständen, welche diese Gleichheit beeinträchtigen können, führt Olmstedt den Verlust des Gewinns an, welcher für den Arbeitgeber aus der Krankheit oder Unfähigkeit des Arbeiters, die Arbeit zu verrichten, entsteht. „Diese Unfähigkeit ist für den Lohnherrn des freien Arbeiters gleichgültig. Für den Sklavenherrn dagegen hat sie verschiedene Folgen: bald kleine, bald sehr große Verlegenheiten, stets aber Unruhe und Verdacht. Ich habe noch nie auf Pflanzungen, wo 20 Neger beschäftigt waren, mich nach ihnen erkundigt, ohne die Bemerkung zu hören, daß einer oder der andere Feldarbeiter infolge von Krankheit, Ermüdung, Quetschung und Verwundung, über die er klagte, an seiner Arbeit verhindert wäre, und in allen solchen Fällen verfehlte der Eigenthümer oder Aufseher nie seinen Verdacht auszusprechen, daß der Invalide ebenso tüchtig zur Arbeit wäre wie jeder andere. Man sagt, daß es ebenso schwer sei, eine sichere Krankheitsdiagnose bei Negern zu erhalten wie bei den Kindern, da die Einbildungskraft rücksichtlich der Symptome beim Neger so stark vorwaltet und seine Aussage über das, was er gefühlt oder gethan habe, keinen Glauben verdient. Wenn ein Neger wirklich krank ist, fürchtet er, daß man ihm nicht glauben werde, und übertreibt daher alle seine Schmerzen, verpflanzt sie auch in Körpertheile, welche er für die wichtigsten seines Systems ansieht. Sehr oft verweigert der invalide Sklave die zu seiner Genesung vorgeschriebenen Mittel zu nehmen, oder nimmt sie nur theilweise. Die Neger verstecken z. B. Pillen unter ihrer Zunge und behaupten, sie verschluckt zu haben, während später aus dem Nichteintritt der Wirkung hervorgeht, daß dies nicht der Fall war."

Zur Illustration dieser Thatsache wurden Olmstedt Vorfälle erzählt, aus welchen hervorgeht, daß sich der Sklave förmlich freut, wenn er eine derbe Wunde davonträgt, die ihn aufs Lager wirft. Doch soll es für den, welcher viel Erfahrung mit Negern hat, im allgemeinen nicht schwer sein, mit ziemlicher Sicherheit aus der Beschaffenheit der Zunge, des Pulses, des Aussehens u. s. w. anzugeben, ob der Neger wirklich krank sei oder nicht. „Letztes Jahr", erzählte ein Sklavenhalter aus Nordcarolina Hrn. Olmstedt, „vermiethete ich einen meinen Neger einem Eisenbahnunternehmer. Wie ich vermuthe, so fand er, daß er härter zu arbeiten hatte als auf der Pflanzung, und verließ eines Nachts die Gesellschaft ohne Erlaubniß. Den nächsten Tag kehrte er in einem Wirthshaus ein, wo er den Leuten sagte, daß er infolge der Arbeit an der Eisenbahn krank geworden sei und zu seinem Herrn nach Hause ginge. Man vermuthete, er wäre flüchtig, und da er keinen Laufpaß hatte, arretirte man ihn und brachte ihn ins Gefängniß. In der Nacht machte mir der Sheriff die Mittheilung, daß ein Bursche im Verhaft wäre, welcher mir zugehören solle und der wirklich sehr krank wäre, sodaß ich besser thäte nachzusehen und ihn zu mir zu nehmen. Ich schöpfte sogleich Verdacht, wie sich die Sache verhalten würde, und ging erst des andern Tages am Abend hin, da ich keine Zeit hatte. Als ich ihn besah und seine Geschichte hörte, war ich vollkommen gewiß, daß er nicht krank wäre; da er sich aber sehr leidend stellte, ersuchte ich den Sheriff, ihm recht viel Salz und Senna (ein Abführkraut, Species der Cassia) zu geben und dafür zu sorgen, daß er sonst nicht mehr zu essen habe. Den folgenden Tag erhielt ich einen Brief von dem Unternehmer, der mir sagte, daß mein Neger ohne Ursache davongegangen sei. Ich schrieb nun dem Sheriff, das Verfahren so lange fortzusetzen, bis der Bursche ein beträchtlich Theil schlechter oder besser wäre. Nun, der Kerl hielt es eine Woche aus, indem er fortwährend stöhnte, daß man glauben sollte, er könne keine Stunde länger leben. Endlich nachdem er es sieben Tage fortgetrieben, erklärte er plötzlich, er wäre wohl und wünsche zu essen. Sobald ich davon hörte, gab ich den Auftrag, ihn durchzubläuen, die Handschellen anzulegen und an die Eisenbahn zurückzusenden. Ich mußte die Arretirungsspesen, Sheriffsportels und eine Woche Kostgeld an die County bezahlen."

Derselbe Herr gestand indeß Hrn. Olmstedt zu, daß er sich zuweilen auch geirrt und Leute zur Arbeit gezwungen habe, die sich später als krank erwiesen. Wenn daher in der Folge einer sich krank meldete, so ließ er ihn ohne weitere Untersuchung gehen, überzeugt, daß die Ruhe eines Tages herausstellen würde, ob er wirklich oder scheinbar unwohl sei. Einst nahm jener Sklavenhalter einen neuen Aufseher, dem er erklärte, welche seine Praxis in Krankheitsfällen sei. Der Aufseher erwiderte: „Es ist auch die meinige; früher huldigte ich ihr nicht, aber ich bekam eine Lection. Hr. * hatte einen Sklaven, der mürrisch war, klagte und behauptete, er könne nicht arbeiten. Ich besah seine Zunge, sie war ganz rein, und ich glaubte, es wäre blos Trägheit. Somit wurde er geprügelt und mußte an die Arbeit. Zwei Tage später war er jedoch begraben. Es war ein Achthundert=Dollars=Neger."

Besonders macht die Neigung der Frauen zu Unwohlsein und Zuständen, die äußerlich nicht wahrnehmbar sind, die aber leicht zum Vorwand ernstlichen Übelbefindens genommen werden können, viele von ihnen gänzlich unbrauchbar zur Arbeit. „Die Frauen einer Pflanzung", erzählte Hrn. Olmstedt ein großer Sklavenbesitzer in Virginien, „vermögen kaum ihr Salz zu verdienen, nachdem sie in das Maturitätsalter getreten sind. Sie kommen nicht aufs Feld, und wenn man die Pflegfrau darüber befragt, so sagt diese: «O, sie ist nicht wohl, Herr, sie kann nicht arbeiten!» Was kann man thun? Man muß die Aussage als gerechtfertigt hinnehmen und darf die Sklavin nicht an die Arbeit treiben. Diese spielt inzwischen auf meine Kosten die Lady und bleibt im Bett liegen, bis sie wieder nach frischer Luft sich sehnt."

„Ich besuchte eine Pflanzung", erzählt Hr. Olmstedt weiter, „wo eine Frau durch zwei Jahre von jeder Arbeit befreit worden war, weil man glaubte, sie werde an der Schwindsucht sterben. Zuletzt entdeckte der Aufseher, daß sie als Hut= und Kleidermacherin für die farbigen Damen der Umgegend thätig sei, und daß sie in diesem Berufe eine merkwürdige Geschicklichkeit erlangt habe. Sie wurde das folgende Jahr zu vortheilhaften Bedingungen einer fashionabeln Schneiderin in der Stadt vermiethet, und da sie von nun an kein Blut mehr brach, erkannte man, daß sie es vorher auf künstliche Weise mußte gethan haben . . . Die Unterbrechung und Vereitelung von Arbeitsunternehmungen, welche durch flüchtige Sklaven herbeigeführt werden, verursacht den Betreffenden oft großen Verdruß und Verlust. Es kommen häufig Fluchtfälle vor, für welche kein unmittelbares Motiv aufzufinden, da der Sklave gut behandelt, wohl genährt und auch nicht durch Arbeit überbürdet wird, während er zugleich die Gewißheit hat, daß er sich durch das Entlaufen großer Entbehrung aussetzt und strenge Bestrafung erwarten muß, wenn er eingefangen wird oder wieder zurückkehrt. Man führt diese Thatsache häufig an, um die Undankbarkeit und Verdorbenheit der afrikanischen Rasse zu beweisen. Ich möchte aber vermuthen, im Fall sich kein anderer Grund finden läßt, daß es der natürliche Instinct der Freiheit in einem Menschen ist, der launenhaft wie die wilden Triebe der Hausthiere und Vögel sich geltend macht. Ja, der gelehrte Dr. Cartwright von der Universität Louisiana meint, daß Sklaven einer eigenthümlichen Form von geistiger Störung unterworfen sind, welche er Drapetomanie nennt und die sich, wie die Krankheit mancher Katzen, in einem unwiderstehlichen Drange davonzulaufen manifestirt. In einer im Süden sehr geachteten Schrift über die Krankheit der Neger versichert jener Arzt, daß unter strenger Benutzung zweckmäßiger medicinischer Rathschläge dieser störenden Manie des Davonlaufens, welche viele Neger haben, ganz vorgebeugt werden könne. Die Symptome und die gewöhnliche empirische Heilmethode gegen die Krankheit seien folgende: Bevor Neger davongehen, werden sie, falls sie nicht einen Schrecken hatten, mürrisch und unzufrieden. Die Ursache dieses Mürrisch- und Unzufriedenseins müsse entfernt werden, sonst verfallen sie der Flucht oder der Negerauszehrung. Falls aber keine Ursache vorhanden, so gehe der Rath derjenigen, welche die meiste Erfahrung in der Drapetomanie besitzen, dahin, die Manie den Neger «auszupeitschen» oder, wie man zu sagen pflegt, ihm «den Teufel auszutreiben»."

„Eine andere Art von Negerkrankheit, welche Dr. Cartwright angibt und die ihren Arbeitswerth sehr verringert, ist die Dyserethisia aethiopica, Abstumpfung des Gemüths und Unempfindlichkeit des Körpers. Die Individuen, welche damit behaftet sind, verursachen durch ihr ungeschicktes Wesen vielen Schaden und, wie es scheint, absichtlich, aber meistens nur infolge ihres Blödsinns und der Unempfindlichkeit ihrer Nerven, welche die Krankheit erzeugt. Sie zerbrechen, verderben und zerstören jedes Ding, das sie in die Hand nehmen, beschädigen Pferde und Hornvieh, zerreißen und verbrennen ihre eigenen Kleider und stehlen fremdes Eigenthum, um das Zerstörte zu ersetzen. Sie wandern in der Nacht umher und benehmen sich des Tags einfältig. Sie arbeiten schleuderig und hacken nach dem Getreide, Zuckerrohr, Taback und Baumwolle, wenn sie diese schneiden, wie aus Muthwillen. Sie erheben Streitigkeiten mit ihren Aufsehern oder Genossen ohne Grund und Ursache und scheinen gefühllos bei der Strafe. Wenn so ein Neger allein gelassen wird, so ergibt er sich der Müßigkeit und Trägheit. Er bewegt sich nicht, um seine Lungen auszudehnen und sein Blut zu beleben, sondern führt eine elende Existenz in der Mitte von Schmuz und Unreinlichkeit, ja faul, um sich nur Kleidung und Wohnung zu verschaffen. Die Folge ist, daß das Blut so sehr carbonisirt und des Sauerstoffs beraubt wird, daß es nicht nur unfähig ist das Hirn aufzuwecken, sondern auch die Gefühlsnerven anzuregen. Wenn der Kranke aus seinem Traumzustande durch den Trieb des Hungers gerissen wird, ergreift er alles, was er finden kann, und tritt das Eigenthum anderer in vollständiger Gleichgültigkeit mit Füßen. Wenn er mit Gewalt zur Arbeit gezwungen wird, so verrichtet er dieselbe in einer kopflosen Weise, indem er auf die Pflanze, die er anbauen soll, mit seinen Fersen tritt, die Werkzeuge zerbricht und alles durch die Art, wie er es erfaßt, verdirbt. Die Aufseher nennen dieses Benehmen «Schurkerei», diese Bezeichnung beruht aber auf einer falschen Hypothese und führt zu einer irrigen empirischen Behandlung, bei das Uebel nie minder und selten heilt."

„Gefährlicher als jede andere Krankheit ist die Lungenentzündung, Peripneumonia notha, öfters kalte Krankheit genannt . . . Die Framboesia ist eine ansteckende Krankheit, die sich durch Berührung denen mittheilt, welche nicht reinlich sind. In einer modificirten Art werden auch Weiße davon angesteckt, bei welchen sie der Pseudosyphilis ähnlich sieht. . . . Die Negerauszehrung, eine der ärgsten, in den nördlichen Staaten und in Europa fast unbekannte Krankheit, herrscht oft sehr stark unter den Sklaven. Es ist von Wichtigkeit, die pathologischen Anzeichen derselben in ihren ersten Stadien zu erkennen, nicht nur zum Zwecke der Behandlung, sondern auch um Betrügereien zu entdecken, da viele daran leidende Neger zum Verkauf ausgeboten werden. Die Beschleunigung des Pulses bei körperlicher Anstrengung macht diese Sklaven zur Arbeit unfähig, und das bestimmt ihre Eigenthümer, sie zu verkaufen, obgleich sie die Ursache davon nicht wissen. Die Wirkung, welche der Aberglaube, daß er vergiftet oder verhext sei, auf das Gemüth des Kranken, das ohnedies in einem leidenden Zustande ist, ausübt, ferner das Unbehagen, welches harte Arbeit, Dürftigkeit, der Mangel an gesunder Nahrung, guter Kleidung, warmer und bequemer Wohnung nach sich zieht, tragen nebst der traurigen Vorstellung, die er zuweilen hegt, daß weder sein Herr noch seine Nebensklaven ihm gewogen sind und er niemand zum Freunde habe, direct dazu bei, jene Verwirrung des Gemüths zu erzeugen, welche die wesentliche Ursache der Negerauszehrung ist."

„Bei dem Arbeitssystem der Sklaverei", schreibt Olmstedt weiter, „muß die Disciplin immer durch physische Gewalt gehandhabt werden. Eine Lady von Neuyork, die einen Winter in einer südlichen Stadt zubrachte, hatte eine gemiethete Negerdienerin, welche eines Tages rundweg sich weigerte, den verlangten Dienst zu verrichten. Auf die freundliche Mahnung der Dame erwiderte sie einfach: «Sie können mich nicht dazu zwingen, und ich werde es nicht thun; ich fürchte nicht, daß Sie mich prügeln lassen.» Das Mädchen hatte recht, denn die Dame war zu gefühlvoll, um einen Mann herbeizurufen oder sie zur Bestrafung auf das Wachthaus zu schicken, wie es die südlichen Frauen thun, wenn ihre Gebuld zu Ende ist. Sie versuchte durch Güte und Einfluß auf den gesunden Menschenverstand des Mädchens eine moralische Controle über sie zu erlangen, fand sich aber nach längerm Verdruß und einer ernsten Prüfung ihres Mitgefühls endlich genöthigt, zu ihrem Eigenthümer zu gehen und diesen zu bitten, das Mädchen um jeden Preis zurückzunehmen. Oftmals aber, wenn auch Muth und physische Gewalt dem Herrn nicht fehlen, gibt es doch verschiedene andere Umstände, welche die Anwendung der Strafe unzulässig, ja unmöglich machen... Wirklich gut dressirte und gelehrige Haussklaven sind im Süden selten zu haben, obgleich sie in alten wohlhabenden Familien häufiger vorkommen als vollendete englische und französische Dienstboten im Norden... Die Zahl von Dienstleuten, welche gewöhnlich eine südliche Familie von einigem Wohlstand hält, setzt eine nördliche Dame in Erstaunen. In einer, die ich besuchte, kamen gerade drei Neger auf einen Weißen, und das in einer Stadt, wo die Neger nur zu Hausdiensten verwendet wurden... Eine südliche Dame aus einer alten und vermögenden Familie, die für einige Zeit bei einer Freundin von mir in Neuyork war, bemerkte ihr, als sie abreiste: «Ich kann Ihnen nicht sagen, wie sehr ich fürchte nach Hause zu gehen und wieder meinem Gesinde zu befehlen, nachdem ich so lange bei ihnen gewesen bin. Wir haben eine viel kleinere Familie als Sie, halten aber 12 Dienstboten. Ihre zwei Leute verrichten jedoch mehr und bessere Arbeit als die meinigen. Sie glauben, daß Ihre Mädchen sehr bornirt seien und Ihnen viel Unruhe machen, aber das ist soviel wie nichts. Wir haben kaum eine einzige bei uns, der man die einfachste Arbeit übertragen kann, ohne sie zu überwachen. Wenn ich befehle ein Zimmer aufzuräumen oder ein Feuer in einer entfernten Stube anzuzünden, so bin ich niemals sicher, daß es geschieht, wenn ich nicht selbst hingehe und nachsehe. Wenn ich ein Mädchen nach etwas schicke, um das Mittagsmahl anzurichten, so ist sie im Stande, nicht eher zurückzukehren, als nach der Zeit, wo das Essen fertig sein soll. Ein Leierkasten in der Straße pflegt alle meine Dienstmädchen aus dem Hause zu jagen, und solange dieser in der Nähe bleibt, habe ich so wenig Gewalt über sie wie über ebenso viele Affen. Die Parade einer Militärcompagnie hat uns zuweilen um unser Mittagessen gebracht, und wenn die Dienstmädchen, am Platze stehend, nach den Soldaten sehen und mein Mann holt sie, so lachen sie ihm ins Gesicht und laufen auf die andere Seite wie die Kinder. Wenn ich dann mit ihnen schelte, so sagen sie, sie meinten es ja nicht böse, würden es nicht wiederthun und lachen dazu. Sie erinnern sich aber nicht. Sie spielen und kümmern sich um nichts wie willenlose Kinder, und können nie etwas vollbringen, ohne daß man sie antreibt.»"

Olmstedt weist mit arithmetischer Genauigkeit nach, daß vier Neger im allgemeinen dasselbe Maß von Arbeit liefern, welches im Norden ein freier Arbeiter vollbringt. Dabei hat der Miethsherr des letztern keine Krankheitskosten zu bezahlen noch für den Schaden, der aus der Fahrlässigkeit des Sklaven entspringt, einzustehen. Dennoch kann sich der Süden nicht von der Sklavenarbeit trennen, und es ist die Beschaffenheit jener Sklavenarbeit ebenso die Ursache der Sklaverei, wie die Sklaverei die Beschaffenheit jener Arbeit bedingt. Die „Prospective Review" vom November 1852 sagt hierüber: „Die Methode des Ackerbaues, welche mit dem Wesen der Sklavenarbeit zusammenhängt, ist hauptsächlich erschöpfend und daher nur für den jugendlichen Reichthum eines neucolonisirten Landes brauchbar. Der Sklave kann wol pflanzen, graben und hacken, er arbeitet jedoch unbeholfen und faul mit unbehülflichen Werkzeugen, und sein widerstrebender Fuß geht denselben Weg der gewaltsamen Arbeit von einem Tage zu dem andern.

Die Sklavenarbeit kann aber nicht zum Betriebe der höhern Landcultur verwendet werden, welche einem ausgesogenen Boden seine Kraft wiedergibt, und es ist eine Thatsache, daß die Pflanzer der nördlichen Sklavenstaaten allmählich die alten Sitze der Civilisation verlassen und mehr und mehr in das noch unangebaute Land weiter wandern. Taback war der große Stapelartikel der virginischen Production durch viele Jahre, nachdem jene schöne Provinz von England colonisirt worden. Der Tabacksbau hat indeß den Boden erschöpft. Später wurden Körnerfrüchte angebaut, doch auch diese erwiesen sich nicht weniger als aussaugend, und die Auswanderung der weißen und farbigen Bevölkerung hat nach dem Westen und Süden in einem sehr großen Umfange zugenommen... Jener Theil von Virginien, welcher an den Strömen liegt, bietet den Anblick eines allgemeinen Verfalls. Seine Bevölkerung vermindert sich und sinkt von Tage zu Tage in einen tiefern Abgrund der Erschöpfung und Verarmung. Die Gegend zwischen den Strömen und dem Blauen Rücken gehen schnell demselben Zustande entgegen. Mount Vernon ist eine verlassene Wüste. Monticello ist nicht besser, und dieselben Verhältnisse, welche das Land Washington's und Jefferson's vernichtet haben, ruiniren jeden Pflanzer in dem Staate. Kaum einer ist davon verschont geblieben. Jetzt befindet sich ein virginischer Pflanzer ganz in derselben Lage wie ein von seinem Gute abwesender irischer Landbesitzer. Die Sorge für den Boden wird in allen Dingen einem dritten übertragen, der bemüht ist, einen so großen Ertrag wie möglich herauszuschlagen, während Geldmangel für beide die Folge ist."*)

Mit dieser Erschöpfung des Bodens geht die Abnahme der Bevölkerung Hand in Hand. Man nimmt an, daß Virginien am Ende der Revolution 600000 Einwohner zählte. Nach dem gewöhnlichen Vermehrungsmaßstab und mit Absehen von der Einwanderungszahl sollte Virginien jetzt 4,000000 oder je Einen Einwohner auf 10 Acres haben. Im Jahre 1850 aber zählte man nur 1,424000 Seelen (895304 Weiße, 53829 freie Farbige, 472528 Sklaven), sodaß von 20 zu 20 Jahren die Zunahme statt 1,200000 nur 200000 Seelen gewesen ist. Die Bevölkerungszahl aller heutigen Sklavenstaaten betrug nach der Revolution bei einem Areal von 120,000000 Acres etwa 1,200000 Seelen, was durchschnittlich 80 Acres auf einen Einwohner gibt. Im Jahre 1850 war diese Bevölkerung auf 8,500000 Seelen auf einer Bodenfläche von mehr als 300,000000 Acres (also 40 Acres auf den Kopf) angewachsen.

Die gesammte Productionskraft dieser Bevölkerung stellte sich im Jahre 1850 folgendermaßen heraus: Baumwolle 105,600000 Dollars, Taback 15,000000, Reis 3,000000, Schiffbau 2,000000, Zucker 12,396150, Hanf 695840, mithin im ganzen 138,691990 Dollars. Nimmt man hierzu für Lebensmittel die gewiß zu hohe Summe von ebenfalls 138,691990 Dollars, und für alle übrigen Producte 22,616020, so erhält man 300,000000 Dollars als die Gesammtproduction von $8\frac{1}{2}$ Mill. Einwohnern, demnach etwa 35 Dollars auf den Kopf. Die Production der Union im ganzen war 1850 gegen 2500 Millionen, und wenn man hiervon die obige Summe abzieht, bleiben 2150 Millionen für die $14\frac{1}{2}$ Mill. Einwohner der nördlichen Staaten — mehr als viermal 35 Dollars auf den Kopf. Dieser Unterschied kann bei sonst gleichen und im Süden günstigern Verhältnissen nur der verschiedenen Beschaffenheit der Arbeit, der Sklavenarbeit, zugeschrieben werden.

Ein Hauptgrund, weshalb die Sklavenarbeit so fest einwurzelt, ist der, daß sie, wo sie einmal besteht, die Concurrenz der freien Arbeit ausschließt. Die Sklavenstaaten machten zum Theil fortwährend Anstrengungen, weiße Ansiedler und Arbeiter herbeizuziehen, ohne daß dieses Bemühen einen nennenswerthen Erfolg hatte. Es kommt dies daher, weil der nördliche freie Arbeiter nicht neben Sklaven arbeiten kann. Ein freier Arbeiter des Nordens, z. B. in Neuyork, welcher gewohnt ist, in einer bestimmten Zeit ein gewisses Quantum Arbeit zu verrichten, findet bald, wenn er nach Virginien kommt, daß der dortige Maßstab ein geringerer. Die Arbeit eines Tages oder eines Monats bedeutet in Virginien weniger als in Neuyork. Der freie Arbeiter bietet demnach auch nur eine geringere Leistung an, oder er fordert einen höhern Lohn für eine größere. Selbst wenn ihm aber auch dieser höhere Lohn gezahlt wird, kann ihn doch dieser immer noch nicht zur Niederlassung bestimmen, da er ja um denselben Preis seine Arbeit im

---

*) Es war zu einer Zeit eine Streitfrage im Süden, ob es vortheilhafter wäre, die Sklaven gut zu pflegen und nicht mit Arbeit zu überbürden oder sie nicht zu schonen. Die Ackerbaugesellschaften, welche die Frage verhandelten, haben dahin entschieden, daß es nützlicher wäre, einen „gang" Neger in sieben bis acht Jahren abzubrauchen (to use up) und, indem man sie verkauft, durch frische zu ersetzen. In Virginien werden jährlich eine Anzahl solcher abgebrauchter Sklaven, die nicht mehr zur Arbeit, aber noch zur Zeugung rüstig sind, von den Sklavenhändlern aus dem Süden reimportirt.

Norden verwerthen kann, also kein Grund vorhanden ist, daß er sich nach dem Süden wendet. Zu solcher Übersiedelung könnte ihn nur ein größerer Lohn, als er im Norden überhaupt erhält, bewegen, und ein solcher kann selbstverständlich wieder nicht gezahlt werden. Selbst in Fällen, wo ihm aber auch ein höherer Lohn angeboten wird, kommen immer noch andere Verhältnisse in Betracht, die diesen Vortheil aufwiegen. So erwähnt Olmstedt einiger Beispiele, wo nördliche Arbeiter, die sich zu ungewöhnlich hohem Lohn in Virginien verdungen hatten, nach Ablauf ihres Dienstes heimkehrten, weil sie neben Negersklaven überhaupt nicht arbeiten wollten. Eine ähnliche das moralische Moment berührende Erfahrung hat man bei der untern Klasse der freien weißen Bevölkerung im Süden gemacht, von der es übrigens sprichwörtlich heißt, daß sie schlechter als die Neger sei.

Den Gipfel der Verderbniß bewirkt aber das Sklavensystem damit, daß durch dasselbe jede Arbeit überhaupt beseitigt wird. Der Eigenthümer einer Pflanzung stirbt mit der Zeit, erzählt Palfrey, und das Land und die hundert Neger werden zu gleichen Theilen unter die Kinder vertheilt. Die Söhne können nicht, wie sie bisher gewohnt waren, auf einem Stück ausgesogenen Tabacksbodens mit einem oder zwei Dutzend Arbeitsleuten fortleben. Der Handwerker gibt es genug, der Handel ist zu gemein für sie, und es fehlt ihnen somit der Weg, eine Subsistenz zu gewinnen. Sie verkaufen darum ihre sämmtliche Habe und leben von dem Gewinne, solange als das Geld vorhält. Wenn das Kapital fort ist, werden sie Vagabunden. Diejenigen, welche ihrem Beispiele nicht folgen, sowie die, welche ihnen ihr väterliches Erbe abkaufen, bebauen das Land nur so weit, als es für den unmittelbarsten Bedarf nothwendig ist, verlegen sich aber auf die Vermehrung ihres Sklavenstocks, welches Geschäft in Virginien und Carolina mit der Zeit der Hauptproductionszweig geworden ist. Seit der Erfindung des Cotton-Gin durch Eli Whitney, einer Maschine, welche den Samen der Baumwolle von ihrer Faser auf eine leichte Weise trennt und die Baumwolle zu einer fast ausschließlichen Stapelwaare des Südens und zu einer vorzüglichen Stapelwaare des Handels in der ganzen Union gemacht hat — steht diese Production des „Sklavenviehes" in genauem Verhältniß mit der Erzeugung und dem Absatz der Baumwolle. Der Betrag der aus den Vereinigten Staaten exportirten Baumwolle war: im Jahre 1794 500000 Dollars, 1800 5,000000 Dollars, 1810 15,000000 Dollars, 1820 22,000000 Dollars, 1830 30,000000 Dollars, 1840 64,000000 Dollars und im Jahre 1850 72,000000 Dollars. In gleicher Proportion mit dieser Zunahme der Ausfuhr stieg auch die Nachfrage nach Sklaven. Der Preis eines Negers am Red-River variirte mit dem Preise der Baumwolle in Liverpool, und was immer dazu beitrug den Werth des Products in England zu verringern, beeinträchtigte auch den Werth des Sklaven und seiner Arbeit in Alabama oder einem andern südlichen Staat. Dasselbe gilt umgekehrt. Je größer das Anbot von Sklaven, desto geringer stellte sich der Werth der Baumwolle. Zu keiner Zeit war der innere Sklavenhandel so lebhaft wie in den Jahren 1830—40 *) und die Wirkung davon zeigte sich auch in der Veränderung der damaligen Baumwollpreise. Von 1831—32 betrug dieser Preis durchschnittlich 10½, von 1841—42 durchschnittlich 7. Die Ausfuhr der Neger fiel in den Jahren 1842 und 1850, und die Folge war, daß sich seitdem der Baumwollpreis fest erhalten hat. Erst in den letzten Jahren begann der Baumwollpreis wieder zu sinken, weil der innere Sklavenhandel zugenommen hatte. Parallel mit diesem Verhältnisse gehen die verwandten Erscheinungen auf dem politischen Gebiet. Mit der Periode von 1830—40, wo der innere Sklavenhandel in der Blüte stand und die Baumwolle billiger wurde, trafen in den südlichen Staaten eine Menge Verordnungen gegen die Emancipation und die Erziehung der Neger zusammen, und seit dem Jahre 1850, wo die Sklavenproduction sich erhöht hat, sah man auch die Sklavenpartei neue Anstrengungen machen, um ihre Interessen zu wahren. Virginien z. B., das vor 30 Jahren der Emancipation günstig gestimmt war, trat in den letzten Jahren auf das entschiedenste in die Bewegung zu Gunsten der Sklaverei ein und richtete insbesondere seine Bestrebungen auf die Erschließung von immer neuen Territorien, welche zur Erhaltung der nomadisirenden Sklavenbevölkerung geeignet wären. Diese Bewegung, die mit naturnothwendiger Gewalt vorwärts drängte, wandte sich, da sie in ihrer Richtung nach dem Südwesten auf Hindernisse stieß, auch nach dem Westen, wo sie den Besitz von Kansas dem freien Arbeiter streitig machte.

---

*) Die „Virginia Times" von 1836 berechnet, daß in jenem Jahre 120000 Sklaven den Staat verlassen haben, nämlich 80000 mit ihren Eigenthümern, welche auswanderten, und 40000 à 600 Dollars als Waare = 24 Mill. Dollars.

Das Sklavenwesen in Nordamerika.

Folgendes ist die Copie eines Sklavenpreiscourants aus Richmond in Virginien, aus dem Jahre 1859:

Die besten Männer von 18—25 Jahren	1200—1300 Dollars
gute Männer von 18—25 Jahren	950—1050 „
Knaben von 5 Fuß	850— 950 „
„ „ 4 Fuß 8 Zoll	700— 800 „
„ „ 4 Fuß 5 Zoll	500— 600 „
„ „ 4 Fuß	375— 450 „
Junge Frauen	800—1000 „
Mädchen von 5 Fuß	750— 850 „
„ „ 4 Fuß 9 Zoll	700— 750 „
„ „ 4 Fuß	350— 452 „

Mädchen und Frauen, die zur Zucht tauglich sind, werden mit ein Sechstel bis ein Viertel des gewöhnlichen Preises höher bezahlt.

Das „gesetzliche" Verhältniß zwischen Sklave und Herrn.

Das gesetzliche Verhältniß zwischen Sklave und Herrn, oder wie man in den Sklavenstaaten kurzweg zu sagen pflegt, „das gesetzliche Verhältniß", hat auch in der Gesetzgebung und Gerichtspraxis der Vereinigten Staaten eine Auslegung erhalten, die alle andern Definitionen dieses Instituts hinter sich läßt. Nach der Bestimmung des Römischen Rechts, auf welches sich die Sklavenjuristen mit Vorliebe berufen, wurden Sklaven pro nullis, pro mortuis et pro quadrupedibus angesehen. Der Sklave hatte in Rom kein Oberhaupt in dem Staate, keinen Namen, Titel oder Verzeichniß, er war nicht fähig durch Kauf oder Nachlaß etwas zu erwerben, noch selbst mit oder ohne letzten Willen zu vererben. Mit Ausnahme dessen, was sein peculium genannt wurde, gehörte alles, was er erwarb, seinem Herrn. Er konnte weder selbst noch durch andere vor Gericht auftreten und war von allen bürgerlichen Stellungen ausgeschlossen. Er hatte auf die Rechte und Privilegien des Ehestandes keinen Anspruch und genoß im Falle des Ehebruchs keinen Schutz. Es gab für ihn keine Gesetze der Verwandtschaft und Schwägerschaft, sondern nur eine quasi cognatio. Endlich durfte er verkauft, übertragen oder verpfändet, zum Zwecke der Zeugenaussage der Tortur unterworfen, nach Belieben seines Herrn bestraft und kraft der Autorität desselben selbst getödtet werden. Das amerikanische Sklavenrecht übertrifft in Härte diese Bestimmungen. Gleich die Definition des Sklavereibegriffs ist entschiedener. „Sklaven sollen in den Händen ihrer Eigenthümer und Besitzer, sowie deren Executoren, Administratoren und Beauftragten, nach allen Beziehungen, Wesenheiten und Zwecken, als persönliches Menschenvieh (chattels personal) angesehen, verkauft, von dem Gesetze erachtet und dargestellt werden." Südcarolina (2 Brevard's Digest, 229; Princes Digest, 446 etc.).

„Ein Sklave ist derjenige, welcher sich in der Gewalt eines Herrn befindet, dem er angehört. Der Herr möge ihn verkaufen, über seine Person, seine Thätigkeit und Arbeit verfügen. Er kann nichts thun, noch besitzen oder erwerben, was nicht seinem Herrn gehört." Louisiana (Civil Code, Art. 35).

„Sklaven dürfen von ihren Herren, wie das Vieh, nach Belieben verkauft werden." Kentucky (2 Littel and Swigerts Digest, 1155).

„Das Cardinalprincip der Sklaverei — daß der Sklave nicht unter fühlende Wesen, sondern unter Sachen, als ein Artikel des Eigenthums, als ein persönliches Thier zu rechnen ist — gilt als unzweifelhaftes Gesetz in allen Sklavenstaaten." (Richter Stroub's „Sketch of the Laws relating to Slavery", S. 23.)

Zu dem persönlichen Thierbegriff hat es die römische Jurisprudenz nicht gebracht. Nach diesem Thierbegriff entscheiden indeß amerikanische Gerichte, und es hat Richter Ruffin in Louisiana z. B. in einem gegebenen Falle folgende Theorie darüber aufgestellt: „Dieses Verhältniß ist hier in der That den andern häuslichen Verhältnissen gleichgestellt worden, indem man uns mit Beweismitteln entgegenkam, welche sich auf die anerkannten Principien der Ältern über das Kind, des Vormunds über den Mündel, des Meisters über den Lehrling beziehen. Der Gerichtshof nimmt ihre Anwendung nicht an. Es besteht keine Ähnlichkeit zwischen beiden. Sie stehen in Opposition zueinander und es liegt eine unübersteigliche Kluft zwischen ihnen. Der Unterschied ist derjenige, welcher zwischen Freiheit und Sklaverei besteht, und ein größerer kann nicht gedacht werden. Auf der einen Seite ist der Zweck, den man im Auge hat, die Wohlfahrt des Unmündigen, der zu gleichen Rechten mit seinem Erzieher, dem die Pflicht obliegt, ihn auf seinen künftigen Beruf unter Freien vorzubereiten, geboren ist. Einem solchen Zwecke und Subject gegenüber scheinen moralischer und intellectueller Unterricht die passenden Mittel, die in den meisten Fällen genügen. Mäßiger Zwang wird beigefügt, um sie wirksamer zu machen. Wenn das nichts hilft, so ist es besser, den Starrköpfigen seiner Leidenschaft und der spätern Ahnung des Gesetzes zu überlassen, als die Vollstreckung desselben einer Privatperson zu übertragen. Mit der Sklaverei ist es etwas ganz anderes. Der Zweck ist der Nutzen des Herrn, seine Sicherheit und die öffentliche Wohlfahrt. Das Subject bleibt in seiner eigenen und der Person seiner Nachkommen bestimmt, ohne Belehrung und ohne die Fähigkeit, irgendetwas zu erwerben, zu leben und zu arbeiten, damit andere die Früchte einernten u. s. w."

Dieselbe Anschauung wurde feierlich von dem Hause der Repräsentanten sanctionirt. Am 11. Febr. 1837 beschloß dasselbe, infolge einer Negerpetition, mit 162 Stimmen gegen 18: „daß Sklaven kein Privilegium der Petition, welches dem Volke der Vereinigten Staaten vorbehalten ist, besitzen."

Ähnliche Erklärungen haben die kirchlichen Genossenschaften abgegeben. Die Baptistenassociation in Charleston behauptet in einer Denkschrift an die Legislatur von Südcarolina, daß „der göttliche Stifter unserer heiligen Religion" diese Einrichtung „als eins der erlaubten Verhältnisse der Gesellschaft" adoptirt hat, und daß „weder die Gesellschaft noch Individuen irgendein Recht haben, eine Freilassung ohne Schadloshaltung zu verlangen"... „Wir werden", fügen sie hinzu, „aufs äußerste jeden Eingriff in dieses Recht, von welcher Seite und unter welchem Vorwand immer entgegentreten"... „Sklaven sind als menschliche Geschöpfe weder zu behandeln noch anzusehen", erklären L. Turner, ein geachtetes Mitglied der presbyterianischen Kirche in Illinois, und Rev. William T. Allan, presbyterianischer Pastor in Chatam (Illinois). Rev. James Smylie, vom Amite-Presbyterium in Mississippi, sagt in einem zur Vertheidigung der Sklaverei geschriebenen Pamphlet: „Wenn die Sklaverei eine Sünde und die Anzeige und Festnehmung von Sklaven in der Absicht ihrer Restitution eine directe Verletzung des göttlichen Gesetzes, das Kaufen, Verkaufen und Halten von Sklaven um des Gewinns willen ein häßlicher Fehltritt und Skandal ist, dann sind in der That drei Viertel aller Episkopalen, Methodisten, Baptisten und Presbyterianer in elf Staaten dieser Union des Teufels."

Im Einklang mit solchen Definitionen der Gerichte, Legislaturen und Kirchen steht der tägliche Sprachgebrauch. Die Sklaven werden in den Familien wie andere zu dem Hauswesen gehörige Thiere, stock, d. h. Viehstand genannt. Die zu erwartenden Kinder schwangerer Sklavinnen werden als increase, Zuwachs, bezeichnet. Weibliche Sklaven nennt man bis nach der Zeit ihrer Empfängnißfähigkeit breeders, Stuten. Diejenigen, welche den Sklaven bei der Arbeit vorstehen, heißen drivers, Treiber. Wenn Sklaven zum Verkaufe kommen, so verhandelt man sie wie die Pferde, als sound oder unsound.

Der Rechtsfreund Jakob Wheeler hat ein „Praktisches Handbuch über das Recht der Sklaverei" geschrieben, welches eine Zusammenstellung aller von den Gerichten der Union und Einzelstaaten über dieselbe erflossenen Entscheidungen mit zahlreichen Noten und Hinweisungen auf die Statuten und andere Autoritäten in systematischer Ordnung enthält. Dasselbe gibt auf 486 Seiten groß Octav Aufklärung über den Zuwachs der Sklaven (wenn er gehört, wie er vertheilt wird), über die Gewähr, die Vermiethung, die Verpfändung, die Ausstattung, die Erbschaft in Sklaven u. s. w. Als allgemeine Regel stellt er den Grundsatz auf, daß in allen Fällen, wo das geschriebene oder Gewohnheitsrecht keine Verfügung trifft, dieselbe aus den einschlägigen Gesetzen über das übrige Vieh zu entnehmen ist. So z. B. entschied das Gericht in dem Falle von Smith von Rowzee, wo ein Sklavenmädchen zu schwach war, um ihrem neuen Herrn auf Meilen weit zu folgen und infolge dessen starb, nach der Analogie der in ähnlichen Fällen bei Füllen und anderm jungen Vieh geltenden Vorschriften.

Der ganze Sklavencoder läßt sich nach Wheeler kurz in folgende Punkte zusammenfassen:

1) „Sklaven können ohne irgendeine Beschränkung oder Bedingung in Rücksicht der Trennung von Ältern und Kindern, Mann und Frau u. s. w. verkauft und übertragen werden." Eine Ausnahme hiervon besteht, doch nur in der Theorie, in dem ehemaligen französischen Louisiana. Der Code Noir dieses Staats, welcher nicht in Amerika, sondern in Frankreich verfaßt wurde, verbietet im Art. 47 den Verkauf des Mannes ohne die Frau, der Kinder ohne die Ältern, und umgekehrt. In Fällen des freiwilligen Verkaufs, welche gegen diese Bestimmung verstoßen, kann der zurückbleibende Verwandte des Verkauften von dem Käufer ohne Entschädigung beansprucht werden. In den andern Staaten liest man häufig Anzeigen: „Einhundertundzwanzig Neger zum Verkauf. Der Unterzeichnete ist eben von Petersburg in Virginien mit

Das Sklavenwesen in Nordamerika.

120 ganz jungen Negern beiderlei Geschlechts und jeder Gattung angekommen, welche er zum Verkauf zu den besten Preisen anbietet. Dieser Transport besteht aus Ackerburschen, mehreren geschickten und fähigen Dienstboten beiderlei Geschlechts, kleinen Kindermädchen und mehreren kleinen Knaben ohne ihre Mütter. Pflanzer und Handelsleute sind bringend gebeten, dem Unterzeichneten einen Besuch abzustatten, ehe sie ihren Einkauf sonstwo machen, da derselbe im Stande ist ebenso billig und billiger als irgendein anderer zu verkaufen. Hamburg, Südcarolina, 28. Sept. 1850. Benjamin Davis."

2) „Da der Sklave ein persönliches Thier ist, kann er zu jeder Zeit verkauft, verpfändet oder vermiethet werden nach dem Willen seines Herrn. Er kann auch im Rechtswege zur Bestreitung der Schulden eines lebenden oder der Passiva und Vermächtnisse eines verstorbenen Herrn auf Verlangen der Gläubiger und Legatare verkauft werden... Solange ein verkaufter Sklave dem Käufer nicht übergeben ist, kann er für die Schulden des Verkäufers mit Beschlag belegt werden... Die Kinder einer Sklavin, die sie nach der Execution der Pfändung gebärt, unterliegen der letztern nach dem Grundsatz: partus sequitur ventrem!" Eine Ausnahme hiervon macht nur der Coder von Louisiana, wonach Sklaven als real estate, d. i. unbewegliches Eigenthum erklärt sind, und nur mit dem Grundbesitz, an welchem sie haften, übergehen — eine Bestimmung, die auf den Sklavenmärkten jedoch nicht ausführbar wird.

3) „Sklaven können durch Letzten Willen und ab intestato vermacht und vererbt werden und sind bei der Auseinandersetzung zwischen den Erben und Legataren der Theilung wie jedes andere Ding unterworfen." Der Nachlaß in Sklaven hat indeß zu vielen Streitigkeiten vor Gericht Anlaß gegeben. In einem Falle entschied ein Gericht, daß der Ausdruck „persönliches Besitzthum" (personal estate) in Testamenten und Contracten die Sklaven mitbegreife, in einem andern, daß der Besitzer einer Sklavin dieselbe dem einen Kinde und ihre mütterliche Frucht einem andern legiren könne; in einem dritten, daß unter dem Worte chattel (Vieh) in Documenten immer die Sklaven, wenn nicht ausdrücklich ausgeschlossen, mit zu verstehen sind. In Fällen, wo eine gleiche Theilung des Negernachlasses nicht thunlich ist, soll eine Compensation in Geld eintreten. Nach dem revidirten Coder von Mississippi (S. 50) dürfen ab intestato geerbte Sklaven, die nicht getheilt werden können, auf Befehl des Waisengerichtshofs verkauft werden. Vormünder und Curatoren sind verpflichtet, diesem Gericht ein Verzeichniß des vorhandenen und nachwachsenden Sklaveneigenthums vorzulegen. Die Sklaven sind ferner in allen Staaten zu Brautgeschenken geeignet. Wenn ein Vater bei der Heirath seiner Tochter ihrem Mann einen Sklaven übergibt, so ist dies nach dem Gesetz ein Geschenk, bis das Gegentheil bewiesen ist. Die Sklaven einer Frau gehen unmittelbar nach der Heirath auf ihren Ehemann über, und sie erhält ihr Eigenthumsrecht im Fall des Überlebens wieder. Doch ist sie durch das Gesetz in ihrem Witweninteresse geschützt. Wenn der Ehemann seine Sklaven in einer Weise emancipirt, daß dadurch die Gläubiger und Mitgift beeinträchtigt sind, so ist die Freilassung ungültig. Der Emancipirte kann für eine bestimmte Zeit wieder verkauft und der Ertrag den Gläubigern und der Witwe gegeben werden. Die während der Lebenszeit eines Legatars pro vita geborenen Sklavenkinder gehören den Nachkommen oder Legataren dieses Legatars, welche ihre absoluten Eigenthümer sind.

4) Der Gebrauch des Sklaveneigenthums ist unbeschränkt. Gesetze in dieser Beziehung gibt es nur in Südcarolina, Georgia und Louisiana, und diese sind im Interesse der Sklavenhalter gemacht. „Da viele Besitzer und Aufseher von Sklaven dieselben zu sehr zur Arbeit anstrengen, daß sie nicht genug Zeit zu der nöthigen Ruhe erlangen, so wird hiermit verordnet, daß wenn irgendein Sklavenbesitzer oder Aufseher vom 25. März bis 25. Sept. Sklaven über 15 Stunden oder vom 25. Sept. bis 25. März über 14 Stunden während 24 Stunden zur Arbeit anhält, derselbe die Summe von 5—20 Pf. St. auf Verfügung des Richters, vor dem die Klage angebracht ist, bezahlen soll."*) „Jeder Eigenthümer, der seinen Sklaven durch eine höhere Arbeit, als er zu leisten fähig ist, grausam behandelt, soll nach hinlänglichem Beweise vor der Hauptjury von derselben zu einer Geldbuße verurtheilt werden." Georgia (Acte von 1817). „Was die Arbeits- und Ruhestunden der Sklaven im Sommer betrifft, so sollen die alten Gewohnheiten des Territoriums befolgt werden; nämlich: Sklaven haben eine halbe Stunde zum Frühstück während des ganzen Jahres, zwei Stunden zum Mittagessen vom 1. Mai bis 1. Nov. und eine Stunde und eine halbe vom 1. Nov. bis 1. Mai. Doch dürfen

---

*) In den Zuchthäusern von Maryland, Virginien und Georgia dürfen Sträflinge nicht über zehn Stunden arbeiten.

die Herren, welche ihre Sklaven die Mahlzeit nicht selbst kochen lassen, der Ruhefrist eine halbe Stunde per Tag abziehen." Louisiana (Acte von 1806).

Über die Verpflegung der Sklaven bestehen Vorschriften in Louisiana, Georgia, Nord- und Südcarolina. „Jeder Besitzer von Sklaven", besagt das Gesetz in Louisiana, „soll gehalten sein, seinen Sklaven eine Tonne indianisches Korn oder ein Äquivalent davon in Reis, Bohnen oder andern Körnern nebst einer Pinte Salz auf freundliche Weise in Natur und niemals in Geld bei Strafe von 10 Dollars zu geben." In Georgia begreift die Acte von 1817 auch die Versagung der erforderlichen Nahrung unter grausamer Behandlung. Außerdem sind die Gerichtshöfe ermächtigt, auf eidlich erhärtete Aussage hin, die Eigenthümer zur Verpflegung ihrer kranken oder altersschwachen Sklaven anzuhalten. Nordcarolina erlaubt jedem, der von einem fremden Neger des Hungers wegen (weil der Neger nicht sein gesetzliches Quantum an Lebensmitteln erhält) bestohlen wird, den Eigenthümer desselben mit einer Entschädigungsklage zu belangen. Wer in Südcarolina seinen Sklaven ausreichende Kleidung und Nahrung verweigert, kann vor dem Richter verklagt und nach eidlichem Beweise, zu dem jedoch nur Weiße zugelassen sind, mit einer Geldstrafe belegt werden. Eine fast allgemeine Thatsache ist, daß Sklaven nur bei besondern Festen, z. B. zu Weihnachten, Fleisch erhalten. Man hat Versuche gemacht, Sklaven mit Baumwollsamen statt mit Mais zu ernähren, aber General Hampton, der es einmal gethan, erklärt, daß „sie wie räudige Schafe dahinstarben". Das übliche Ausmaß ist verschieden und beträgt in Georgia einen peck — Viertel-Bushel oder zwei Gallonen — die Woche; in Florida ein Quart per Tag nebst etwas Salz (letzteres ausnahmsweise); in Nordcarolina sieben Quart Mehl oder acht Quart Reis per Woche; in Virginien eine Pinte Kornmehl und einen Salzhering per Mahlzeit, wenn es aber viel Kühe und Milch auf der Pflanzung gibt, etwas Butter- oder saure Milch, was jedoch als Luxus gilt. Daß die Qualität dieser Nahrungsmittel nicht die beste ist, läßt sich daraus abnehmen, daß Professor Smith gegen die Cachexia Africana, eine Negerkrankheit, als bestes Mittel nahrhafte Kost empfiehlt. Im allgemeinen essen die Sklaven blos zweimal des Tages, des Mittags um 11 oder 12 Uhr und des Abends um 6 oder 7 (in Virginien um 9) Uhr. Oft erhalten sie aber gar keine Mahlzeit zur Strafe. Sie essen ohne Gabel, Löffel und Teller. In Florida nehmen sie ihr Mehl, mit Wasser angefeuchtet, aufs Feld und backen sich daraus zu Mittag ihre ash-cakes, Aschenkuchen. Besser gestellt sind die Haussklaven, die Köche, Bedienten und Stubenmädchen, welche die Überbleibsel von dem Herrentisch einnehmen.

Die Sklaven wurden früher so überaus schlecht mit Kleidern versehen, daß die meisten Staaten in dieser Beziehung Verordnungen erließen. „Wir fuhren durch viele Reisfelder, wo die Schwarzen, Männer und Frauen, fast nackt und bis zur Hüfte im Sumpfe standen", erzählt W. Savery. Knaben und Mädchen gehen auf den Pflanzungen in der Regel bis zum achten und zehnten Jahre nackend. In Louisiana soll jeder Sklave, der von seinem Herrn nicht ein Grundstück zu eigener Bebauung bekommt, ein leinenes Hemde und dergleichen Hosen für den Sommer und ein Leinhemde nebst wollenem Rock und Hose für den Winter erhalten. Florida gestattet den Sklaven zwei Anzüge, nämlich ein Paar Pumphosen nebst einem Hemde oder Kittel von Osnaburgh für den Sommer und ein Paar Hosen und Jäckchen von Negertuch nebst einem Paar Schuhe und Noppenhemd für den Winter. In Tennessee, Mississippi und Louisiana haben die Sklaven keine Schuhe und in den meisten Staaten keine Hüte. „Meinem alten und getreuen Diener Esser und seiner Frau vermache ich jährlich ein Paar starke Schuhe, einen Anzug und ein Leintuch jedem, Esser außerdem einen Hut" (Testament des berühmten John Randolph). Eine Ausnahme bilden hier wieder nur die Dienstboten und Hoteldiener sowie die Sklavenmaitressen der Hausherren, die zuweilen mit Aufwand gekleidet sind.

Die Negerwohnungen sind im allgemeinen elend, doch nach Arbeitsverrichtung, Klima, Wohlhabenheit, gutem oder übelm Willen des Herrn sehr verschieden. Auf vielen Pflanzungen im Süden hat das leichte Haus oder der Schuppen der Neger nur ein großes Wohnzimmer, wo alle beisammen sind. Dieses Wohnzimmer enthält sehr oft weder Fenster noch Tische und Stühle, sondern nur eine Feuerstelle mit der Öffnung, wo der Rauch hinausgeht. Die Neger schlafen auf dem Erdboden, ohne Decken und Unterlage. In Krankheitsfällen ist der Eigenthümer nicht verpflichtet, dem Sklaven ärztliche Hülfe zu leisten. Das ist Sache seines Vortheils. Ein Arzt, der einen Sklaven ohne Wissen seines Herrn behandelt, hat keinen Anspruch auf Bezahlung. Da die Neger sich sehr schwer bei Versetzung in andere Staaten acclimatisiren, so wird beim Kaufe besonders auf leichte Acclimatisirung gesehen, und es verlieren Sklavenhändler, welche Neger aus Virginien nach dem Süden transportiren, oft infolge von Krankheit und Tod

25 Proc. Unter den Fehlern, die den Gebrauch eines Sklaven vermindern und für welche der Verkäufer zu haften hat, unterscheidet der Louisiana-Coder zwei Klassen: Fehler des Körpers und Fehler des Charakters. Die letztern sind auf Fälle beschränkt, wo der Sklave ein Kapitalverbrechen begangen, eines Diebstahls überwiesen und der Manie des Davonlaufens verfallen ist. Trunkenheit ist ein geistiger, kein physischer Mangel und kein Grund der Zurückgabe. Südcarolina kennt kein Recht der Gewähr für moralische Eigenschaften der Neger. Blödsinn und Idiotismus ist ein absoluter Fehler und hebt, wenn nicht sichtbar, den Verkauf auf. Daß die Fruchtbarkeit der Negerinnen ein Handelsartikel ist, der ihren Gebrauchswerth und also auch Preis erhöht, wurde schon erwähnt. Die Sklaven werden in den „Stutereien" Virginiens zum Beischlafe befohlen und oft gewaltsam mittels der Peitsche dazu getrieben. Von Nothzucht gegen einen weiblichen oder männlichen Sklaven weiß das Gesetz nichts. Ja sogar zu medicinischen Zwecken werden Sklaven verwendet. Dr. Stillmar, Director des Medical infirmary in Charleston, veröffentlichte z. B. unlängst folgende Anzeige: „Funfzig Neger werden gesucht. Kranke Neger, die von ihren Aerzten aufgegeben sind, namentlich solche, die an Skrofeln, Hypochondrien, Apoplexie, Leber, Nieren, Magen, Eingeweiden, Blasen, Spleen, Durchfall, Dysenterie u. s. w. leiden, kaufe ich gegen baar und zu dem höchsten Preise. Medical infermary, Nr. 110, Churchstreet, Charleston."

5) Der Sklave kann nichts besitzen oder erwerben, was nicht seinem Herrn gehört. Nach dem Römischen Recht durften Sklaven ein peculium besitzen, d. h. alles was ihnen ihr Herr vertragsmäßig überließ und das, nachdem es übergeben, nicht wieder zurückgenommen werden konnte. Vermöge dieses Gesetzes konnten Sklaven ausnahmsweise Eigenthum erwerben, Handel treiben, sich von ihren Herren loskaufen und, wenn das nicht, doch aus ihrem eigenen Verdienste einen Jahresbetrag entrichten und dafür ihren eigenen Geschäften nachgehen. Nicht so in dem republikanischen und christlichen Nordamerika. Die einzige Anordnung, welche dem Römischen Recht in dieser Beziehung entspricht, enthält der „Schwarze Coder" von Louisiana: „Alles was ein Sklave besitzt, gehört seinem Herrn, er besitzt nichts für sich selbst, außer sein peculium, d. h. die Summe Geldes oder beweglichen Eigenthums, welche seinem Herren beliebt ihm zu gewähren" (Art. 175). Doch bestimmt derselbe Coder: „Sklaven können weder durch Schenkung verfügen noch empfangen inter vivos oder mortis causa, wofern sie nicht vorher gesetzmäßig emancipirt oder durch den Act, welcher die Schenkung enthält, ausdrücklich entlassen wurden." Mit Ausnahme des peculium sind die Gesetze der übrigen Staaten denen von Louisiana gleich. „Sklaven können nichts durch Kauf oder Nachlaß erlangen", lautet das Gesetz in Südcarolina. In Nordcarolina wurde die Zertheilung eines Grundstücks behufs der Erhaltung eines Sklaven für ungültig erklärt. Dasselbe gilt in Maryland von jedem Geschenk oder Vermächtniß, das irgendein anderer als der Besitzer einem Sklaven macht. Eine Anweisung auf 1000 Acker Land, welche ein Neger für seine Dienste im Revolutionskriege erhielt, wurde im Jahre 1834 durch Gerichtsurtheil seinem Herrn gegen den Anspruch seines frühern Eigenthümers zugetheilt.

6) Ein Sklave kann keinen Contract schließen. Verbindlichkeiten, welche Sklaven vor ihrer Emancipation eingehen, binden sie nicht, und es ist die Einwendung der Sklaverei vor Gericht ein entscheidendes Rechtsmittel gegen den Kläger. Trotzdem sind Herren, die sich ihrer Sklaven zu Geschäften bedienen, an die Erfüllung der daraus hervorgehenden Leistungen gebunden, und es bildet nach amerikanischem Gesetz keinen Widerspruch, daß jemand, der kein Recht hat, im eigenen Namen zu handeln, im Namen eines andern handeln kann. Ja in den meisten Staaten wird die an Sklaven ertheilte Erlaubniß, sich in ihrer freien Zeit zu verdingen, als eine Beleidigung (offence) des Staats angesehen, die das Gesetz mit 10—50 Dollars bestraft. Ebenso wenig dürfen Sklaven mit Bewilligung ihrer Herren herumgehen, um Handel zu treiben. In Mississippi kann in solchen Fällen der Sklave verkauft werden, und es ist jeder berechtigt, denselben vor den Richter zu führen, welcher ihn auszupeitschen und seine Waare dem Denuncianten zu übergeben hat. Nur in einer Art des Erwerbes steht der Sklave dem Freien gleich: „Es ist kein Vergehen, weder nach dem gemeinen noch nach Legislaturrecht, mit Sklaven zu spielen!"

7) Ein Sklave kann keine Ehe eingehen. Die Verbindung, welche zwischen Sklaven platzgreift, wird gesetzlich contubernium genannt. Sie entbehrt jeder kirchlichen Sanction und bürgerlichen Rechtswirkung. Ein Sklave kann mit Erlaubniß seines Herrn formell copulirt werden, es ist dies aber während der Zeit seiner Sklaverei eine bloße Ceremonie. Erst mit der Emancipation erwächst eine vor derselben formell geschlossene Ehe zwischen Sklaven zu Recht. Daß Sklaven keine Bigamie begehen noch Familien gründen können, ergibt sich daraus von

selbst. Über die Verwendung der neugeborenen Kinder verfügt der Herr. Wenn ein Kind drei Wochen alt ist, wird die Mutter in working order, zur Arbeit fähig, angesehen. Sie darf den Säugling mit auf das Feld nehmen, aber nur auf Erlaubniß der Aufseher an die Brust legen.

8) „Der Sklave ist in der unbedingten Gewalt seines Herrn. Dieser mag ihn strafen und züchtigen, doch nicht mit außerordentlicher Härte, noch so, daß er ihn verkrüppelt und verstümmelt, oder sein Leben in Gefahr bringt und seinen Tod verursacht" (Louisiana). Grausame Bestrafung, wie Zungenausschneiden, Augenausreißen, Castriren, Gliederbrennen ist in Südcarolina bei 100 Pf. St., in Alabama bei 100 Dollars und in Mississippi bei 500 Dollars verboten. Im allgemeinen kann das Criminalvergehen der Gewaltthätigkeit von keinem Weißen gegen einen Sklaven begangen werden. Dasselbe Recht der Bestrafung wie der Eigenthümer hat auch der Miether eines Sklaven. Das Instrument, mit welchem Sklaven gezüchtigt werden, beschreibt Humphrey, Marshal der Jury von Kentucky, also: „Der Strab (Riemen), meine Herren, ist, wie sie wohl wissen, ein verbessertes Werkzeug der modernen Tortur, womit Sklaven gepeitscht werden. Der Ochsenziemer alten Systems zerhieb und zerfleischte sie so sehr, daß sie zum weitern Verkaufe auf den Märkten untauglich wurden. Dieser Strap ist aber eine große Verbesserung in der Kunst des Negerpeitschens. Wer damit geprügelt wird, kann bis zum letzten Athemzuge kommen und wird doch keine sichtbaren Spuren zeigen und seine Haut so weich und glatt wie eine geschälte Zwiebel sein." Der Strap besteht aus einem breiten, dünnen Holzstabe, in welchem viele kleine Löcher sind, welche beim Schlagen durch den Strom der comprimirten Luft die Wirkung ebenso vieler Schröpfköpfe erzeugen.

9) Die freiwillige und vorsätzliche Tödtung eines Sklaven wird gegenwärtig in jedem Staate als ein Verbrechen angesehen. Auf Ermordung des Sklaven steht Todesstrafe, doch muß die That gesetzlich bewiesen sein, wobei Farbige nicht als Zeugen auftreten können. Als Mord gilt nicht, wenn der Sklave ein outlaw (geächtet) war, Widersetzlichkeit äußerte oder infolge einer mäßigen Strafe (under moderate correction) starb. Wheeler führt in seinem „Law of slavery" nur sieben Fälle an, die wegen Mordes eines Sklaven vor Gericht vorkamen. Von diesen waren zwei Staatsfälle, die übrigen betrafen Klagen zwischen Weißen wegen beschädigten Sklaveneigenthums. In keinem derselben fiel das Urtheil für den Thäter ungünstig aus. Obwol Sklaven kein Injurienobject sind, so haben doch ihre Eigenthümer ein Recht der Entschädigung gegen jeden, der einen Sklaven beschädigt. „Wenn ein Sklave auf Lebenszeit arbeitsunfähig gemacht wird, so soll der Verletzende verpflichtet sein, den Werth des besagten Sklaven nach der Schätzung zweier Freimänner, welche die Parteien ernennen, zu bestimmen. Der verletzte Sklave aber soll auf Kosten des Beschädigers erhalten werden" (Louisiana). Dieselben Gesetze gelten in allen Sklavenstaaten, indem es nicht selten geschieht, daß Personen, welche sich an Sklavenhaltern rächen wollen, ihre Rache an den Sklaven ausüben.

10) Was die allgemeine Behandlung der Sklaven anbetrifft, so entwerfen die folgenden, und zwar wörtlich gemachten Citate aus den Verfolgungsanzeigen entlaufener Sklaven ein Bild davon. Der eine hat starke Streifen von der Peitsche, der andere ist blaugeschlagen, der dritte hat Blutritze, der vierte viele Peitschenmale aus der Jugendzeit. Oder als Merkmale sind bezeichnet: ein eisernes Halsband mit der Gabel nach unten; eine Schleppkette, an dem Knöchel mit einem Hausschloß befestigt; deutliche Spuren vom Kettendruck; einen Streifschuß am Rücken und rechten Arm; ein Brandzeichen am linken Kinnbacken; eine Schnittwunde über die Brust und beide Arme; einen Säbelhieb über den linken Arm; ein Wundmal über dem linken Auge; viele Zähne ausgeschlagen; den Buchstaben A auf Wange und Stirn gebrannt. Die meisten dieser Entlaufenen haben auch das Zeichen von einem Hundebiß. Nahel hat alle ihre Zähne bis auf einen verloren (d. h. sie wurden ihr bis auf diesen einen als Strafe ausgerissen). Josua fehlt der Daumen an der linken Hand. John fehlt das linke Ohr. Der Geistliche J. H Hill in Green Point bei Neuyork erzählt als Augenzeuge folgende Geschichte: „Ein Prediger in Südcarolina hielt jeden Sabbat acht Meilen von seiner Wohnung Gottesdienst. Er pflegte mit einem raschen Pferde entweder im Sulky oder einsitzigen Wagen dahin zu fahren. Hinter ihm lief sein Sklave, der ebenso schnell wie das Pferd ankommen sollte, um dasselbe bei der Ankunft zu übernehmen. Zuweilen blieb der Neger zurück und ließ den Herrn warten, der ihm dies verwies. Einmal sagte er ihm, daß er ihn lehren wolle, Schritt zu halten. Darauf band er ihn an den Handgelenken mit einer Halfter rückwärts an den Wagen und jagte davon. Zwei Meilen vor ihrer Rückkehr versagte dem Neger die Kraft und er wurde auf der Erde nachgeschleppt. Als der Geistliche anhielt, sagte er: «Nun, ich sollte meinen, diesmal hast du Schritt

gehalten», und ging, ohne sich umzusehen, in das Haus. Die Diener banden den Sklaven los, der in zwei Tagen starb."

11) Ein Sklave kann nicht als Partei vor Gericht in irgendeiner Angelegenheit gegen seinen Herrn auftreten. Nur in Fällen, wo es sich um seine Freiheit handelt, wird er vor Gericht zugelassen. Doch muß seine Sache von Weißen vertreten werden, und er bleibt im Besitz, bis das Gegentheil bewiesen ist. Ebenso wenig haben Sklaven ein Loskaufungsrecht. „Kein Besitzer soll gezwungen werden, seinen Sklaven zu verkaufen, ausgenommen in zwei Fällen: erstens wenn er blos Miteigenthümer eines Sklaven ist und sein Theilhaber den Verkauf verlangt, um eine Theilung vorzunehmen; zweitens wenn der Herr der grausamen Behandlung seines Sklaven überführt worden und der Richter es für zweckmäßig hält, außer der festgesetzten Geldbuße auf den Verkauf des Sklaven im Wege der öffentlichen Feilbietung zu erkennen." Dieses Gesetz gilt nur in Louisiana, die andern Sklavenstaaten kennen gar keine Emancipationsbefugniß. Unter der spanischen Gesetzgebung, z. B. in Cuba, hat der Sklave ein Recht, um seine Schätzung beim Magistrat einzukommen und sich loszukaufen. Wenn er in einer bestimmten Zeit, mittels fremder Hülfe oder infolge eines dem Herrn vorgeschriebenen Abkommens durch sein eigenes Verdienst, die Schätzungssumme zahlt, wird er frei. Auf diese Weise finden häufig Emancipationen statt. In Jamaica und den andern westindischen Besitzungen von Großbritannien wurden Mischlingssklaven im vierten Grade der Abstammung durch ausdrückliches Gesetz frei. Damit in den Vereinigten Staaten ein Sklave auf seine Freiheit klagen kann, muß er zuerst einen Weißen finden, der willens ist, die Auslagen und Mühe des Processes, im Fall des Verlierens die Kosten desselben zu tragen. Dann muß er sich Weiße als Zeugen suchen, die bereit sind, für ihn zu beweisen. Sodann setzt er sich aus, von demselben Gerichtshof, der gegen ihn entscheidet, wegen unbegründeter Emancipationslust bestraft zu werden. In Südcarolina kann jeder Beschützer eines Sklaven, der seine Freilassung begehrt, in die doppelten Kosten und zur Bezahlung alles Schadens gegen den Bona-fide-Besitzer verurtheilt werden. In Virginien steht auf der Unterstützung eines Sklaven in der Gewinnung seiner Freiheit, wenn er den Proceß verliert, eine Geldbuße von 100 Dollars. Im allgemeinen kann ein Sklave rechtsgültig nur durch Vollmacht, Letzten Willen oder Contract seines Herrn emancipirt werden, aber selbst in diesem Rechte sind die Herren beschränkt. „Wenn man bedenkt, daß Sklaven eine besondere Art von Eigenthum bilden, so wird es nicht befremden, daß Gesetze zu seiner Regulirung nothwendig sind, um die Gesellschaft gegen das Wohlwollen der Sklavenbesitzer zu schützen, welche, indem sie dem Gemeinwesen eine große Zahl von dummen, unwissenden und lasterhaften Leuten auferlegen, die Ruhe stören und ihren Bestand gefährden. Das Recht der Gesellschaft zur Erlassung solcher Gesetze läßt sich aus demselben Grunde wie manches andere rechtfertigen. Kein Mensch bezweifelt das Recht der Individuen, Schießpulver zu kaufen, zu besitzen und zu verkaufen. Wenn es aber der Eigenthümer in sein Haus oder Magazin in der Mitte einer volkreichen Stadt bringt, so ist das Publikum dabei interessant und wird ihm die geeigneten Beschränkungen auflegen." Das Princip der Beschränkung der Manumission ist in allen Staaten anerkannt. In Südcarolina, Georgia, Mississippi und Alabama hat nur die Legislatur das Recht, Sklaven zu emancipiren. In Georgia wird jeder „Versuch", einen Sklaven anders als durch die Legislatur zu emancipiren, als Staatsvergehen mit 200 Dollars bestraft. Die Hälfte dieser Summe erhält der Denunciant. Emancipationen durch letztwillige Anordnung oder andere Documente sind hier ungültig und ihre Abfassung bei Strafe von 1000 Dollars verboten. Kentucky, Missouri, Virginien und Maryland bieten größere Freiheiten der Emancipation. In Kentucky und Missouri kann der Eigenthümer seinen Sklaven, „vorbehaltlich der Rechte seiner Gläubiger", emancipiren. In Virginien muß der Sklave über 21 Jahre alt sein, ehe seine Freilassung erfolgen kann, und nach einem Jahre muß der Freigelassene den Staat verlassen oder in die Sklaverei zurückkehren. Maryland bedingt, daß der Emancipirte von guter Gesundheit, arbeitsfähig und nicht über 45 Jahre sei. In Nordcarolina können Sklaven nur wegen „verdienstlicher Dienste" (meritorious services) befreit werden. In Louisiana darf niemand einen Sklaven emancipiren, wenn letzterer nicht 30 Jahre alt ist und die letzten vier Jahre sich wohl verhalten hat. Nur ein Sklave, der seinem Herrn, dessen Frau oder Kind das Leben gerettet, kann in jedem Alter frei werden. Diese Begünstigung erstreckt sich noch auf das Kind einer Sklavin, welches auch zur Erwerbung von Eigenthum durch Testament und Schenkung berechtigt ist. „Alle Emancipationsacte aber sind ungültig, in denen nicht die Rechte der Gläubiger gewahrt sind, und es kann z. B. in Virginien ein Sklave für eine vor seiner Freilassung contrahirte Herrenschuld

von dem Gläubiger confiscirt werden. Andererseits macht der vor der Freilassung für dieselbe gezahlte Betrag eines Sklaven diesen nicht zum Gläubiger. Sklaven, die durch Letzten Willen emancipirt werden, sind zur Freiheit nicht berechtigt, falls das bewegliche Eigenthum des Erblassers nicht zur Tilgung seiner Schulden ausreicht. In einem Falle, wo ein Erblasser den Verkauf seines unbeweglichen Besitzes anordnete, um seine Sklaven freizulassen, erklärte das Gericht diese Anordnung ungültig. In Virginien, Mississippi und Kentucky, wo die Wittwe ein Drittel des Nachlasses erhält, muß ein emancipirter Sklave zur Leistung dieses Wittwendrittels in die Sklaverei zurückkehren. Über die Rechtsbeständigkeit von Contracten und Manumissionsversprechen sind die Ansichten der Gerichtshöfe getheilt. Die Freilassung eines Sklaven beruht nicht auf dem Wesen eines Vertrags, der aus einem Vortheil entspringt; sondern ist ein Act des Wohlwollens, der verbindet, wenn er schriftlich ist" (Kettelas von Fleet). „Das Gericht kann einen Vertrag zwischen einem Herrn und Sklaven nicht erzwingen, obgleich der Sklave seinen Theil erfüllt hat" (Stevenson von Singleton). „Wenn der Verkäufer eines Sklaven mit dem Käufer schriftlich übereinkommt, daß der Sklave in einer bestimmten Zeit frei wird, so ist das kein Grund zur Klage vor Gericht." Flüchtige Sklaven, welche im Norden ankommen, bringen oft schriftliche Contracte mit, in denen sich ihre Herren verpflichten, sie nach einer bestimmten Zeit und empfangenen Ratenzahlungen frei zu geben. Sie haben die Quittungen ihrer Herren und können doch ihr Recht nicht durchsetzen. Wheeler's „Law of slavery" registrirt nur einen Fall, wo das Gericht entschied, daß ein Manumissionscontract verbindlich sei. Aber auch die gesetzlich vollzogene Emancipation schützt den Sklaven nicht, denn emancipirte Farbige können unter Umständen wieder zur Sklaverei gezwungen werden. Der geringste Formfehler in der Emancipationsacte hebt dieselbe auf. Letztwillige Anordnungen müssen genau den Zeitpunkt angeben, in welchem die Manumission stattfinden soll, sonst sind dieselben ungültig. In allen Sklavenstaaten gilt die gesetzliche Präsumtion, daß jeder Farbige bis zum Beweise des Gegentheils ein Sklave ist. In Tennessee, Virginien, Maryland, Georgia und den beiden Carolina muß jeder Emancipirte entweder sogleich oder nach einer bestimmten Zeit (1—12 Monat) das Territorium verlassen. Diejenigen, die zurückkehren, werden wieder als Sklaven verkauft. Dieselbe Strafe wird den freien Negern des Nordens angedroht, welche die Grenze jener Staaten überschreiten. Damit ein freier Neger die Grenze überschreiten kann, ist eine besondere Bewilligung der Legislatur nothwendig. Ein Farbiger, der als Sklave verdächtig und verhaftet wird, kann zur Bezahlung der Proceßkosten in die Sklaverei verkauft werden. Dieselbe Strafe erleidet ein freier Neger, der einem andern sein Certificat leiht oder bei der Flucht behülflich ist. In den Seestaaten des Südens ist es farbigen Matrosen und Schiffsleuten untersagt, nach der Landung des Schiffs ans Land zu steigen. Dieselben werden verhaftet und, falls die Kapitäne die schwere Geldbuße von 1000 Dollars nicht bezahlen wollen, als Sklaven verkauft. Nordcarolina und Georgia haben ein Gesetz, wonach Handelsschiffe, auf denen sich Farbige befinden, einer Quarantäne von 30 Tagen unterliegen, und der Verkehr mit diesen ist jedermann bei 30 Peitschenhieben untersagt.

12) Daß den Sklaven in Amerika die Erlernung des Lesens und Schreibens nicht gestattet wird, ist eine bekannte Thatsache. „Da der Unterricht der Sklaven im Schreiben eine große Inconvenienz ist", heißt es in dem Sklavencoder von Südcarolina, „so soll jeder, der einen Sklaven im Schreiben unterrichtet, der seine Erlaubniß dazu gibt, oder der einen Sklaven zum Schreiben verwendet, für jedes einzelne Vergehen mit 100 Pf. St. bestraft werden." In Georgia beträgt die Strafe 500 Dollars, wenn der Schuldige ein Weißer, und beliebige Prügel, falls er ein Farbiger ist. Louisiana setzt ein Jahr Gefängniß darauf. Virginien verbot gesetzlich Versammlungen von Schwarzen, allein oder in Gesellschaft von Weißen, um lesen zu lernen. Dasselbe that Alabama. Wer einen Sklaven in Nordcarolina lesen oder schreiben lehrt, ihm die Bibel oder ein anderes Buch gibt oder verkauft, wird mit 200 Dollars und, wenn es ein Farbiger ist, mit 35 Peitschenhieben und Gefängniß bestraft. Außer diesen Staatsverboten gibt es noch eine Menge Lokalverordnungen der Bezirke und selbst der Städte, welche den Unterricht der Neger verpönen. Kentucky und Maryland sind die einzigen Staaten, wo das Lesen und Schreiben der Sklaven nicht ausdrücklich untersagt ist. Ein gleiches Verbot besteht rücksichtlich der Religionsübung. Sklaven können zwar zum Christenthum bekehrt und getauft werden, aber die Ausübung ihrer Religion ist eigenen Beschränkungen unterworfen. Damit in Südcarolina ein Sklave einem Gottesdienst beiwohnen darf, muß er die schriftliche Erlaubniß der Behörde haben, und die Mehrzahl der Anwesenden müssen Weiße sein. Mississippi verlangt die Anwesenheit von wenigstens zwei „achtbaren" weißen Personen und die Function eines regelmäßig ordinir-

ten Predigers. In Virginien dürfen Sklaven an keinem Abendgottesdienste theilnehmen, sind alle Zusammenkünfte für „geistigen Unterricht" (mental instruction) untersagt.

13) Der Sklave unterliegt nicht blos der Bestrafung seines Herrn, sondern auch der Ahndung besonderer gegen ihn erlassener Gesetze des Staats. Der revidirte Sklavencodex von Virginien zählt 71, der von Mississippi 17 Vergehen von Sklaven auf, auf denen Todesstrafe steht, während dieselben Übertretungen bei Weißen nur mit Gefängniß bestraft werden. Ein Sklave, der in Georgia einen Weißen schlägt, soll das erste mal nach Discretion des Richters, das zweite mal aber mit dem Tode bestraft werden. Ausgenommen ist der Fall, daß der Sklave auf Befehl seines Herrn gehandelt hat, in welchem Fall er straflos und so anzusehen ist, als ob letzterer die Handlung selbst ausgeübt. Dasselbe gilt in Südcarolina. Maryland setzt auf dieses Vergehen den Verlust eines Ohres, selbst wenn der Neger ein Freier ist. Das Verfahren gegen Neger ist summarisch und wird in der Regel einem einzelnen Richter übertragen. Nur bei Kapitalverbrechen gestatten einige Staaten eine Jury von Sklavenhaltern oder, falls diese fehlen, von Hausbesitzern. Obgleich kein Schwarzer vor Gericht aussagen kann, werden doch Sklaven als Angeber und Zeugen gegen Sklaven zugelassen. Eine andere merkwürdige Bestimmung ist, daß der Besitzer eines Sklaven nicht zur Aussage gegen seinen Sklaven gezwungen werden kann. Richter Ruffin gibt als Ursache dieser Bestimmung an, weil es gegen das Interesse des Herrn sei, gegen seinen Sklaven, der z. B. einen Mord begangen habe und dafür gehängt werden könne, auszusagen. Kleinere Vergehen der Sklaven werden von der Polizei bestraft. Es gibt eine besondere Sklavengensdarmerie, patroll genannt, welche die Pflanzungen bewacht und die Strafe gegen die Schuldigen auf der Stelle austheilt. Ein Sklave z. B., der sich im Besitz eines fremden Gegenstandes, oder bei dem Abbinden eines Boots, oder beim Jagen oder Reiten ohne Erlaubnißschein betreten läßt, erhält 10—30 Peitschenhiebe.

14) Seine Spitze erhält das „gesetzliche Verhältniß" in den Bestimmungen, welche gegen die freie Bewegung der Sklaven von den Staatslegislaturen und dem Congreß erlassen wurden. Die Absicht dieser Gesetze ist eine vierfache: die Flucht der Sklaven zu verhindern, ihre Wiedereinfangung zu erleichtern, die Ergriffenen zu bestrafen und andere abzuschrecken, jeden, der bei ihrer Flucht betheiligt ist, zur Sühne zu ziehen. Die Gesetze zur Verhinderung der Flucht erlauben, den Sklaven eiserne Halsbänder, Ketten, Handschellen u. s. w. anzulegen, wenn immer der Eigenthümer es für passend hält. Wer ihnen dieselben abnimmt oder zerbricht, unterliegt gesetzlicher Ahndung. Eine andere Präventionsform ist das Recht, die Sklaven während der Nacht einzuschließen. In vielen Städten gibt es Vorschriften, welche den Negern nach einer bestimmten Stunde am Abende das Erscheinen in den Straßen verbieten. Eine allgemeine Regel auf den Pflanzungen ist, daß kein Sklave befugt ist, seinen Platz ohne einen geschriebenen Passirschein zu verlassen. Die patroll ist angewiesen, alle solche Neger aufzugreifen und zu züchtigen. In Georgia darf jedermann, der einen Sklaven außerhalb der Pflanzung oder Stadt, wohin er gehört, antrifft, demselben 20 Peitschenhiebe auf den nackten Rücken geben. Eine ähnliche Verordnung besteht in Südcarolina und Florida. Nordcarolina und Tennessee verordnen 40 Hiebe für den Besuch eines Negers auf einer andern Pflanzung und 20 für den Empfang desselben. Maryland setzt Prügel, Rasiren des Haupthaars oder Einbrennen des Buchstabens R auf die Backe als Strafe des Herumziehens. Vagabundirende Sklaven, die von ihren Herren dauernd abwesend sind, können wie wilde Thiere gejagt und eingefangen werden. Zu ihrer Aufspürung werden eigene Negerhunde abgerichtet, welche die Fährte des Menschenwilds verfolgen und zu seiner Einbringung behülflich sind. Das Sklavenjagen ist ein eigenes Gewerbe im Süden. Das „Ouachita Register" von Monroe in Louisiana enthält z. B. unter dem 1. Juni 1852 folgende Ankündigung: „Negerhunde. — Der Unterzeichnete möchte die Bürger von Ouachita in Kenntniß setzen, daß er etwa ein und eine halbe Meile östlich von John White's Sitz, auf der Straße von Monroe nach Castrog, seinen Stand hat, und daß er ein hübsches Rudel Negerhunde besitzt. Personen, welche Neger fangen wollen, werden gutthun, sich an ihn zu wenden. Er kann immer an seinem Platz gefunden werden, falls er nicht auf der Jagd ist, und selbst dann kann sein Aufenthalt erfragt werden. — Preis: 5 Dollars per Tag für die Entdeckung, falls keine Spur gegeben ist. Wenn diese angezeigt wird, 25 Dollars für das Einfangen des Negers. M. C. Goff."

Sklaven, die sich bei der Einbringung widersetzen, dürfen getödtet werden. Nicht nur steht auf der Tödtung eines solchen Negers keine Strafe, sondern es müssen Personen, welche bei der Einfangung eines Sklaven zugegen sind, auf Verlangen des Beamten sogar dazu behülflich sein. Dieses Gesetz besteht in der ganzen Union kraft der Sklavenflüchtigkeitsacte von 1850, welche ein Bestandtheil der Compromißmaßregeln des Congresses von jenem Jahre ist. Nach dieser Acte werden alle Personen, welche durch ein Bezirksgericht der Vereinigten Staaten zur Verhaftung von Personen beauftragt sind, zur Vollziehung der in derselben enthaltenen Verfügungen berufen. Die Gerichtshöfe werden angewiesen, die Zahl solcher „Commissare" in den Staaten und Territorien von Zeit zu Zeit zu vermehren. Diese Commissare haben „auf genügenden Beweis" den Betreffenden Certificate mit der Bewilligung auszustellen, solche „Dienst- und Arbeitsflüchtige" zu ergreifen und nach dem Staate oder Territorium, aus dem sie entflohen, zurückzuführen. Es ist die Pflicht aller Marshals und deren Vertreter, allen auf Grund dieser Acte erlassenen Befehlen und Anordnungen Folge zu leisten und sie auszuführen. Derjenige, welcher die Annahme derselben verweigert oder bei ihrer Vollstreckung nicht mit der gehörigen Energie zu Werke geht, soll mit der Summe von 1000 Dollars, welche der Anklagende erhält, bestraft werden. Falls der Sklave, nachdem er festgenommen, wieder entflieht oder während der Zeit seines Gewahrsams mit oder ohne Erlaubniß des Marshal wieder frei wird, hat der Marshal an den Besitzer den vollen Werth des Sklaven unter Abzug von seinem Amtsgehalt zu bezahlen. „Um die besagten Commissare besser in den Stand zu setzen, ihre Pflichten im Einklange mit der Verfassung der Vereinigten Staaten und mit dieser Acte zu erfüllen, werden sie ermächtigt, in ihren betreffenden Bezirken beliebige Personen, welche unter ihrer Hand die Ausführung der besagten Befehle übernehmen, mit der schriftlichen Autorisation aufzustellen, falls es die getreue Befolgung der erwähnten Verfassungsclausel im Zusammenhange mit dieser Acte erfordert, das passe comitatus des Bezirks und sämmtliche Beistehende zur Hülfeleistung aufzufordern. Allen guten Bürgern aber wird hiermit anbefohlen (commanded), in der raschen und erfolgreichen Ausführung dieses Gesetzes, wenn immer ihre Dienste verlangt werden, beizustehen." Was die Sklavenbesitzer betrifft, so ist jeder Sklavenherr, dem ein Sklave entsprungen ist, berechtigt, selbst oder durch seinen Agenten den Flüchtigen auf Grund eines schriftlichen von dem Commissar oder Richter selbst erhaltenen Befehls in der ganzen Union zu jagen. Ein solcher Befehl ist dem Verlangenden nach einer summarischen Anhörung der Beschwerde, d. h. infolge eines Affidavit oder der eidlichen Aussage, welche die Flucht des Sklaven und die Identität des Eigenthümers constatirt, zu ertheilen. Die zur Einfangung berechtigte Person darf in keinem Staate oder Territorium durch keinerlei Verfahren oder Anordnung, es sei von einem Gericht, Richter, Magistrat oder irgendeiner Person, in ihrer Thätigkeit beschränkt oder belästigt werden. Vielmehr soll jedermann, der die Gefangennehmung eines Flüchtigen verhindert oder zu seiner Flucht in irgendeiner Weise beiträgt, durch das Bezirksgericht der Vereinigten Staaten zu einer Geldstrafe von 1000 Dollars und Gefängniß bis zu sechs Monaten, außerdem zu der Schadloshaltung des Eigenthümers in civilgerichtlichem Wege bis zu 1000 Dollars verurtheilt werden. Die Marshals, Deputirten und Beamten des betreffenden Gerichts erhalten die gewöhnlichen Sporteln, welche ihnen durch das Gesetz in ähnlichen Fällen bewilligt sind. Nur wenn sich ihre Thätigkeit auf die bloße Arretirung beschränkte oder der Verhaftete wegen mangelnden Beweises entlassen wird, sollen ihnen dieselben nach dem vollen Maßstab von dem Verfolger bezahlt werden. Der Commissar dagegen erhält 10 Dollars bei der Aushändigung des Certificats und 5 Dollars, falls das Verfahren die Ausstellung eines solchen nicht begründet. Auf denselben Betrag von 5 Dollars hat der für die Verhaftung vornehmende Beamte Anspruch. Sollte endlich der verfolgende Theil Ursache haben, zu befürchten, daß nach der Übergabe des Gefangenen an ihn derselbe mit Gewalt wieder befreit werden könnte, ehe er ihn nach Hause bringt, so ist der Beamte angewiesen, eine genügende Schutzmannschaft zu requiriren, welche den Sklaven an den Ort seiner Bestimmung bringt. Die Taxen für diese Beförderung sind dieselben wie die obigen und werden, nach dem Gesetz für den Transport von Verbrechern, aus dem Bundesschatz gezahlt.

Dieses Gesetz, welches die Herrschaft der Sklavenmacht auch über den ganzen Norden der Union ausdehnte, war eine offenbare Verletzung der föderalen Verfassung. Als solche wurde es auch in den meisten Staaten des Nordens angesehen, welche sich bei ihrem Widerstande dagegen auf die schon früher erwähnten Zusatzartikel der Constitution beriefen.

Die moralischen, socialen und politischen Folgen der Sklaverei.

Das Verhältniß zwischen Herren und Sklaven, wie es das amerikanische Gesetz sanctionirt, ist ein Verhältniß der reinen Gewalt. So verschiedenartig die Mittel der Gewalt sind, so mannichfaltig gestalten sich daher auch die Formen, welche das Verhältniß in der Wirklichkeit annimmt. Im allgemeinen lassen sich dabei drei Systeme unterscheiden. Das erste ist das System der brutalen, aber consequenten Gewalt. Dieses hat sich durch die Erfahrung als das beste erwiesen. Die Sklaven, welche unter demselben stehen, folgen ihm nicht nur am besten, sondern achten es auch unter sich am meisten. Brutale, aber in ihrer Brutalität consequente Sklavenhalter sind verhältnißmäßig am populärsten. Die Zahl solcher Sklavenhalter ist jedoch nicht sehr groß, vielmehr besteht die Majorität aller Herren aus charakterlosen Despoten, welche die Androhung und Abschreckung der wirklichen Bestrafung vorziehen. Die Pflanzungen, auf denen dieses System herrscht, gehen gewöhnlich bald ihrem Untergange entgegen. Der Sklave, der ein sehr feines Gefühl für die Schwächen seines Herrn hat, sucht sich derselben sogleich gegen ihn zu bedienen, und indem er die Unbequemlichkeit, welche diesem das Regieren verursacht, bemerkt, sucht er es ihm in jeder Weise unerträglich zu machen. Man hat überall bemerkt, daß Sklaven solcher Herren es förmlich darauf anlegen, bestraft zu werden. Wenn ihr Herr, von dem Widerwillen, welchen ihm das ewige Prügeln einflößt, endlich übermannt, mit Schonung auftritt und Nachsicht übt, pflegt ein Zustand allgemeiner Anarchie einzureißen, gegen den sich mit keinen Mitteln mehr aufkommen läßt. Herren in dieser Lage gerathen dann in blinde Wuth gegen alles, indem sie eine Generalauspeitschung vornehmen, bei der niemand verschont wird. Solche Generalprügeleien kommen periodisch auf fast allen Pflanzungen vor, und sie bleiben auch meistens nicht ohne Wirkung, die in der Regel aber nicht lange vorhält. Nachdem der Sturm vorüber ist, provociren die Sklaven die Schwäche des Herrn aufs neue, und das frühere Spiel beginnt wieder. Dem Besitzer bleibt in der Verzweiflung zuletzt nichts übrig, als sein Eigenthum zu verkaufen oder, was öfter geschieht, den Schlendrian hingehen zu lassen. Falls die Herren das letztere thun, greifen sie dann gewöhnlich zu einem dritten Mittel, ihre erschütterte Herrschaft zu stützen: das ist der Betrug. Das Betrügen und Belügen der Sklaven ist eine Methode, die auf allen Sklavenhaltungen zur Anwendung kommt. Es gibt viele Herren, die sich rühmen, ein besonderes Talent, die Sklaven zu täuschen, zu besitzen, und zwar sind dies meistens sklavenhaltende Geistliche und Kirchenmitglieder. Die frommen Leute im Süden haben einen Sklavenkatechismus abgefaßt, Sonntagsschulen und Gottesversammlungen für Neger eingesetzt. In diesen Anstalten wird dem Sklaven die christliche Religion als eine Lehre des Despotismus eingebläut. Der Sklave soll nicht blos äußerlich diesem Despotismus folgen, sondern auch innerlich von seiner Pflicht überzeugt sein. So oft er zu Hause etwas Unrechtes thut, heißt es, daß er ein „Schurke" (rascal) sei, der nicht in den Himmel kommt. Die Drohung ist auf die kindische Phantasie der Schwarzen, die sehr zum Aberglauben geneigt sind, wohl berechnet. Nur schlägt sie mit der Zeit in ihr Gegentheil um. Die Sklaven, welche sich aufrichtig für den Glauben begeistern, verfallen bald in fromme Visionen und Träume. Sie beten beständig und betrachten die Grausamkeit, Verschwendung, Lasterhaftigkeit und Ungläubigkeit ihrer Herren mit innerm Abscheu. Bald müssen diese von ihren Sklaven moralische Bemerkungen hören, die ihnen sehr unbequem sind und wofür die Armen hinterher bestraft werden. Ist der Bekehrte eine energische Natur, so wirkt die Religion auf ihn sogar gefährlich. Die Sklavenschriftstellerin Beecher-Stowe stellt in ihrem Roman „Dred" diese Wirkung in der Person ihres Haupthelden dar. Dred ist ein Sklavenflüchtling, welcher, eine herculische Gestalt mit biblischer Überzeugung, in das Dunkel sumpfiger Wälder flieht, um von dort aus als ein zweiter Moses die unterdrückten Kinder Israels zu befreien. Er geht an seiner Aufgabe natürlich zu Grunde, aber die Geschichte Dred's ist ein Beispiel, wie die Bibel auf empörte Sklaven wirkt. Die meisten Sklavenhalter haben daher auch das Bekehren ihrer Neger aufgegeben und halten die äußere Polizei für besser. Es ist merkwürdig, wie stark das Spioniersystem auf manchen Pflanzungen entwickelt ist. Da die Unzuverlässigkeit der Weißen bei den Negern allbekannt ist, so lassen sie sich nur selten zu Angebern und Spionen gebrauchen. Diese Rolle fällt den Weißen, denn den Herren selbst zu, welche, im Gesicht geschwärzt und verkleidet, des Nachts an den Hütten umherschleichen, um die Schuldigen zu belauschen. Ist der Schuldige entdeckt, manchmal nur durch Anwendung abergläubischer Mittel, so wird von diesen sich zur Spionage erniedrigenden Herren gewöhnlich mit ganz besonderer Härte verfahren. Dieses System der Hinterlist erzeugt auf den Pflanzungen einen eigenthümlichen Geist der Rache, welcher in Thatsachen wie die folgende hervortritt: Ein Herr geht auf die Jagd und verlangt von seinem Sklaven Gewehr und Munition in guter Ordnung. Der Sklave bringt ihm das Verlangte, läßt aber das Pulver zurück. Als der Herr laden will, zeigt es sich, daß der Sklave ihn betrogen hat. Es hilft ihm nichts, wenn er ihn strafen würde, und er muß daher gute Miene zum bösen Spiel machen, indem er ihm sagt: „Geh nach Hause, in dem obern Fache des linken Schranks ist ein Pulverfaß, fülle die Tasche und bringe sie mir." Der Sklave thut, wie befohlen. Er kommt nach Hause, öffnet den Schrank und findet zwei Fäßchen, das eine mit Pulver, das andere mit Schrot. Er kennt sehr gut den Unterschied zwischen beiden, aber doch wählt er statt des Pulvers das Schrot und füllt die Pulvertasche damit. Der Herr, dem er sie nach langem Warten endlich bringt, ist wüthend; er möchte den Schurken erschießen, wenn er nur Pulver hätte.

So ist das Leben auf den Sklavenplätzen ein fortwährender offener oder versteckter Kampf und Kriegszustand zwischen Herren und Sklaven. Es ist natürlich, daß die Herren in einer beständigen Angst vor Insurrectionen leben, so wenig gegründet diese Gefahr auch ist. Die Sklaven sind zu unwissend, um eine erfolgreiche Empörung oder auch nur Conspiration unternehmen zu können. Es hat noch keine wirkliche Negerverschwörung gegeben, und alles was in dieser Beziehung von Zeit zu Zeit berichtet wird, kommt aus der erhitzten Phantasie der Herren. Diese Phantasie ist in der Regel auch das einzige, was gefährlich genannt werden mag, wenn im Süden von angeblichen Verschwörungen der Sklaverei gesprochen wird. Es genügt oft ein einziger Neger, der mit einer Flinte bewaffnet im Walde gesehen wird, um eine ganze Stadt in Schrecken zu versetzen. Einige misverstandene Worte, die ein Neger gesprochen haben soll, reichten zuweilen schon hin, um Tausenden den Schlaf zu rauben und der halben Union Todesfurcht einzujagen. Männer, die auf ihren Pflanzungen nicht anders als mit dem Revolver in der einen und der Peitsche in der andern Hand zu gehen pflegen, erblassen dann bei dem bloßen Anblick ihrer Sklaven. Das böse Gewissen jagt ihnen Furcht ein, und die Furcht, die den Feigen packt, macht ihn blutdürstig. Blut! wird das allgemeine Alarmgeschrei. Sicherheitsausschüsse werden gebildet, welche mit voller Macht versehen sind, jeden, weiß oder schwarz, der vor sie gebracht wird, zu verhören, freizusprechen, zu verurtheilen und zu strafen. Die Schreckensregierung gegen alle, die nicht selbst Sklavenhalter sind, beginnt. Im Jahre 1835, als eine Negerinsurrection in Mississippi angeblich bevorstand, wurden, als dieselbe dennoch nicht eintrat, eine Masse Weißer vor das Sicherheitstribunal geschleppt und angeklagt, dieselbe angezettelt zu haben. Viele von ihnen wurden für schuldig erklärt und auf der Stelle hingerichtet; die andern erhielten Prügelstrafen und mußten den Staat binnen 24 Stunden meiden. Der Fall des Hrn. Sharkey beweist deutlich, welche Sicherheit es damals in Mississippi gab. Mr. Sharkey war ein Beisitzer der Bezirksbehörde, ein reicher Pflanzer und selbst großer Sklavenbesitzer, ein Mann von vielem Ansehen und Einfluß. In seiner erstern Eigenschaft hatte er drei Personen freigelassen, von deren Unschuld er überzeugt war. Dies konnte ihm der Sicherheitsausschuß, dessen Autorität er bezweifelt hatte, nicht verzeihen, und man schickte ein Detachement von Häschern ab, um ihn zu verhaften. Es war Nacht und Mr. Sharkey allein mit seinem Kinde. Vom Kommen der Häscher unterrichtet, verbarrikadirte er das Haus, zündete ringsum Feuer an und wartete den Angriff seiner Feinde ab. Ein heftiger Kampf entspann sich zwischen ihnen, in dem Sharkey, obwol schwer verwundet, Sieger blieb. Den andern Tag bildete sich eine Partei für ihn, die gegen den Ausschuß auftrat und ihm das Leben rettete. Dieser Mangel an persönlicher Sicherheit besteht in den Sklavenstaaten selbst in Zeiten allgemeiner Ruhe und Furchtlosigkeit. Es kann niemand wagen ein freies Wort zu äußern, das wie eine Auslegung der Menschenrechte aussieht, ohne sich auszusetzen, sofort gefangen und gemobt zu werden. Mangel an Freiheit der Person und der Meinung herrscht stets im ganzen Süden der Union.

Diese allgemeine Unfreiheit führte aber ganz folgerecht auch zur politischen Ungleichheit. Die politischen Parteien in den Sklavenstaaten nahmen allmählich einen Charakter an, den man am allerwenigsten einen demokratischen nennen kann, obschon man die Worte Demokratie und Volksfreiheit überall im Munde führte. Aus den reichen Pflanzern bildete sich eine mächtige aristokratische Partei, welcher die Masse der weißen Proletarier, die sogenannten poor white folks, folgte, indem man sich in der Verbindung mit den reichen Leuten selbst als Aristokrat fühlte. Die Zahl dieser Proletarier nahm mit jedem Jahre zu, und mit ihrer Anzahl wuchs auch ihre Armuth und Erniedrigung. Wie groß diese Erniedrigung, kann man daraus entnehmen, daß ein solcher armer Weißer, der oft nichts zu essen hat und in Demoralisation und Trunk zu Grunde geht, sogar von den Negern, welche Sklaven sind, allgemein verachtet wird. Ihre Lage gestaltete sich in der That ebenso elend als die der Sklaven.*) Aber so groß ist die Macht des Vorurtheils und der Gewohnheit, die unwiderstehliche Gewalt des Bösen, daß diese Leute unfähig geworden sind, die wahre Ursache ihrer eigenen Entwürdigung zu erkennen, und dem System der Sklaverei ebenso hartnäckig anhängen, als ob sie selbst Sklaven hielten. Noch

---

*) Die Verfasserin von „Dred" entwirft ein treues Bild von dieser Klasse in der Familie John Cripp's.

mehr. Die Bessern und Einsichtsvollern unter ihnen, welche der Vernichtung und dem Hunger die Auswanderung nach dem Westen vorzogen, führten dieselben Zustände in ihrer neuen Heimat ein, welche die Ursache ihres Verfalls in der alten waren, und so kam dasselbe System der Sklaverei in Missouri und Arkansas zu voller Wirkung, das eigentlich die ursprünglichen Ansiedler dieser Staaten aus Maryland und Virginien vertrieben hatte. Man zählt in den Sklavenstaaten 350000 Sklavenhalter in einer weißen Bevölkerung von 6,412503 Seelen. Wenn auch ein großer Theil dieser Bevölkerung auf die Städte entfällt, wo die Leichtigkeit des Verdienstes größer ist, so muß doch die Mehrzahl aller Nichtfarbigen als Proletarier betrachtet werden. Von einer geistigen Bildung dieses Proletariats kann natürlich keine Rede sein. Die reichen Pflanzer haben dafür gesorgt, daß wie ihre schwarzen so auch ihre weißen Sklaven nicht erzogen werden. Alles was die Aristokratie für den Unterricht des Volks that, beschränkt sich auf die Errichtung einiger Colleges oder Universitäten, welche für die große Masse ohne Nutzen sind. Für die Dotirung dieser Anstalten wurden große Summen ausgeworfen, während der Volksunterricht vernachlässigt blieb. Zwar wird in Virginien, Südcarolina und einigen andern Staaten ein jährlicher Beitrag für die Erziehung armer Kinder geleistet, aber derselbe ist viel zu gering und verliert auch durch die Art der Verwendung seine Bedeutung. Wer nämlich an dieser Wohlthat theilnehmen will, muß ein förmliches Bekenntniß seiner Armuth ablegen, was für die meisten eine Demüthigung ist. Welche Macht eine rohe, blinde Masse, die auf ihre politischen Rechte stolz ist, in der Hand eines gewandten Agitators gewährt, das hat sich hier in den letzten Jahren zum Unheil der ganzen Union nur zu deutlich gezeigt. Es war das Interesse der herrschenden Klasse, die Masse ihres politischen Einflusses zu berauben und alle Macht immermehr in ihren eigenen Händen zu concentriren, und dieses Ziel ist in der That erreicht worden. Südcarolina, in welchem die Sklaverei am meisten herrscht, ist auch der Staat, wo die Aristokratie der reichen Pflanzer alles überwiegt. Ihre Führer begannen sogar schon längst das Recht der Verfassung, das jeden Freien zur Abstimmung beruft, anzugreifen und einen Besitzcensus als Bedingung vorzuschlagen. Ja, während der Präsidentenwahl Buchanan's wurde vielfach von der südlichen Presse der Grundsatz aufgestellt, daß die Sklaverei nicht blos der Schwarzen, sondern auch der Weißen eine Nothwendigkeit und im Princip gerechtfertigt sei.

Daß das Sklavenwesen auch die Entwickelung des allgemeinen Wohlstandes hindert, ist im Laufe unserer Schilderungen schon mehrfach bemerkt worden. Die Sklaven, welche in einigen Staaten (Südcarolina und Mississippi) sogar die Mehrzahl der Bevölkerung bilden, sind von dem Besitz ausgeschlossen. Sie arbeiten und erwerben nichts für sich, sondern nur für ihre verzehrenden Herren und tragen somit eigentlich für ihre Person nichts zu der Totalsumme des öffentlichen Reichthums bei. Die Klasse der armen Weißen, die den größern Theil aller Freien ausmacht, verfügt nur über einen unbedeutenden Besitz. Fast das ganze Kapital des Landes ist in den Händen einer vergleichsweise kleinen Anzahl Sklavenhalter, und das Eigenthum, welches diese besitzt, besteht zu großem Theile in den Muskeln ihrer Sklaven. In einem freien Gemeinwesen ist jeder Mensch der Eigenthümer seines eigenen Körpers und Verstandes, welche, so werthvoll sie sein mögen, doch nicht als Waare auf dem Markt kommen: sie werden nicht in Geld berechnet. Wenn man die Steuerregister der Sklavenstaaten mit denen der freien Staaten vergleicht, so macht man die Entdeckung, daß die einzigen Gegenstände des südlichen Eigenthums das Land, die Sklaven und die Gebäude darauf sind. Man ziehe aber davon die Sklaven ab, und man wird finden, daß der Betrag des sogenannten persönlichen Eigenthums in jenen Staaten höchst unbedeutend ist. Und von diesem Betrag kommen noch die großen Schuldbeträge in Abrechnung, welche der Süden fortwährend im Norden und in Europa hat. Der größere Theil des Bankkapitals der Sklavenstaaten ist geliehen, und ebenso das Geld, das in ihren Eisenbahnen und andern öffentlichen Unternehmungen liegt. Die meisten Sklavenhalter haben außerdem bedeutende Privatschulden, auf ihren Pflanzungen für nördliche Kapitalisten hypothecirt, denen gegenüber sie wie kleine Pächter dastehen. Der ökonomische Werth der Sklavenarbeit wurde bereits schon oben dargelegt. Was die Arbeitsleistungen der freien, aber armen Weißen im Süden betrifft, so wird deren Thätigkeit in erster Linie schon durch das Vorurtheil paralysirt, wonach die Handarbeit überhaupt als eine servile und also verächtliche Beschäftigung gilt — ein Vorurtheil, das selbst das Anerbieten eines hohen Lohns nicht besiegt. Dasselbe richtet sich am meisten gegen den wichtigsten Zweig der Volkswirthschaft, gegen die agriculture Arbeit, weil diese den freien Mann am meisten mit dem Sklaven in Berührung bringt. Die freien Einwohner in den meisten Sklavenstaaten sind fast doppelt so zahlreich als die Sklaven, und doch werden alle großen Artikel, in denen das Ertrgäniß des Südens besteht, Baumwolle,

Tabak, Reis und Zucker, ausschließlich von Sklaven erzeugt. Die freien Weißen theilen sich nach der Beschäftigung in drei Klassen. Die eine Klasse sind die größern Sklavenherren, die persönlich nichts zu dem öffentlichen Wohlstande beitragen. Sie bringen kaum eine Idee der Verbesserung in der Verwaltung ihrer eigenen Güter hervor. Ihr einziges Geschäft ist, den Ertrag einzunehmen und auszugeben. Eine andre Klasse der freien Weißen gewinnt ihren Unterhalt als Beamte und Aufseher bei den großen Sklavenherren. Auf diesem Wege sind sie zwar von ehrloser Handarbeit befreit, verdienen sich aber ihr Brot mit schwerer Mühe und oft auf Kosten ihrer Moralität. Die Pflanzer selbst entwerfen eine schreckliche Beschreibung von dem Charakter ihrer Sklavenaufseher. Nach ihrer Versicherung sind die drivers oder overseers in der Regel unwissend, stupid, halsstarrig, nachlässig, Säufer und Diebe. Die dritte Klasse, welche die gebieterische Nothwendigkeit zur Arbeit zwingt, geht an dieselbe nur mit Widerwillen und verrichtet sie im Durchschnitt schlechter als die Sklaven. Das Verdienst derselben ist außerordentlich gering und kaum genügend, um sie in der rohen und halbbarbarischen Lage, an welche sie gewöhnt sind, zu erhalten.

Die trostlosen Folgen der Sklaverei in Bezug auf Wohlstand und bürgerliche Existenz treten aber besonders in den Familien der kleinen Pflanzer, welche nicht mehr als fünf bis sechs Sklaven halten können, hervor. Diese Sklaven reichen gerade hin, um die Arbeiten der Farm zu besorgen und, falls das Land fruchtbar ist, dem Eigenthümer eine bäuerliche Existenz zu fristen. Eine Reihe von Söhnen wächst aber heran. Der Vater bedarf ihrer Hülfe nicht zum Anbau, und wenn er ihrer bedürfen würde, würden sie die Arbeit als entehrend nicht leisten wollen. Die Burschen werden mittlerweile groß, sind an den Müßiggang gewöhnt und haben wenig oder gar keine Erziehung, weil es keine Schulen in der Nähe gibt und der Vater zu arm ist, ihnen Lehrer zu halten oder sie in ferne Anstalten zu schicken. Sie treten in das Mannesalter, ohne zu irgend einem Berufe gebildet zu sein. Jeder besitzt sein Pferd, seinen Hund und sein Gewehr. Sie bringen ihre Zeit mit Jagen, Fischen oder Reiten, auf Wettrennen, barbecues*) und politischen Meetings zu und haben natürlich, solange der Vater lebt, ihre Heimat. Es gibt Tausende junger Leute dieser Gattung in Kentucky und Tennessee. Voll Lebensmuth und Ehrgeiz, strebsam, fähig, begierig nach irgendeiner auszeichnenden Stellung, aber durch das sociale System, durch Vorurtheil zur Trägheit verdammt, schneidet ihnen der Tod ihres Vaters, nachdem sie zu alt geworden, einen neuen Lebenslauf zu beginnen oder sich ihre angewöhnten Laster zu entschlagen, plötzlich alle Hülfsquellen ab. Sein Nachlaß, unter eine zahlreiche Familie vertheilt, gibt jedem nur einen dürftigen Antheil, der bald aufgezehrt ist. Die Noth und der Hunger stellen sich ein. Was ist zu thun? Rang und Respectabilität der Familie sind fort. Die Schwächern unter diesen Ärmsten verlieren den Muth und sinken in den Abgrund der tiefsten Entblößung und Laster. Sie treiben sich als schulemachende Müßiggänger entweder in den Kneipen der Heimat herum oder begeben sich nach Washington ins Capitol, wo sie als Mitglieder „einer der ältesten Familien von Virginien" Credit und Stelle suchen und jene Horde von Stellenjägern (office-hunters) vermehren, welche fortwährend, am meisten nach jeder neuen Präsidentenwahl, die Bureaur der Regierung belagert. Wenn auch die Erlangung eines öffentlichen Dienstes mißlingt, bleibt ihnen nur übrig, nach Californien oder Kansas, einem jener freiwilligen Deportationsplätze, deren die amerikanische Union nöthig hat, abzuziehen. Diese Chance der Auswanderung wird in der Regel auch ohne weiteres Zwischenspiel von ihren energischern Brüdern versucht. Diese emigriren nach dem Westen, wo sie oft einen ganz neuen Charakter entwickeln, der ihnen allerdings Geltung und Ansehen verschaffen kann. Sie bebauen das Land und gelangen allmählich zu einem gewissen Wohlstande, in dem ihre Familie aufwächst. Wenn sie sich aber in einem Sklavenstaate niedergelassen, ist dieser Wohlstand nicht beständig, und ihre Kinder erreicht immer wieder jenes Schicksal, das einst auch sie betraf.

Wie mit der Arbeit geht es im Süden auch mit der Sparsamkeit, der zweiten Hauptquelle des öffentlichen Reichthums. Unter dem System der Sklaverei hat niemand einen tiefern Grund zu ökonomisiren. Der Sklave erhält von seinem Herrn sein wöchentliches Ausmaß Nahrung, wollte er davon etwas aufbewahren, so würde der Herr das Maß verkürzen oder mit der Lieferung warten, bis der Vorrath aufgezehrt ist. Statt zu sparen, hat der Sklave daher vielmehr Ursache, zu verschwenden. Diese Vorsichtslosigkeit aber, zu welcher der Sklave für seine Person gezwungen ist, überträgt er sodann auf das Eigenthum und das Interesse des Herrn.

---

*) Barbecues sind ländliche Picknicks, bei denen ganze Schweine, barbecues genannt, auch andere Thiere am Feuer gebraten werden.

Wenn irgendeiner jener tausendfachen Zufälle, die eine Verminderung des Werths am Herreneigenthum nach sich ziehen und die ein wenig Vorsicht und Aufmerksamkeit verhindert haben würde, eintritt, wenn z. B. das Baumwollmagazin in Feuer aufgeht oder die Kühe die Saaten zertreten, so pflegen die Sklaven dem Unheil gleichgültig zuzusehen. Fühlen sie wirklich etwas dabei, so ist es das Gefühl der Schadenfreude, daß dem Herrn ein Gut von Werth zu Grunde geht. Alle Sklaven haben ein geheimes Vergnügen über die Verluste und Sorgen, denen ihre Eigenthümer unterworfen sind. Ebenso wenig sind die gemietheten Aufseher, welchen die Verwaltung der großen Pflanzungen anvertraut wird, diejenigen, auf deren Vorsicht und Ökonomie man zählen kann. Das ist schon darum unmöglich, weil dieselben sehr häufig gewechselt werden und daher wenig oder gar kein Interesse an dem Gedeihen fremden Eigenthums nehmen. Wenn dies aber auch der Fall wäre, so wirkt der Sparsamkeit und der Bedachtsamkeit der Untergebenen das eigene schlechte Beispiel des Herrn entgegen. Es ist ein Sprichwort, daß das, was leicht gewonnen wird, ebenso leicht wieder zerrinnt, und die Sklavenhalter machen dieses Sprichwort nur zu wahr. Wenn der Satz nicht seit Menschengedenken gälte, könnte man sagen, daß ihn die amerikanischen Negerherren erfunden hätten, so sehr sind sie bestrebt, ihre ohne eigene Arbeit erlangten Einkünfte wieder auszugeben und alles, was sie haben, zu verthun. Dieser Mangel an Ökonomie durchdringt auch die ärmern Klassen der freien Weißen. Nicht wohlhabend genug, um zu sparen, und nicht dürftig genug, um nichts verthun zu können, äffen sie in ihrer Verachtung jeder Arbeit noch die verschwenderischen Manieren der Reichen nach. Die Sparsamkeit ist sonach im Süden eine Art von Vorwurf geworden, dem jeder mit Ostentation zu entgehen sucht.

Daß unter solchen Verhältnissen von einer gedeihlichen Entwickelung der Industrie, des Handels und aller Anstalten, die mit diesen Haupthebeln der Civilisation zusammenhängen, im Süden nicht die Rede sein kann, liegt auf der Hand. In den Verkehrsanstalten, in Eisenbahnen, Kanälen, Flußschiffahrt, Telegraphen stehen die südlichen Sklavenstaaten den freien Staaten des Nordens unendlich zurück. Fragt man nach der Ursache dieser Vernachlässigung, so heißt es: es fehle dem Süden an Kapital. Freilich fehlt es diesen von der Natur zum Theil reich gesegneten Ländern an Kapital, theils weil die Sklavenwirthschaft theils weniger producirt als die freie Arbeit, theils weil auch das gewonnene Kapital in unergiebiger Weise wieder daraufgeht. In freien Staaten, wo der Arbeiter frei über seine Kraft verfügt und daher bereit ist, nach Jahr, Tag oder Stunde, je nachdem es Bedürfniß, zu arbeiten, hat der Unternehmer eines Geschäfts neben dem Anlagekapital nach ein zweites für die Betriebsmittel und ein drittes für die Bestreitung der Arbeitslöhne nöthig. Der Betrag der letztern variirt, je nachdem mehr oder weniger Arbeitskraft erforderlich ist. Anders verhält es sich bei der Sklavenarbeit. Außer jenen drei Sätzen von Kapital kommt hier noch eine vierte Auslage hinzu, welche zum Ankauf und der permanenten Erhaltung der Sklaven nothwendig ist. Von dieser Auslage mag die Summe für den Ankauf des Sklaven zuweilen, wenn der Sklave überflüssig wird, durch seinen Verkauf wieder realisirt werden, nicht aber jene für seine Kleidung und Ernährung während der Zeit, wo seine Arbeit zwar entbehrt, er selbst aber nicht fortgeschickt werden kann. Die Last dieser Kapitalauslage ist besonders bei den neuen Ansiedelungen im Südwesten von Bedeutung. In den Baumwollstaaten würde oft eine kleine Geldsumme genügen, um eine Pflanzung von mehreren hundert Acres anzukaufen; dagegen ist eine sehr große Summe nothwendig, um die erforderliche Zahl von Sklaven anzuschaffen. Könnten Arbeiter nach Tag oder Monat gemiethet werden, so würde oft ein kleines Kapital den Pflanzer in den Stand setzen, den Arbeitslohn zu bestreiten. Unter den betreffenden Verhältnissen aber kann niemand in Alabama oder Mississippi eine neue Pflanzung anlegen, dem nicht ein großes Kapital oder Credit zur Verfügung steht. Man nimmt an, daß mit einem Kapital von 5000 Dollars, wollte man es auf Miethsarbeit verwenden, ebenso viele Acker bebaut werden könnten als mit 50000 Dollars unter Sklavenarbeit. Die Folge dieses Umstandes leuchtet ein. Der Sklavenbesitzer ist gezwungen, eine größere Zahl von Arbeitern zu kaufen und zu ernähren, als er eigentlich bedarf. Er muß fortwährend die größte Zahl von Arbeitern, die er überhaupt verwenden kann, bereit haben, um sich keinem Verluste auszusetzen. Auf den Baumwollpflanzungen z. B. kann eine beträchtlich kleinere Anzahl Sklaven ein viel größeres Quantum Baumwolle anbauen als einsammeln, sodaß der Pflanzer genöthigt ist, für das alleinige Geschäft des Einsammelns eine größere Zahl von Sklaven bereit zu halten, als er sonst bedarf, und thut er dies nicht, so muß er jährlich einen Theil der Ernte fahren lassen oder weniger anbauen, als er konnte. Noch mehr tritt dieser große Mißstand in den nördlichen Sklavenstaaten hervor, wo Getreidebau stattfindet. In diesen Staaten gibt es für den Winter wenig Verwendung für die Sklaven, und während dieser ganzen Zeit ist das Kapital, das in ihnen liegt, unproductiv. Da in den Sklavenstaaten zu jedem Unternehmen verhältnißmäßig große Summen erforderlich sind, so können hier nur Personen, die bereits ein größeres Kapital besitzen, Geschäfte beginnen. Diese reichen Unternehmer concentriren sonach das Kapital des Landes in wenigen Händen und machen die Concurrenz des kleinern Kapitalisten alsbald unmöglich. Zuletzt gibt es in unfreien Staaten nur wenige reiche Geld- und Sklavenherren, welche alle übrigen kleinern Unternehmer verschwinden lassen.

Ein weiterer Grund, weshalb die südlichen Staaten der Union keinen Manufactur- und Fabrikbetrieb zu entwickeln vermögen, liegt darin, daß in der Bevölkerung des Südens weder die natürliche Anlage zur Industrie hervortreten kann, noch sich geeignete Schulen und Anstalten vorfinden, die industriellen Talente zu erziehen und auszubilden. Der ganze Charakter der Sitten und der Erziehung daselbst ist jenem System von Ordnung, Sparsamkeit und Strebsamkeit entgegen, welches die Bedingung der Gewerblichkeit ausmacht. In der That wird der ganze Handel des Südens von nördlichen und englischen Schiffsagenten betrieben, welche den Einkauf und das Verschiffen der südlichen Rohproducte auf den großen Stapelplätzen besorgen.

Die natürliche Folge aller dieser Verhältnisse war, daß die südlichen Staaten sich immer nur auf die Erzeugung einzelner weniger Hauptartikel beschränken mußten. Zuerst war es die Cultur des Tabacks, welche, und zwar am meisten in Virginien, betrieben wurde. Es gab eine Zeit, wo die Tabacksproduction so stark sich entwickelte, daß man sie zu beschränken suchte und zu diesem Zwecke die Einfuhr von Sklaven vorgeschlug. Seit dem Unabhängigkeitskriege aber und nachdem die fremde Nachfrage nach diesem Product sehr gesunken, ist der Tabacksbau stationär geblieben und nimmt nur noch im Verhältniß der Zunahme der Bevölkerung und ihres Bedürfnisses zu. Außerdem haben die Farmen von Ohio, durch die leichten Transportverbindungen mit den Seestädten begünstigt, angefangen Tabacksbau durch freie weiße Arbeiter zu betreiben, sodaß die nutzbringende Verwendung der Sklavenarbeit in dieser Richtung eher ab- als zunehmen mußte. Der zweite Artikel, welcher durch Sklavenarbeit erzeugt wird, ist der Reis. Die Cultur dieser Frucht war aber immer auf einen schmalen Strich Landes längs der Meeresküste von Südcarolina und Georgia beschränkt, und die Nachfrage nach Reis bleibt so stabil, daß jede Vermehrung der Production dieser selbst Eintrag thun würde. Nicht besser ist es mit dem Zucker, der hauptsächlich in den südlichen Districten von Louisiana gewonnen wird. Die Zuckerproduction wurde bisher durch einen Schutzoll befördert; das Klima ist aber zu kalt und unbeständig, um einen ausgedehnten Anbau des Zuckerrohrs zuzulassen. Selbst Texas und Florida eingeschlossen, muß nach natürlichen Bedingungen die Cultur des Zuckerrohrs in der Union auf ein verhältnißmäßig kleines Areal beschränkt bleiben. Die Erzeugung der Baumwolle, deren Verbrauch in den letzten 50 Jahren so außerordentlich gestiegen ist, hat allein verhindert, daß das Eigenthum im Süden nicht gänzlich entwerthet wurde. Die Baumwolle ist daher auch der einzige Artikel, zu dessen Production die Sklavenarbeit mit Nutzen verwendet wird.

Die Baumwolle, welche in den Vereinigten Staaten angebaut wird, besteht aus zwei Gattungen, von denen die eine in dem Handel unter dem Namen der Sea-Island, die andere als Upland oder Short staple cotton bekannt ist. Die Sea-Island-Wolle hat eine lange seidene Faser, welche, zum Vortheil der Aufbereitung, so locker dem Samen anhängt, daß sie davon durch zwei hölzerne Cylinder, welche übereinander rollen und die Faser durchlassen, aber den Samen abschließen, mit Leichtigkeit getrennt werden kann. Diese Gattung wird nur zu den feinsten Manufacten verwendet, und ihre Consumtion ist demnach eine beschränkte. Sie hat zwar einen höhern Werth, bietet aber geringere Vortheile, erfordert auch große Sorgfalt und Mühe bei der übrigen Vorbereitung für den Markt. Die Seeluft erscheint zu ihrer Erzeugung nothwendig, sodaß ihr Anbau auf eine Strecke angeschwemmten Landes an der Seeküste von Südcarolina und Georgia begrenzt ist. Die Upland oder Short staple cotton hat eine kurze Faser, die so fest am Samen klebt, daß zu ihrer Gewinnung die von Whitney erfundene Maschine, Cotton-Gin genannt, verwendet werden muß. Die Upland-Wolle kommt sowol im Innern als an der Seeküste fort und ist eben jene Gattung, deren Verbrauch so zugenommen hat. Sie wurde zuerst am Anfange dieses Jahrhunderts angebaut. Während der ersten zwanzig Jahre kam sie nicht über die Carolinas und Georgia hinaus. Später breitete sie sich in den neuen Staaten im Südwesten aus, und gegen die Mitte des Jahrhunderts baute man sie in einem Umfange an, daß schließlich mehr als drei Viertel des ganzen Consums, nämlich 3 Mill. Ballen, durch Nordamerika bestritten wurden.

Das Sklavenwesen in Nordamerika.

Wenn, wie hier der Fall, alle übrigen Güterwerthe so ganz von dem Erfolge eines einzigen Products abhängig sind, so ist es sehr natürlich, daß die gesammte Ökonomie einer Gesellschaft, d. h. der Werth und der Preis aller Producte, großen Fluctuationen unterliegt. Die commerziellen Schwankungen in den Vereinigten Staaten nahmen darum gewöhnlich ihren Ursprung in dem Süden. Ein hoher Baumwollpreis erzeugte bei den Südländern das Gefühl des Wohlstandes und eine Lust zum Schuldenmachen, während er im Norden die Neigung zum Darleihen erweckte. Die sanguinischen Hoffnungen der Sklavenhalter gingen aber gewöhnlich noch höher, als die Wirklichkeit rechtfertigte, und verleiteten sie größere Verbindlichkeiten einzugehen, als sie halten konnten. Wenn dann der Rückschlag eintrat, ward die Confusion allgemein, und es folgte ein Bankbruch dem andern. Die Kaufleute und Manufacturisten in dem Norden litten natürlich auch darunter; statt aber das Übel im Princip zu fassen und an der Wurzel anzugreifen, suchten die Geschäftsleute des Nordens nach Palliativen und kamen zunächst dahin, daß sie die Sklavenpartei in der Politik unterstützten. Die Wurzel des Übels ist hierdurch nur immer tiefer getrieben und die allgemeine Gefahr vergrößert worden.

Es ist schon vielfach angedeutet worden, wie großen Einfluß das Sklavenwesen auf den persönlichen Charakter der verschiedenen Gesellschaftsklassen in den Sklavenstaaten übt, und natürlich tritt dieser eigenthümliche Charakter am ausgeprägtesten in der Hauptklasse, in den Sklavenherren selbst hervor. Der Sklavenherr erinnert in vieler Beziehung an die Eigenschaften unserer Soldatenklasse. Der Soldat hat gewöhnlich ein freies und sicheres Benehmen, und wenn er nicht beleidigt wird oder unter Freunden sich befindet, pflegt er leutselig, jovial und zuvorkommend zu sein, was seine Gesellschaft angenehm und seinen Verkehr gesucht macht. Dieselben Züge finden sich bei den Mitgliedern der südlichen Aristokratie. Obgleich ein großer Theil dieser Klasse ohne eigentliche Bildung und Erziehung ist, zeigt doch ein jeder von ihnen eine mehr oder weniger patricische Haltung, ein Bewußtsein seiner eigenen Superiorität, welches ihm den Ausdruck der Männlichkeit und Würde verleiht, das aber nur zu oft in Schroffheit und Großthuerei ausartet. Die wohlhabendern und besser erzogenen Sklavenhalter, die den größern Theil ihres Daseins im Kreise socialer Vergnügungen zubringen, haben eine große Meisterschaft in der Kunst des Gefallens erlangt. Wer die südlichen Staaten der Union zum ersten mal besucht, wird gewöhnlich von der Höflichkeit, Gastfreundschaft, Aufmerksamkeit und guten Laune der dortigen Herren eingenommen. Aber die Manieren geben freilich noch nicht einen sichern Maßstab für den wahren Charakter des Menschen ab. Man trete einem Sklavenhalter in seinen Vorurtheilen, seiner Eigenliebe, seinem Klassendünkel und Ehrgeiz in den Weg, und er wird aus einem heitern und gutgearteten Gesellschafter plötzlich ein leidenschaftlicher und wüthender Kläffer. Er kocht und siedet vor Zorn, beantwortet Gründe mit Invectiven und erwidert Wiberlegungen mit Beleidigungen. Nicht zufrieden, seinen Haß in die üblichen Schranken der Sitte einzukleiden, lechzt er nach dem Blut seines Gegners. Er fordert ihn zum Duell heraus, fällt ihn, wenn ihm das zu umständlich und ehrenmännisch erscheint, mit dem Revolver und Bowiemesser auf der Straße an oder schießt ihn sogar hinterlistig aus der Thür seines Hauses eine Flintenkugel in den Leib. Die Furcht vor dem Gesetze hält ihn von keiner That zurück, denn in den Sklavenstaaten darf ein Gentleman nicht gehangen werden. Die kaltblütigsten und vorsätzlichen Mörder aus den höhern Klassen kommen mit einer Geld- oder kurzen Gefängnißstrafe weg. Wer diese Strafe wirklich erleidet, wird von den Genossen als Märtyrer der guten Sache verehrt. Der Zustand der Gesellschaft in den südlichen Staaten trägt selbst unter dem feinsten Theile der Gesellschaft deutliche Symptome der Wildheit an sich. Thucydides bemerkt, daß, als die Athenienser die Sitte des Waffentragens aufgaben, Humanität und Bildung unter ihnen platzgriff. So weit ist man im Süden der Union noch nicht. Die Sklavenhalter tragen fortwährend Waffen, und ihre Pistolen, Dolche und Messer scheinen mehr für Diebe und Straßenräuber geeignet als für ritterliche Cavaliere. In mehreren Staaten hat man versucht, diese Sitte, die schon sehr viel Unheil angerichtet hat, durch Strafgesetze zu beschränken, aber überall geschah es vergebens. Bewaffnet zu sein, erschien als eine Nothwendigkeit im Süden. Wie könnte der Herr seine Autorität im Falle des Widerstandes gegen seinen Sklaven behaupten? Diejenigen, welche durch die Gewalt unterjocht worden sind, müssen durch die Gewalt in ihrem Joch erhalten werden, und wenn die bewaffneten Unterjocher, in Augenblicken des Streits, zuweilen ihre Waffen gegeneinander kehren, so ist das etwas, was unter allen Waffenträgern vorkommt. Niemand kann sich wundern, daß der brutale und blutdürstige Geist, welchen das tyrannische Regiment in allen Sklavenherrschern erzeugt, oft in voller Wuth unter ihnen selbst ausbricht. Der Geläufigkeit, mit welcher sie von Mord und Todtschlag sprechen, kommt nur die

Roheit gleich, mit der sie gewöhnlich ihre Drohungen ausführen. Die Brutalität der südlichen Duelle ist seit lange notorisch, aber kein Duell kann mit jenen „rencontres" verglichen werden, von denen die südlichen Zeitungen so oft Nachricht geben. Ein Stier= oder Hahnenkampf ist nichts gegen das Zusammentreffen zweier Menschen, die, bis an die Zähne bewaffnet, sich in einer Straße, Kneipe oder dem Court=House begegnen, ihre Revolver aufeinander abschießen, dann ihre Messer ziehen, aufeinander stürzen, sich umschlingen und, indem sie niederstürzen und auf dem Boden liegen, so lange aufeinander losstechen und hacken, bis Tod, Ermüdung oder Unterwerfung des überwundenen Theils ihrem Streite ein Ende macht. Diese Scenen, welche, wenn sie überhaupt im Norden sich ereignen, nur selten und nur unter der niedrigsten Volksklasse vorkommen, sind im Süden unter den sogenannten „respectabeln Leuten" eine häufige Erscheinung. Andreas Jackson, ehemaliger Präsident der Vereinigten Staaten, und noch später als illustrious citizen angesehen, nahm an mehreren solchen Gefechten Antheil.

Die Vorsichtslosigkeit der Sklavenhalter, ihr gewöhnlichster und vielleicht größter Fehler, der sich mit ihrem Treiben verbindet, haben wir bereits erwähnt. Die Gleichgültigkeit und Rück=sichtslosigkeit, womit diese Herren ihr Geld ausgeben, ist in den Vereinigten Staaten sogar sprichwörtlich geworden. Dieser Hang zur Verschwendung wird indeß von ihnen zu einer Tugend erhoben. Verschwendung gilt bei ihnen als das Zeichen eines edelmüthigen Mannes, während sie Sparsamkeit als schmuzig und engherzig bezeichnen. Es ist aber nur zu gewiß, daß ihre scheinbare Liberalität durchaus kein höheres Gefühl des Wohlwollens in sich schließt, denn sie entspringt gewöhnlich aus dem Wunsche, irgendeine Laune des Augenblicks schnell zu befriedigen, oder, was öfter der Fall, als eine Person von Vermögen gehalten zu werden. Die Verschwendung ist eine Art, wie sie ihre sociale Überlegenheit geltend machen. Ein Pflanzer gibt ohne weiteres einige hundert Dollars für seine Unterhaltung aus, und doch verweigert er am nächsten Morgen eine Extrazulage für Schuhe einem alten Sklaven, der sein ganzes Leben lang für ihn gearbeitet hat. Man hört von keinen Acten der wirklichen Generosität im Süden. Es gibt dort keine öffentlichen Anstalten und Associationen für Zwecke der Wohlthätigkeit. Wenn in der Union Subscriptionen zu irgendeinem milden Werke eröffnet werden, fallen die Beiträge aus dem Süden sehr dürftig aus. Und das ist natürlich. Man hat berechnet, daß von zehn Sklavenhaltern sieben mehr verleben, als ihre Einnahme verstattet. Die Arbeit, welche aus=gereicht hätte, um 50 Familien bequem auszuhalten, ist nicht hinreichend, um den Comfort einer einzigen zu begründen. Männer, die im Besitze großer Güter sind, werden ihr ganzes Leben lang von Sheriffs und Gläubigern belästigt und lassen bei ihrem Tode ihre zahlreiche, in Luxus aufgezogene Familie oft in der bittersten Hülflosigkeit zurück.

Mit der Verschwendung geht natürlich der Müßiggang Hand in Hand. Es ist interessant zu sehen, wie das Sklavenwesen nicht nur auf dem ganz gewöhnlichen Wege zur Trägheit führt, sondern wie es den Sklavenhalter auch auf künstliche Weise zum Müßiggange zwingt und ver=führt. Es gibt Sklavenhalter, die sich oft gern um ihre Pflanzung kümmern möchten; auch die Trägsten und Faulsten unter ihnen verspüren manchmal plötzlich Lust, ihre Spielereien aufzu=geben und sich für etwas Ernsteres zu interessiren. In solchen Momenten gehen sie auf ihre Pflanzung. Sie wollen hier selbst den Zustand der Dinge prüfen und ihr Interesse persönlich betreiben. Die Sklaven, welche bei ihren Herren sonst nicht vorgelassen werden, benutzen diese Gelegenheit, um den Herren ihre Bitten und Beschwerden vorzutragen. Der eine beklagt sich über das, der andere über jenes, dieser zeigt seine zerrissenen Kleider, jener seine zerschundene Nase. Alle bieten ein solches Bild des Elends, daß dem Herrn darüber unwillkürlich bange wird, wie bei manchem orientalischen Sultanen, die Sorge um die Angelegenheiten seiner Sklaven sofort verleidet wird. Solche noble Anwandelungen endigen dann meistens mit einer um so größern Gleichgültigkeit.

Allen Sorgen des Geschäfts fern, wie die Sklavenhalter sind, sollte man nun meinen, sie würden ihre Aufmerksamkeit nützlichen Studien, den verbesserten Methoden des Ackerbaues, der Pflege der Poesie, der Beförderung der Künste und Wissenschaften zuwenden; das wäre aber ein Irrthum. Bücher sind im Süden eine seltene Erscheinung. Die Literatur ist unbekannt, die Wissenschaften noch mehr. Öffentliche und Privatbibliotheken gibt es nur wenige. Einige Classiker aus der Schule, ein paar alte oder neue Romane, ein Pack politischer Pamphlete, irgend=eine Sklavenzeitung, das ist der ganze geistige Vorrath, den eine Sklavenfamilie besitzt. Die Erziehung der Frauen, die im Norden der Union auf einer so hohen Stufe steht, wird im Sü=den selbst in den wohlhabendsten Familien äußerst oberflächlich betrieben. Einer großen Anzahl der südlichen Frauen fehlt sogar der Elementarunterricht. Das Lesen ist für sie ein accomplishment, mit dem sie sich nie abgegeben. Unter solchen Umständen wird man glauben, daß die ganze Gesellschaft des Südens an Langeweile leidet, und es ist keine ungewöhnliche Bemerkung, welche man von Sklavenhaltern hören kann, daß ihre Sklaven glücklicher wären als sie selbst. Um der Langeweile zu entgehen, suchen sie sich durch geselligen Verkehr zu zerstreuen. Die Gastfreundschaft, welche man so sehr vom Süden rühmt, hat darin ihre Quelle. Sie soll ein Vorzug der Südländer sein, ist aber vielmehr ein Fehler. Der Besuch, den eine Sklavenfamilie empfängt, ist für sie immer eine Wohlthat, die man ihr erweist. Und zwar ist dieselbe um so größer, je fremder der Besucher, denn der Reiz der Neuheit kommt dann zu der Beschäftigung hinzu, welche der Besuch verursacht. Das Trinken ist in den geselligen Kreisen des Südens die Hauptunterhaltung, wie es überhaupt die erste Bedingung des Verkehrs mit Südländern ist. Unter der niedrigern Klasse endet in der Regel jede gesellige Versammlung mit Besoffenheit.

Dem Trunke reiht sich ganz natürlich die Spielwuth an. Man hat viele Versuche gemacht, dieses Laster auszurotten, und es bestehen Gesetze dagegen fast in allen Staaten des Südens. Vor nicht langer Zeit wurde sogar das Lynch law dagegen in Anwendung gebracht. In Vicksburgh, einer der ersten Städte in Mississippi, versammelten sich die „respectabelsten" Personen des Orts, zerstörten einige als Spielhöllen bekannte Gast- und Privathäuser, ergriffen fünf der professionellen Spieler und hängten sie auf der Stelle. „Diese unglücklichen Männer", sagte der „Louisiana Advertiser", „verlangten bis zuletzt das Privilegium amerikanischer Bürger, das Verfahren der Jury, und erklärten sich bereit, jeder Strafe sich zu unterwerfen, welche ihr Land ihnen auferlegen würde, aber all ihr Bitten war umsonst! Den schwarzen Musikanten wurde anbefohlen aufzuspielen, und so die Stimmen der Unglücklichen von der Pfeife und Trommel übertönt. Die Opfer begehrten wiederholt einen Trunk Wasser, aber er wurde ihnen verwehrt. Die Frau des einen, halb wahnsinnig über die grausame Behandlung und Hinrichtung ihres Mannes und zitternd für ihre eigene Rettung, bat in Thränen um die Erlaubniß, den Leichnam ihres Mannes zu beerdigen; aber vergebens. Um der Volkswuth zu entgehen, war sie genöthigt, in einem offenen Nachen mit ihrem Kinde zu entfliehen. Dasselbe Los wurde jedem angedroht, der es wagen würde, die Leichname vor Ablauf von 24 Stunden herabzunehmen. Andern Morgen um 11 Uhr wurden die Gehängten ohne Särge in ein Loch neben dem Galgen geworfen." Unter den Personen, die diesem Schauspiele beiwohnten, gab es wahrscheinlich keine, die nicht selbst ein Spieler gewesen wäre. So tief und allgemein ist dieses Laster in dem Süden. Viele der ersten Redner und Politiker der Union sind diesem Laster zum Opfer gefallen. Jede kleine Stadt im Süden hat ihre Wettbahn, Billardzimmer, Farotisch und Spielhaus, der letztern oft mehrere. Das Spiel ist gegenwärtig eine Profession im Süden wie zu Casanova's Zeiten in Frankreich und Italien. Die Jünger dieser Kunst überschwemmen die Dampfschiffe, Hotels, Städte und Dörfer, immer auf der Lauer, ein Schlachtopfer zu erhaschen. Wer durch Verschwendung und Sorglosigkeit ruinirt wurde, der junge enttäuschte Erbe, dem sein liederlicher Vater nichts zurückließ, alle die aus ihrer Stellung herausgeworfen werden, sie finden kaum eine andere Gelegenheit, ihr Brot zu verdienen, als indem sie professionelle Spieler werden. Zur Profession des Spielers gehört aber, daß man verstehe, falsch zu spielen, und darum sind die meisten von ihnen nicht blos Spieler, sondern auch Schwindler. Mit der Zeit avanciren sie und werden Geldfälscher, Pferdediebe und Sklavenräuber. Sie würden ordinäre Räuberbanden organisiren, wenn nicht die Armuth des Landes sie davon zurückhielte.

Die Politik der Staats- und Nationalangelegenheiten ist der einzige Gegenstand, welcher einem südlichen Manne geistige Anregung gewährt. Das Politisiren im Süden ist aber mehr „speculativ" als praktisch. Jede Sklavenhaltergemeinde ist ihrer Natur nach „conservativ", jeder Veränderung abhold. Die südlichen Politiker geben sich oft eine lächerliche Mühe, das metaphysische System der Freiheit, welches ihre Verfassungen anerkennen, mit dem wirklichen System des Despotismus, das sie ausüben, zu versöhnen. Viele Pflanzer sind ebenso große Adepten der politischen Metaphysik, wie es einst die schottischen Bauern in der Gottesgelahrtheit waren. Obwol sie aber ihr Interesse gründlich verstehen und, wie wir gesehen haben, noch gründlicher zu vertreten wissen, so sind doch wahre staatsmännische Begriffe bei ihnen sehr selten. Ihre fähigsten Führer können nur auf den Ruhm gewandter Haarspalter und erfinderischer Sophisten Anspruch machen.

Sollen wir noch weiter die Wirkungen der Sklaverei auf die Sklaven selbst betrachten? Es ist eine bemerkenswerthe Thatsache, daß die Sklaverei, statt einen Gegensatz und eine Verschiedenheit zwischen Unterdrückern und Bedrückten zu erzeugen, vielmehr dahin wirkt, beide ein-

128 Das Sklavenwesen in Nordamerika.

ander ähnlich zu machen. Roheit, Müßiggang, Unachtsamkeit, Betrunkenheit und Spiel sind die Attribute, welche die Herren auszeichnen, und dieselben Eigenschaften treten bei den Sklaven auf. Ein Unterschied zwischen beiden besteht nur darin, daß diese Laster bei den Sklaven weniger gefährlich sind. Es kommt selten vor, daß ein Sklave einen andern mordet oder daß die Sklaven sich untereinander todt schlagen. Der Besuch von Leuten seinesgleichen ist dem Neger kein Mittel zu wüsten Zerstreuungen und tollem Treiben. Der Sklave freut sich über einen einsprechenden Schwarzen aus der Nachbarschaft wie über einen theilnehmenden Freund und Schicksalsgenossen, an dem er nach Kräften Gastfreundschaft übt, mit dem er seine Angelegenheiten bespricht und aus dessen Unterhaltung er Trost schöpft. An Festtagen, wo die Neger auf den Pflanzungen meistens eine Fleischration erhalten, kommt es öfters vor, daß sie dieselbe mit dem für die Woche zugetheilten Lebensmittelvorrath dazu verwenden, um ihre Gäste zu bewirthen und ihnen einen guten Tag zu bereiten.

Die Herren werfen den Sklaven als Hauptfehler Betrug, Falschheit und Ehrlosigkeit vor, aber dieser Vorwurf ist nicht gerechtfertigt. Handlungen dieser Art, welche Sklaven oft begehen, sind nur die nothwendigen Consequenzen des Systems und lassen sich nicht als Charaktereigenschaften bezeichnen. Der Neger ist von Natur gut, und wer ihn von jung auf human behandelt, kann auf seine Treue und Anhänglichkeit zählen. Als Beweis, daß die Sklavenherren ihre Neger zuweilen auch noch als Menschen ansehen, könnte gelten, daß das Hauptlaster der Weißen, das Spielen, auch den Sklaven erlaubt ist. Wo der Neger ein Laster annimmt, kann man immer sicher sein, daß er es von den Weißen annimmt oder wenigstens von ihnen darin unterstützt wird. So könnte sich der Diebssinn der Sklaven nicht so stark entwickelt haben, wenn es nicht im Süden eine eigene Klasse von Weißen gäbe, welche das von Sklaven auf den Pflanzungen gestohlene Korn, Baumwolle und Reis gegen Branntwein und andere Dinge eintauschte, um damit Handel trieben. Die schärfsten Gesetze, selbst das Lynchverfahren waren unmächtig, diesen Schmuggel zu verhindern.

Nur in zwei Punkten läßt sich die moralische Überlegenheit der weißen über die schwarze Rasse nicht bestreiten. Der Sklavenhalter ist muthig, der Sklave feige, die weiße Frau ist keusch, die schwarze sinnlich. Die letztere Eigenschaft hängt aber ebenfalls zum Theil mit dem System zusammen. Das Sklavenmädchen, das ohnehin nicht frei ist, erblickt in der Hingabe ihrer Reize oft ein Mittel, ihre Stellung zu erleichtern. Die Concubine des Herrn oder seines Sohnes, Aufsehers oder selbst drivers zu sein, ist eine Auszeichnung, die nicht selten vorkommt. Jedes arme Ding sehnt sich nach dieser Auszeichnung, und der Handel in Maitressen ist eine Thatsache, die im ganzen Süden, am meisten in Neuorleans betrieben wird. Es ist uns selbst ein Fall bekannt, wo eine Mutter für ihren eigenen Sohn ein schwarzes Mädchen kaufte.

An den Fortschritt der Menschheit glauben nur die, welche an dem Fortschritte selbst theilnehmen. Dem Faulen und Trägen läßt sich die Entwickelung der Geschichte nur durch comparative Verhältnisse darlegen. Daß die Sklavenstaaten der Union im Vergleich zu den freien außerordentlich zurückgeblieben, wird von allen Seiten zugestanden. Von den dreizehn Staaten, welche ursprünglich die Union gebildet haben, besteht die Sklaverei noch in sechs. In allen andern wurde sie abgeschafft. Diese alten freien Staaten, welche durch die Trennung Maines von Massachusetts und die selbständige Zulassung Vermonts auf neun sich vermehrt haben, nehmen eine Ausdehnung von ungefähr 150000 Quadratmeilen ein; der Umfang der sechs alten Sklavenstaaten ist über 200000 Quadratmeilen. Nach dem ersten Census von 1790 besaßen die erstern eine Bevölkerung von 1,908000 Seelen, von der letztern betrug 1,848000. Fünfzig Jahre später, nach dem Census von 1840, war die Zahl in den freien Staaten auf 6,760880 gestiegen, während die der Sklavenstaaten 3,826323 betrug. Der Census von 1850 zeigte in der Abtheilung der freien Staaten einen Zuwachs von 1,553834 Seelen auf; in der Section der Sklavenstaaten dagegen betrug der Zuwachs nur 713312. Ein ähnliches Verhältniß stellte sich in Rücksicht auf die Dichtigkeit der Bevölkerung heraus. In den acht freien Staaten finden wir drei große Städte, Newyork, Philadelphia und Boston, von denen die erste als die commercielle Metropolis der Union angesehen wird. Es gibt in den freien Staaten nicht weniger als zwanzig andere Städte, welche mit Raschheit anwachsen und von denen einige bald den ersten Rang mit einnehmen werden. Kleinere Orte, die 5—6000 Einwohner zählen, sind sehr zahlreich, während auf allen Punkten immer neue Ortschaften entstehen und viele der alten sich zu Städten erheben. Wie verschieden ist dagegen das Bild der Sklavenstaaten. In diesen gibt es nur eine City, welche diesen Namen verdient, und diese ist an der Grenze der freien Staaten gelegen. Baltimore, die Hauptstadt von Maryland, verdankt seine Stellung hauptsächlich der Nähe von

Pennsylvanien. In Wohlstand, Handel und öffentlichen Institutionen, in Literatur, Wissenschaft und allgemeiner Bildung steht aber Baltimore hinter jeder der drei großen Städte des Nordens zurück. Charleston ist weniger mehr als ein Waarenentrepot für die Producte des umliegenden Landes und ein Rückzugsort für die benachbarten Pflanzer vor der Ungesundheit ihrer Pflanzungen. Charleston ist während der letzten dreißig Jahre stationär geblieben, und dasselbe muß von Alessandria, Norfolk und Savannah gesagt werden. Jamestown, die ursprüngliche Hauptstadt von Virginien, hat aufgehört zu existiren, die Ruinen eines alten Kirchenthurms ist alles, was davon übrig. Williamsburg, die zweite Hauptstadt des Staats Jefferson's, ist seit lange im Verfall. Seine ganze Bedeutung verdankt Williamsburg dem alten College, das hier besteht. Richmond, die gegenwärtige Hauptstadt, bietet ein freundlicheres Bild, aber nach der Entvölkerung und Verarmung seiner Umgegend zu urtheilen, wird es bald dasselbe Schicksal erleiden. Was man in diesen Staaten Städte nennt, würde in Norden kaum als Dörfer bezeichnet werden. Zu der kleinen Zahl der Küstenstädte sind in neuerer Zeit nur wenige hinzugekommen, die, gewöhnlich an den Ufern großer Flüsse und an Landungspunkten der Dampfschiffahrt gelegen, sich mit jenen des Nordens messen können. Es sind Plätze, wo die Erzeugnisse des Landes zur Verschiffung aufgespeichert, und von wo die importirten Güter weiter versendet werden, ohne daß sich Zwischenstationen nach dem Innern des Landes finden. Sollten die Sklavenstaaten dahin gelangen, eine selbständige und isolirte Staatsverbindung zu bilden, abgeschnitten von dem Zusammenhange und Verkehr mit den freien Staaten, so kann man wol mit Grund annehmen, daß sie bald unter das Niveau der Civilisation fallen werden. In allem, was sie sind, wurden sie durch die Energie der nördlichen Staaten erhalten und fortgetragen. Fortschritt und Verbesserungen entsprangen zuerst in dem Norden, und der Süden ahmte diese nur schwach und langsam nach. Die gutgezogenen und gebildeten Männer der südlichen Staaten haben ihre Jugend in den nördlichen Schulen und Collegien zugebracht, und die Erziehungsanstalten, welche der Süden noch besitzt, werden fast ausschließlich von nördlichen oder fremden Lehrern geleitet. Der ganze Handel des Südens, soweit er in großen Transactionen besteht, lag bisher in den Händen nördlicher Kaufleute, welche diesen wichtigen Geschäftszweig besorgten, weil den Männern des Südens die dazu erforderliche Bildung, Einsicht, Ausdauer und Gewandtheit abging. Die gelehrten Professionen, wie die der Ärzte, Theologen und selbst der Rechtsgelehrten, rekrutirten sich aus dem Norden. Die Tagesblätter des Südens hatten nördliche Herausgeber, sogar die Drucklettern wurden importirt. Dasselbe war der Fall mit allen mechanischen Berufsarten, zu deren Ausübung eine gewisse Geschicklichkeit erforderlich. Südliche Eisenbahnen wurden mit nördlichen Kapitalien und von nördlichen Ingenieuren und Unternehmern gebaut. Es war bis in die neueste Zeit nicht möglich, im Süden ein großes Hotel oder Waarenmagazin zu errichten, ohne sich nicht nördlicher Baumeister und Handlanger zu bedienen. Das südliche Publikum ward, soweit es deren bedarf, mit Büchern und Zeitschriften des Nordens versehen. Wer den Süden kennt, muß sagen, daß sein Bestand nur durch einen engen und innigen Anschluß an das Wesen des Nordens denkbar ist. Getrennt vom Norden, muß die Civilisation im Süden gänzlich verfallen und Staat und Gesellschaft dem Ruin entgegengehen. Wer das leugnet, kennt entweder den Zustand des Südens nicht genauer, oder er urtheilt ohne Aufrichtigkeit und mit irgendwelcher Befangenheit. Es verdient aber auch hervorgehoben zu werden, daß diejenigen nördlichen Familien und Individuen, die nach dem Süden übersiedeln, allmählich die Gesinnungen und Gewohnheiten, die Trägheit und Unfähigkeit der südlichen Bevölkerung annehmen, unter welcher sie leben. Sie sind nicht mehr vermögend, irgendeine jener moralischen Eigenschaften, welche sie aus ihrer Heimat mitbrachten, ihren Kindern zu überliefern. Diese Kinder, nach der südlichen Schablone a1 ferzogen, werden in allem südlich. Man müßte eine beständige Infusion des nördlichen Bluts unterhalten, um die durch das Gift der Sklaverei verdorbenen Säfte des Südens immer wieder gesund zu machen.

Die Katastrophe.

Wir haben im ersten Abschnitt unserer Darstellung die gesetzgeberischen Momente in der amerikanischen Sklavenfrage bis zur letzten maßgebenden Acte, der Kansas- und Nebraska-Bill, verfolgt und nehmen nun hier den Faden wieder auf, um dem Laufe der Dinge bis zu dem Eintritt der Katastrophe von 1861 noch eine kurze Betrachtung zu widmen. Zunächst versuchen wir, den frühern Verlauf der Frage mit wenigen Worten zusammenzufassen.

Der lange verwickelte Kampf um die Negersklaverei in den Vereinigten Staaten zerlegt sich in drei große Phasen, deren erste die Zeit der Revolution und des Unabhängigkeitskampfes umfaßt, in welcher es sich um die Aufhebung oder den stillschweigenden Fortbestand der Sklaverei handelte. Diese Situation endete damit, daß die Frage als eine innere Angelegenheit der einzelnen Staaten erklärt wurde, in welche sich der Congreß nicht einzumischen habe. Die zweite Phase bezeichnet das Missouri=Compromiß mit seinen Kämpfen, durch welches bestimmt ward, daß die eine Hälfte der Union der Sklaverei und die andere der Freiheit gehören solle, sodaß es fortan im weitern Kampfe auf die Ausdehnung oder Nichtausdehnung der „eigenthümlichen Institution" ankam. Die dritte Phase des großen Kampfes begann im Jahre 1854 mit Durchsetzung der Kansas= und Nebraska=Bill, welche das Missouri=Compromiß aufhob und an die Stelle der Ausdehnung oder Nichtausdehnung der Sklaverei ganz allgemein die Frage ihrer Einführung oder Ausschließung setzte. Diese Situation führte schon wenige Jahre später zum Bruche der Union selbst und zum Bürgerkriege.

Die Entrüstung, welche die Durchführung der Kansas= und Nebraska=Bill in der Mehrzahl des amerikanischen Volks hervorrief, war sehr groß und nachhaltig. Die Acte, blos nach ihrer einfachen praktischen Anwendbarkeit betrachtet, würde zwar an sich dem Norden keine üble Position der Sklavenpartei gegenüber bereitet haben. Der Congreß konnte fortan die Sklaverei in irgendeinem Territorium oder Staate weder einführen noch zurückweisen, sondern es erhielten vielmehr die Bewohner jeden Gebiets die volle Freiheit, ihre innern Einrichtungen und damit auch die Sklavenangelegenheit nach Belieben zu regeln, vorausgesetzt, daß dabei die Unionsverfassung nicht verletzt würde, und es lag somit in der Gewalt der gegen die Ausbreitung des Sklavenwesens eingenommenen Majorität der Bevölkerung, das Aufkommen von neuen Sklavenstaaten nach eigenem Ermessen zu hindern. Allein aus diesem Gesichtspunkte betrachtete die Sklavenhalterpartei keineswegs die von ihr so schwer errungene Kansas= und Nebraska=Bill. Die Acte galt dieser Partei als das perfide Mittel, den Kampf um die Ausbreitung der Sklaverei aus den unsichern Verhandlungen des Congresses auszuschließen und dafür auf das Feld der praktischen Wirklichkeit zu verlegen, wo man durch List, Gewalt und politische Stellung das letzte Ziel, die Ausdehnung des Sklavenwesens über die ganze Union, trotz der sklavenfeindlichen Majorität des Volks zu erreichen hoffte. Die große demokratische Partei nämlich war allmählich ganz und gar der südlichen Sklavenaristokratie verfallen, und letztere beherrschte bisher nicht nur den Congreß, sondern auch seit der Präsidentschaft Pierce's, mit dessen Wahl sie 1852 ihren höchsten Triumph feierte, durch ein ihr ergebenes Beamtenthum alle Verwaltungszweige der Unionsregierung. Nachdem die Kansas= und Nebraska=Bill als Gesetz proclamirt worden, eröffnete sonach die Sklavenpartei von Missouri aus durch Grenzstrolche und andere Abenteuerer den Waffenkampf im Territorium Kansas gegen die dort aus dem Osten und Norden zahlreich angesiedelten Freistaatsmänner, um diese beiden zu verdrängen oder einzuschüchtern und das Land der Sklaverei zu unterwerfen. Offener blutiger Bürgerkrieg, Gewaltthat jeder Art, Vernichtung von Recht und Gesetz kamen in Kansas an die Tagesordnung, und der Präsident Pierce unterstützte, schützte, beschönigte diese unerhörten Frevel durch die Instructionen an seine Beamten, sowie selbst durch die Anwendung der Bundesmacht.

Diese schamlose Verhöhnung von Recht, Gesetz und Humanität zu Gunsten einer herrschsüchtigen und übermüthigen Sklavenhalteraristokratie, sowie nicht minder auch die brutalen Scenen, welche das Gesetz gegen flüchtige Sklaven in allen Staaten der Union herbeiführte, erbitterten die Majorität des amerikanischen Volks auf das heftigste, und sogar die Demokraten des Nordens, die bisher aus Parteirücksichten den Sklavenhaltern gedient, wandten sich endlich mehr und mehr von solchem Treiben mit Abscheu ab. Man begriff, daß man bei der nächsten Präsidentenwahl der die Union unterjochenden Sklavenmacht entgegentreten müsse, und es vollzog sich nun mit dieser Überzeugung in den nächsten Jahren eine Scheidung und Neubildung der politischen Parteien, die den Sklavenherren allein schon sehr gefahrdrohend wurde. Die Trümmer der frühern Whigpartei, die in der Präsidentenwahl von 1852 eine tödliche Niederlage erlitten, ein Theil der Demokraten, der sich nicht länger zum Schleppenträger der Sklavenpolitik hergeben wollte, vereinigten sich mit allen übrigen Gegnern des Sklavenwesens zu einer neuen, der sogenannten republikanischen Partei, deren Hauptgrundsatz die Bekämpfung und Beschränkung der Sklavenmacht im Bunde wurde. Vom Westen, vom Staate Wisconsin aus verbreitete sich die Partei rasch nach Norden und Osten, wo sie anfangs an dem Knownothings (dem enragirten Amerikanerthum) ein Hinderniß fand, das sie aber bald überflügelte. Zugleich suchten die Legislaturen der nördlichen Staaten den wahrhaft schändlichen Ausschreitungen in der Anwendung des Gesetzes gegen flüchtige Sklaven eine Schranke zu setzen, indem sie ge=

schärftere Gesetze zum Schutze der persönlichen Freiheit erließen. Man wollte allenthalben nicht mehr zugeben, daß die Union dem Despotismus der südlichen Sklavenhalter noch weiter verfiele. Im Februar 1856 organisirten sich die „Republikaner" für die nächste Repräsentantenwahl in Pittsburg zu einer geschlossenen Partei und hielten dann am 17. und 18. Juni in Philadelphia eine Nationalconvention ab, in welcher sie Fremont zu ihrem Präsidentschaftscandidaten aufstellten. Die Plateforme oder das Programm der Republikaner war hauptsächlich auf die Verhältnisse in Kansas gerichtet und enthielt unter andern folgende Punkte: die Sklaverei soll von allen Territorien ausgeschlossen sein; der Congreß hat das Recht und die Verpflichtung, die Sklaverei in allen Territorien des Bundes zu verbieten; der Präsident und dessen Mitschuldige sollen wegen der in Kansas an den Freistaatsmännern verübten Frevel in Anklagestand versetzt werden. Die Gegenpartei, die der Demokraten, war schon am 2. Juni in Cincinnati zu einer ähnlichen Versammlung zusammengetreten, wo sie den Sklavenfreund Buchanan zu ihrem Präsidentschaftscandidaten ernannte. Die republikanische Partei zeigte sich bereits an Zahl so stark, daß ihr Candidat Fremont augenscheinlich mehr Urwählerstimmen für sich hatte als der Candidat der Gegenpartei, aber die Einschüchterungen und Drohungen der Sklavenhalter mit Bürgerkrieg und Trennung der Union, sowie die Anwendung aller erlaubten und unerlaubten Mittel der parteiischen Bundesregierung, um den republikanischen Candidaten aus dem Felde zu schlagen, brachten es doch dahin, daß Buchanan die Electorenstimmen von 20 Staaten, Fremont dagegen nur die von 11 Staaten erhielt. So bestieg denn Buchanan, der ergebene Diener der südlichen Aristokratie, am 4. März 1857 den Präsidentenstuhl, und die Macht und die Politik der Sklavenhalter schien aufs neue befestigt.

Der Umstand, daß sich die republikanische Partei von so großer Stärke gezeigt hatte, und die Energielosigkeit seines persönlichen Charakters vermochten den neuen Präsidenten Buchanan, wenigstens anfangs mit einer gewissen Mäßigung und Gleisnerei aufzutreten, während er sich insgeheim, bald aber auch offen als der ergebenste Diener der Sklavenpartei erwies und sich auf diesem Wege schließlich das Verdienst erwarb, die ganze Angelegenheit zu einem entscheidenden und für alle verhängnißvollen Bruche zu bringen. Nur die Anhänger der südlichen Sklavenaristokratie wurden in den Regierungsämtern gelitten, und welcher Beamte den Tendenzen des Präsidenten entgegentrat, mußte einem sogenannten „gesunden" Demokraten Platz machen. In dem Territorium Kansas führte Buchanan die abscheuliche Politik seines Vorgängers fort. Alle Missethaten und Gewaltsamkeiten, welche die Grenzstrolche und andere Banden der Sklavenhalter in dem Territorium verübten, mußten die Bundesbeamten und Bundesrichter für Recht und Gesetz erklären, während die Schritte der Freistaatsmänner, die nur die Aufrechthaltung ihres Rechts bezweckten und auf Nothwehr beruhten, als Hochverrath verfolgt und behandelt wurden. Wie sogar die Gerichtshöfe seit der Präsidentschaft Pierce's unter dem Einflusse der Sklavenpartei standen, zeigte damals eine Entscheidung des Obergerichts der Vereinigten Staaten, dessen Mitglieder vom Bundespräsidenten mit Zustimmung des Senats auf Lebenszeit ernannt werden. Ein in Missouri geborener Sklave Namens Dred Scott, der vormals von seinem Herrn in den freien Staat Illinois und nach dem freien Gebiet Minesota geführt worden war, verlangte für sich und seine Familie die durch jene Überführung in freie Gebiete gesetzlich begründete Freilassung aus der Sklaverei, die ihm auch schließlich von einem Gerichtshofe Missouris zugesprochen ward, während das Obergericht dieses Staats das Urtheil cassirte und das Bezirksgericht des Bundes den Mann ohne weiteres als Eigenthum seines Herrn erklärte. Dred Scott wandte sich hierauf an das Obergericht der Vereinigten Staaten mit einem Cassationsgesuch, und dieses, statt einzig den Cassationsantrag im Auge zu behalten, gab von Rechts wegen eine Entscheidung, die sich auf die Sklavenangelegenheit im allgemeinen erstreckte und Behauptungen als Gesetzesnormen aufstellte, welche das bestehende Recht wie die Humanität mit Füßen traten und selbst die bisherigen Anmaßungen der Sklavenhalter übertrafen. Das Gericht cassirte zwar die früher ergangenen Urtheile, aber nicht weil Dred Scott für seinen Fall keinen Anspruch auf Freilassung habe, sondern überhaupt weil der Kläger ein „Neger" sei, der niemals Bürger der Union werden und niemals sein Recht bei dem Bundesgericht suchen könne. Die Abkömmlinge afrikanischer Rasse und deren Mischlinge, besagte die Sentenz, haben nimmermehr Anspruch auf das Recht der Persönlichkeit, sondern sie sind von Natur zum Eigenthum, zur Sklaverei bestimmt. Wenn auch ein Sklave in ein freies Gebiet der Union gebracht werde, so könne er doch dieses Grundes wegen niemals ein Freier werden, weil die Bundesregierung die Pflicht habe, das Eigenthum der Bürger auf jedem Gebiete, in jedem Bundesstaate zu schützen und jedes andere Verfahren gegen Recht und Gesetz laufe. Diese Sentenz ward schon vor Buchanan's Wahl geschöpft, aber erst nach dessen Amtsantritt, gleichsam zur Einweihung desselben, veröffentlicht, und der neue Präsident eignete sich auch sofort diese schmachvolle Rechtsbeugung als seine politische Norm an und erklärte im Congreß, daß er seine Beamten in allen Fällen gemäß der „Dred Scott=Entscheidung" instruiren werde. Wie die Ämter, so wurden durch Buchanan und seine Genossen auch alle einträglichen Lieferungscontracte der Regierung nur an die Freunde der Sklavenhalter vergeben, und diese Begünstigten mußten von ihrem Gewinste gewöhnlich reiche Procente wieder abgeben, um damit Wahlkosten und allerlei Bestechungen im Interesse der Sklavenhaltersache zu bestreiten. Es entwickelte sich durch solchen schändlichen Handel eine beispiellose Corruption in der Verwaltungssphäre, sodaß das Repräsentantenhaus im März 1860 sich genöthigt sah, dafür eine Untersuchungscommission niederzusetzen, deren Ermittelungen den Präsidenten persönlich aufs höchste belasteten. Indeß ließ man die gerichtliche Anklage fallen, weil der Proceß vor dem Senat geführt werden mußte, in welchem die Beschützer und Mitschuldigen Buchanan's das Wort führten. Ebenso war die äußere Politik des Präsidenten überall darauf berechnet, das Interesse der südlichen Sklavenaristokratie zu pflegen. Er richtete sein Augenmerk auf die Erwerbung von Cuba, weil die herrliche Insel die Zahl der Sklavenstaaten nur vermehren konnte. Zu gleichem Zwecke trachtete er nach Erwerbungen oder Eroberungen in Mexico und sah den Anschlägen des Abenteuerers Walker auf Centralamerika durch die Finger. Sogar der afrikanische Sklavenhandel lebte unter Buchanan's Regierung in großem Maßstabe wieder auf und wurde unter den Augen der Behörden fast ungescheut betrieben.

Im Februar 1858 legte Buchanan dem Congreß die von der Sklavenhalterpartei in Kansas ganz eigenmächtig und in unrechtmäßiger Weise angefertigte Verfassung, die sogenannte Lecompton=Constitution zum Zweck der Aufnahme des Territoriums als Staat in den Bund vor, und erklärte in Betreff dieser Vorlage in seiner Botschaft, daß sich Kansas in aller Rechtmäßigkeit zu einem Sklavenstaat constituirt habe. Der Senat nahm ohne Umstände diese Constitution an und beschloß auf Grund derselben die Aufnahme des Staates Kansas in die Union. Das Repräsentantenhaus, in welchem noch unabhängige Männer genug saßen, beschloß dagegen mit großer Majorität in Rücksicht der illegalen Umstände, unter welchen jene Verfassung zu Stande gekommen, daß das Volk von Kansas zunächst nochmals über die Lecompton=Constitution abstimmen solle. In dem Ausschusse, welcher zur Ausgleichung der Differenz aus beiden Häusern niedergesetzt wurde, kam es unter heftigen Kämpfen, Drohungen und Listen der Sklavenfreunde schließlich dahin, daß eine nochmalige Abstimmung über die Lecompton=Constitution zwar gestattet ward, aber im Falle der Annahme des Machwerks der Sklavenhalterpartei sollte die Zulassung des Territoriums als Staat mit einer Schenkung an Land von 5 Mill. Acres belohnt werden, während bei Verwerfung der Sklavereiverfassung das Territorium erst dann auf Zulassung in den Bund sollte rechnen können, wenn seine Bevölkerung auf 93340 Seelen angewachsen wäre.

Die Sklavensache beherrschte und zerrüttete alle Verhältnisse der Union, und schon in der nächsten Session sah sich der Congreß wieder in die bittersten Zänkereien verwickelt, die beinahe gar die Constituirung des Repräsentantenhauses verhindert hätten. Zunächst rief ein unerwartetes Ereigniß die höchste Parteiwuth der Sklavenhalter hervor. Ein gewisser Kapitän John Brown, ein fester und kühner Mann, der mit seiner Familie in Kansas viel von den Gewaltthaten der Sklavenmänner zu erdulden gehabt, hatte den Plan gefaßt, von Virginien aus mit gewaffneter Hand einen allgemeinen Sklavenaufstand zu erregen, durch welchen die Despotie der südlichen Aristokratie mit einem Schlage gebrochen werden sollte. Brown bemächtigte sich im October 1859 durch Überfall des Bundeszeughauses zu Harpers Ferry, aber weder Gesinnungsgenossen noch Sklaven stellten sich ein, um die gewonnenen Waffen entgegenzunehmen. Das Project mißglückte gänzlich, schon weil Brown und seine wenigen Genossen ohne Vorbereitung und in Übereilung verfuhren. Brown wurde von herbeieilenden Bundestruppen und Milizen gefangen genommen und, bei der Affaire schwer verwundet, auf einer Bahre vor das Gericht geschleppt, das ihn zum Strange verurtheilte. Unter einem Aufgebote von Tausenden von Milizen ging die Execution vor sich. Eine grenzenlose Wuth und Angst zugleich hatte sich der Sklavenhalter des Südens bemächtigt. Man glaubte und fürchtete, daß die That des kühnen Brown der Ausfluß einer Verschwörung von seiten der Republikaner gegen das Sklavenwesen sei, und forderte im Senat die Niedersetzung eines Ausschusses, welcher das Complot ermitteln sollte. Unter gegenseitigen Beschuldigungen kam dieser Ausschuß zu Stande,

Das Sklavenwesen in Nordamerika.

aber die Bemühungen desselben brachten nichts anderes ans Licht, als daß Brown ohne Wissen und Mitwirkung irgendeiner Partei gehandelt hatte. Sodann gab die Schrift eines gewissen Hinton Rowan Helper, in welcher die ganze Verderblichkeit des Sklavenwesens aufgewiesen und den südlichen Sklavenstaaten ein ökonomischer Ruin vorausgesagt wurde, im Repräsentantenhause zu langem und großem Zerwürfniß Anlaß.*) Noch vor Eröffnung des Congresses hatte der zur republikanischen Partei gehörende Abgeordnete Sherman mit 60 andern Congreßmitgliedern die Helper'sche Schrift den Gesinnungsgenossen zur Beachtung empfohlen. Nach Zusammentritt des Hauses stellte nun der Abgeordnete Clark aus Missouri den Antrag, man möge beschließen, daß ein Mann, welcher die Helper'sche Brandschrift durch Namensunterschrift empfohlen, nicht fähig sei, als Sprecher des Hauses gewählt zu werden. Die Republikaner geriethen über diese freche Zumuthung mit den demokratischen Sklavenfreunden in einen Kampf, der die Wahl des Sprechers zwei Monate hindurch verhinderte, bis endlich die Republikaner nachgaben und ein Hr. Pennington aus Neujersey zum Sprecher gewählt wurde, der die gedachte Schrift nicht mit empfohlen hatte. Aber auch damit war die Debatte über die Sklavenangelegenheit noch nicht beseitigt. Das wirkliche Volk von Kansas legte nämlich dem Congreß eine neue Staatsverfassung zur Anerkennung vor, in welcher die Sklaverei ausgeschlossen war. Die Verhandlungen darüber dauerten noch fort, als der Schluß der Congreßsession von 1860 eintrat. Erst am 28. Jan. 1861 wurde Kansas als Staat in die Union aufgenommen, und zwar ohne Sklaverei.

Inzwischen waren die Parteien schon an die Vorbereitungen zur neuen Präsidentenwahl gegangen, die diesmals der Sklavenaristokratie wenig Günstiges versprach. Der Übermuth und die Gewaltthätigkeit der Sklavenpartei in Kansas, die Corruption und die ganze Schmach der elenden Parteiregierung Buchanan's hatten die republikanische Partei an Zahl und Muth mächtig gestärkt, und man war entschlossen, der unaufhaltsam die Union unterjochenden und zerrüttenden Despotie der Sklavenhalter ein Ziel zu setzen. Die republikanische Partei trat am 16. Mai 1860 in Chicago zu einer Nationalconvention zusammen und stellte Abraham Lincoln aus Illinois, einen entschiedenen Antisklaverimann und rechtschaffenen Charakter, als Candidaten für die Präsidentenwahl auf. Ihre Plateforme enthielt diesmal im wesentlichen folgende Punkte: die Behauptung, die Bundesverfassung gestatte in den Territorien die Sklaverei, widerspricht der Verfassungsurkunde, den Erklärungen ihrer Stifter und den frühern Entscheidungen der Gesetzgeber wie der Gerichte. Die Behauptung ist eine revolutionäre und zerstört den Frieden und die Wohlfahrt der Union. Die Territorien der Vereinigten Staaten sind nach Recht und Gesetz frei, und es erheischt Pflicht und Gewissen, dieses Recht aufrecht zu erhalten und keiner Territoriallegislatur die eigenmächtige Einführung der Sklaverei in irgendeinem Gebiete zu gestatten. Der afrikanische Sklavenhandel, der gegenwärtig wieder unter der Nationalflagge und mit Beihülfe und Mißbrauch der Gerichte betrieben wird, ist ein Verbrechen gegen die Humanität und die Gesetze und Interessen der Union, und der Congreß hat die Pflicht, dieser Schmach entgegenzutreten. Das Veto der Gouverneure von Kansas und Nebraska, das sie gegen die Legislaturen dieser Territorien eingelegt, weil diese bei Entwerfung ihrer Verfassungen die Sklaverei ausschließen wollten, ist eine Verletzung der Volkssouveränität, wie sie gerade in der Kansas- und Nebraska-Bill ausgesprochen worden. Kansas hat das Recht, sofort als Staat in die Union aufgenommen zu werden, und zwar mit einer Verfassung, welche das Volk daselbst in Wirklichkeit gebilligt hat. Gegen die Knownothings enthielt diesmal das republikanische Programm die Erklärung, daß kraft der bestehenden Naturalisationsgesetze jeder eingewanderte Bürger dem im Lande geborenen gleichstehen müsse. Überdies sprachen sich die Republikaner gegen den fernern Verkauf der Staatsländereien aus; vielmehr müsse auf ein Gesetz hingewirkt werden, nach welchem jedem Ansiedler, sei er Bürger der Union oder wolle er es erst werden, 160 Acres Land von der Bundesregierung unentgeltlich zuzutheilen seien.

Die demokratische Partei trat schon am 23. April in Charleston (Südcarolina) zu einer

---

*) Diese Schrift führt den Titel: „The impending crisis of the South." Ihr Verfasser, Hinton Rowan Helper, ein Kaufmann, stammt von einer deutschen Familie (Helfer) ab, die seit langer Zeit im Süden der Union heimisch lebt. Die Schrift sollte zum Zweck der Propaganda schon im Jahre 1857 ans Licht treten, erschien jedoch in Rücksicht auf die sich entwickelnde große Geld- und Handelskrisis erst später und wurde in mehr als 120000 Exemplaren verbreitet. Die Schrift ist formlos und in gewisser Beziehung schwach, wirkt aber mächtig durch die unwiderlegbaren Zahlenverhältnisse, die der Verfasser aufstellt. Von J. Ch. H. Gittermann erschien das Buch in guter deutscher Bearbeitung unter dem Titel: „Revolution oder Abolition" (Stuttgart 1860)

Nationalconvention zusammen. Die Ereignisse in Kansas, die Dred Scott-Entscheidung, die Stellenjägerei und die greuliche Wirthschaft in der Regierungssphäre des Bundes hatten, wie bemerkt, bereits viel Abfall herbeigeführt, und eine noch größere Desertion schien zu drohen, da sich namentlich die Demokraten des Nordens nicht ferner zu bloßen Werkzeugen der Sklavenhalteraristokratie herabwürdigen lassen wollten. Der Senator Douglas aus Illinois, den Sklavenmännern ergeben, aber schlauer und klüger als die übrigen Führer, überdies leidenschaftlich nach der Präsidentschaft strebend, begriff die Gefahr einer weitern Lostrennung und stellte jetzt darum die „Volkssouveränetät" als das Zeichen auf, unter welchem sich die große demokratische Partei zu sammeln hätte. Es geschah dies ganz gemäß der Kansas- und Nebraska-Bill, die von Douglas im Grunde freilich nur zu Gunsten der Sklavenhalter zu Stande gebracht worden war. Von diesem Standpunkte aus verwarf Douglas die Gewaltsamkeiten in Kansas und die gegen den Willen der dortigen Ansiedler hergestellte Lecompton-Constitution, weil dies alles dem Princip der Volkssouveränetät entgegenstehe. Hiermit zeigten sich jedoch die „Feuerfresser" des Südens durchaus nicht einverstanden: sie verlangten völlige Unterwerfung der demokratischen Partei unter die Politik der Sklavenhalter. Nach zehntägigem Streite trennten sich die Delegirten von acht Sklavenstaaten und mehrere Abgeordnete anderer Staaten von der Versammlung, traten am 11. Juni als „südliche Fraction" in Richmond wieder zusammen und ernannten zu ihrem Präsidentschaftscandidaten John Breckinridge aus Kentucky, den damaligen Vicepräsidenten der Union, einen entschiedenen Vertreter der Sklaveninteressen. Die sogenannte „nördliche Fraction" der Demokraten, die Anhänger der „Volkssouveränetät", traten am 18. Juni in Baltimore zusammen und stellten nach achttägigem Zanke Douglas als ihren Candidaten auf. Das Programm beider Demokratenfractionen war, trotz des anscheinenden principiellen Unterschieds, ein ziemlich gleiches; in Wahrheit handelte es sich nur darum, ob die Lecompton-Constitution, in Rücksicht auf ihren schmachvollen Ursprung, vertreten werden sollte oder nicht.

Unter all diesen Verhältnissen konnte es nicht fehlen, daß Abraham Lincoln, der Präsidentschaftscandidat der großen und einigen Partei der Republikaner, die Majorität der Urwählerstimmen davontrug. Dann kam Douglas, hierauf Breckinridge. Auch in der mittelbaren Wahl erhielt Lincoln die Electorenstimmen aller freien Staaten mit Ausnahme von dreien des Staats Neujersey, im ganzen 180 Stimmen, während Breckinridge die Stimmen von 11 Sklavenstaaten, im ganzen 72 für sich hatte, Douglas aber nur jene 3 Stimmen aus Neujersey und 9 aus Missouri davontrug. Eine vierte, nur vorübergehend geschlossene Partei, die sogenannte „Unionspartei", wandte Bell aus Tennessee die Stimmen der Sklavenstaaten Kentucky, Tennessee und Virginien, im ganzen 39 Stimmen, zu. Die Republikaner hatten also mit überwiegender Majorität gesiegt, und ihr Candidat Abraham Lincoln sollte zum 4. März 1861 an Buchanan's Stelle den Präsidentenstuhl besteigen.

Mit diesem Wahlresultat war auch der Bruch der Union entschieden. Die südlichen Sklavenhalter erhoben sofort das Geschrei, daß der Norden die Interessen des Südens mit Füßen treten wolle, und daß es besser sei, aus dem Bunde zu scheiden, als unter den Händen der Abolitionisten zu Grunde zu gehen. In Wirklichkeit dachten die Republikaner, dachte niemand daran, die Rechte und Institution der Sklaverei anzutasten; aber man wollte dem frechen Treiben der Sklavenhalteraristokratie in der Union ein Ziel setzen und die Sklavenwirthschaft auf die einmal bestehenden Sklavenstaaten einschränken. In solcher Tendenz war freilich mittelbar der Sklaverei das Todesurtheil angedroht. Die Sklavenwirthschaft, wie wir oben bereits dargelegt, kann nur bestehen, indem sie sich immer neue Gebiete unterwirft, während sie in sich selbst erlöschen muß, wenn sie in festen Grenzen gehalten wird. Dies begriff die Sklavenhalteraristokratie sehr wohl, und darum schritt sie nach Lincoln's Wahl ohne Zögern zur längst angedrohten „Secession", zur Trennung vom Bunde, um fortan ihre Interessen und Ziele frei und ohne Rücksicht verfolgen zu können. Südcarolina, der „ritterliche Palmenstaat", der sich zu jeder Zeit der Rebellion geneigt gezeigt, bereitete, nachdem die Präsidentenwahl vom 6. Nov. bekannt worden, unverweilt seinen Abfall vor, und ihm folgten Georgia, Florida, Alabama, Mississippi, Louisiana und Texas. In den übrigen Sklavenstaaten zwischen Norden und Süden, den border states, war die Volksmeinung entweder schwankend oder gar getheilt, oder man hegte überhaupt keine Sympathien für den Süden und wollte die Entwickelung der Dinge abwarten. Die südliche Presse schnaubte vor Wuth, und die Sklavenfreunde veranstalteten allenthalben große Volksversammlungen, um die rohen Massen des Südens in Flammen zu setzen.

Das Sklavenwesen in Nordamerika.

Der Präsident Buchanan eröffnete inmitten der Bewegung am 3. Dec. 1860 den Congreß mit einer Botschaft, die ganz wie die Rede eines südlichen Sklavenhalters klang. Er sprach von den Gefahren, welche die Einmischung des Nordens in die Sklavenfrage des Südens für letztern habe, während sich die Sache doch gerade umgekehrt verhielt. Weitläufig setzte er dann auseinander, wie er als Präsident kein Recht und keine Macht besitze, gegen die Rebellion einzuschreiten, vielmehr müsse er der Entwickelung der Dinge zusehen. Schließlich verlangte er, zur Herstellung des Friedens, drei Amendements zur Bundesverfassung: Ausdrückliche Anerkennung des Sklaveneigenthums in den Staaten, wo Sklaverei besteht oder künftig bestehen wird; Anerkennung des Rechts der Sklavenherren auf Auslieferung ihrer in freie Staaten entflohenen Sklaven, und absolute Gültigkeit des Gesetzes gegen flüchtige Sklaven nebst ausdrücklicher Erklärung, daß alle Sondergesetze der Staaten, welche der stricten Ausführung jenes Gesetzes entgegenstehen, rechtswidrig und ungültig sein sollen; Verpflichtung, das Sklaveneigenthum auch in allen Territorien der Union zu beschützen, bis sie als Staaten mit oder ohne Sklaverei in den Bund aufgenommen worden. Diese Botschaft mit ihren Anträgen erbitterte den Norden, und stellte den Süden nicht zufrieden. Das Repräsentantenhaus setzte am 5. Dec. einen von je einem Mitgliede aus jedem Staate gebildeten Ausschuß nieder, der über die Lage der Dinge berathen, Anträge entgegennehmen und selbständige Vorschläge machen sollte. Der Ausschuß bot ganz das Bild der Zerrissenheit dar und gelangte zu keinem Ziele. Während die republikanischen Mitglieder Schutz für persönliche Freiheit verlangten, stellten die Anhänger der Sklavenstaaten Forderungen auf, deren Erfüllung die ganze Union zu einem Sklavengebiete gemacht haben würde. Das Repräsentantenhaus, in welchem die Republikaner das Übergewicht hatten, mißbilligte am 17. Dec. durch Beschluß die Secession und erklärte, daß die Wahl Lincoln's die Rebellion nicht rechtfertige, da Übelstände im Bunde nach wie vor auf dem Wege der Gesetzgebung gehoben werden könnten. Im Senat wurde unter heftigem Parteihader ebenfalls ein Ausschuß von 13 Mitgliedern niedergesetzt, der Anträge prüfen und Vorschläge machen sollte. Unter andern stellte der Senator Crittenden folgende Ausgleichungsvorschläge als Amendements zur Bundesverfassung auf: In allen Territorien nördlich von 36° 30′ nördl. Br. ist die Sklaverei verboten, südlich von dieser Linie aber als bestehend anerkannt; doch kann jedes Territorium, südlich oder nördlich, als Staat mit oder ohne Sklaverei in den Bund eintreten, ganz wie es die Staatsverfassung erlaubt. Der Congreß hat kein Recht, die Sklaverei in den Staaten aufzuheben, die sie gestatten, ebenso kein Recht, den Transport von Sklaven zu Wasser oder zu Lande aus einem in den andern Staat zu verhindern. Der Congreß soll ein Gesetz erlassen können, auf Grund dessen die Union jeden Sklaveneigenthümer in den Fällen entschädigt, wo ihm die öffentlichen Autoritäten bei Einfangung seines flüchtigen Sklaven nicht die gehörigen Dienste leisten. Die Sklavenstaaten haben ein Recht, auf die stricte Ausführung des Gesetzes gegen flüchtige Sklaven zu bringen, und der Congreß soll befugt sein, alle Gesetze der Einzelstaaten (die sogenannten Personal-liberty-bills), welche dem Sklaveneinfanggesetze entgegenstehen, als ungültig zu erklären. Diese Vorschläge wurden von vielen Gemäßigten gebilligt und empfohlen, und wiederholten sich von verschiedenen Seiten unter unwesentlichen Modificationen, aber der Ausschuß selbst brachte keinen förmlichen Antrag an den Senat zu Stande.

Inzwischen nahm die Rebellion ihren raschen Fortgang. Am 26. Dec. erklärte Südcarolina in aller Form seinen Austritt aus dem Bunde, „weil die sklavenhaltenden Staaten die Macht der Selbstregierung und des Selbstschutzes verlieren, die Union ihre Feindin werden wird". Im Januar und Februar 1861 erklärten auch Louisiana, Florida, Mississippi, Georgia, Alabama ihren förmlichen Abfall. Das Bundeseigenthum und die Forts wurden im Gebiete dieser Staaten in Beschlag genommen, die Beamten und Offiziere resignirten, die Abgeordneten verließen den Congreß. In Virginien, wo sich die Abgeordneten des östlichen Theils für, die des westlichen Theils gegen die Sklavensache und die Secession erklärten, vereinigte man sich zur Berufung eines allgemeinen Friedenscongresses zum 4. Febr. nach Washington. Der Congreß kam zu Stande; nur die Commissare der sechs abgefallenen Staaten blieben aus. Die Verhandlungen desselben führten zu Beschlüssen ähnlich denen des Senators Crittenden und wurden dem Repräsentantenhause unterbreitet, wo sie jedoch nicht mehr zur Discussion gelangten.

Am 4. Febr., zu derselben Zeit, als jener Friedenscongreß zusammentrat, vereinigten sich auch die Abgeordneten der abgefallenen Staaten in Montgomery zu einem Congreß, welcher diesen sogenannten „Conföderirten Staaten von Nordamerika" eine provisorische Constitution verlieh, die bald in eine definitive verwandelt wurde. Dieselbe unterschied sich wenig von der Unionsverfassung, nur daß das Sklavenwesen darin bevorzugt und sicher gestellt war. Südcarolina verlangte auch die Wiederherstellung des afrikanischen Sklavenhandels, man ging aber darauf nicht ein, weil man die beiden Staaten Virginien und Kentucky, deren Hauptproduction die „Negererzeugung" ist, mit zur Secession herüberziehen wollte. Am 18. Febr. ward Davis aus Mississippi als Präsident, Stephens aus Georgia als Vicepräsident des Sonderbundes eingesetzt. Letzterer erklärte hierbei ausdrücklich: „Die Sklavenfrage war die unmittelbare Ursache des Bruchs und der gegenwärtigen Revolution." Die Sprengung der Union war hiermit vollendet. Es galt jetzt ein mächtiges südliches Kriegsheer zu schaffen, um die Stellung mit Waffengewalt gegen den Norden zu behaupten.

Der Bundescongreß in Washington brachte nichts in Bezug auf die Rebellion zu Stande und ging am 4. März 1861 auseinander, weil sein Mandat abgelaufen war. Auch die Amtsperiode des Präsidenten Buchanan erreichte hiermit ihr Ende. Er hatte der Zertrümmerung der Union unthätig zugesehen, während seine Beamten und Minister, namentlich des Kriegs, der Finanzen und der Marine, verrätherischerweise soviel als möglich gethan, durch ihre Maßregeln die Machtentwickelung der Union gegen die abfälligen Sklavenstaaten zu hindern. Der neue Präsident Lincoln erklärte in seiner Antrittsadresse, daß kein Staat eigenmächtig aus dem Bunde scheiden könne, daß ein solcher Schritt ein Gewaltact gegen den Bund der Vereinigten Staaten sei. Als erster Beamter des Bundes habe er darum auch kein Recht, mit irgendeinem Staate über dessen Austritt zu verhandeln. Er werde seine Pflicht, die Integrität des Bundes aufrecht zu erhalten, erfüllen, so weit seine Gewalt reiche und das Volk die Mittel dazu bewillige. Diese äußerst maßvolle, aber doch entschiedene Ansprache fand selbst bei den Gemäßigten in den Sklavenstaaten Anklang, während sie den Führern der Secession andeutete, daß man endlich ihrem Treiben Widerstand entgegenstellen wolle. Dennoch dauerte es noch lange genug, ehe die Action eintrat. Das Cabinet des Präsidenten war zwar conform aus republikanisch Gesinnten gebildet, aber es fehlte an Mitteln zu Gewaltmaßregeln, ja selbst an der gesetzlichen Befugniß, gegen die Rebellion die Waffen zu erheben. Im Mai, als die Anstalten zur Herstellung einer starken Bundesarmee getroffen werden sollten, gingen die Sklavenstaaten Virginien, Nordcarolina, Arkansas, Tennessee zu den Secessionisten über, und Kentucky erklärte sich für neutral. Unter den schwierigsten Verhältnissen entschloß sich der Präsident, wenigstens vorläufig das Fort Sumter im Hafen von Charleston zu retten, wohin sich die kleine Bundesgarnison unter Major Anderson aus den andern Werken zurückgezogen und eingeschlossen hatte. Es war dies im Grunde ein bedeutender Schritt, denn er schloß die Frage um Krieg oder Frieden in sich. In der zweiten Hälfte des Mai verließ ein kleines Geschwader von Kriegs- und Transportschiffen den Hafen von Neuyork, um dem Fort Sumter Verstärkung, Munition und Proviant zuzuführen. Der Präsident Lincoln zeigte dem Gouverneur von Südcarolina den Zweck des Geschwaders an und auch, daß es den Befehl habe, seinen Auftrag mit Gewalt oder im Frieden zu vollziehen. Als das Geschwader vor Charleston eintraf, sah es sich jedoch durch feindliche Batterien an der Einfahrt in den Hafen gehindert, und die Rebellen hatten bereits die Beschießung des Fort Sumter begonnen, das sich am 13. April zur Capitulation genöthigt sah. Der Kanonendonner von Charleston rüttelte mit einem Schlage den ganzen Norden auf, und es begann der Bürgerkrieg im größten Maßstabe.

Wir haben den Gang der Dinge mit Absicht bis zum Eintritt des entscheidenden Kampfes verfolgt, um deutlich aufzuzeigen, wie einzig und allein die Sklavenangelegenheit den Süden zum Bruche mit dem Norden hingerissen hat. Diejenigen, welche die Secession aus andern Ursachen, z. B. aus der Erhöhung des Zolltarifs, erklären, stehen in entschiedenem Irrthum: aller Haß und alle Beschwerden des Südens beruhen in der Sklavenfrage. Die südliche Aristokratie kämpft für keine nationale Sache, nicht für die Abschüttelung eines politischen Joches, nicht für ökonomische Interessen, sondern in Wahrheit nur für die Aufrechthaltung und Verewigung ihrer Sklavendespotie, die eine Schmach für unser Jahrhundert und ein Hinderniß für die civilisatorische Entwickelung Nordamerikas ist. Welche Wendungen auch der Kampf nehme, er kann schließlich nur mit der Niederlage der Sklavensache enden. Der Süden besitzt, wie wir aufgezeigt, nicht die Mittel, um Jahre hindurch den Kampf mit den Waffen fortzusetzen, und das künstliche Feuer, welches die Sklavenhalter in den rohen Massen zu erregen gewußt haben, wird erlöschen, sobald sich Erschöpfung und Niederlagen einstellen. Der Norden dagegen ist reich an Mitteln und Menschen, er verficht eine gerechte Sache, für die das Volk Begeisterung und Opferfreudigkeit hegen kann, und Niederlagen müssen seine Energie nur steigern, seine kriegerische Organisation nur beschleunigen. Ein vollständiger Sieg des Nordens ist das Ende des Sklavenwesens, das die Geschicke der großen demokratischen Republik schon so lange beherrscht und gestört hat. Ein Vergleich auf halbem Wege aber wird wenigstens die Beschränkung der Sklaverei auf die Südstaaten mit sich führen, und schon in diesem Falle ist der Untergang des Sklavenwesens nur noch eine Frage der Zeit.

Bettino Ricásoli,
italienischer Staatsmann.

Die Familie Ricásoli gehört einem alten toscanischen Rittergeschlecht an, das ursprünglich der Lombardei entstammt sein soll. In der ersten Hälfte des 11. Jahrhunderts kommen in den toscanischen Provinzen Mugello und Chianti zuerst die Mitglieder dieses Geschlechts in Urkunden vor. Ihr früherer Name war Firidolfi (de filiis Rudolphi); später nannten sie sich nach einem ihrer Schlösser Ricásoli. Im 13. Jahrhundert erst finden sich die Ricásoli in Florenz selbst vor, viel später aber, im 15. Jahrhundert, treten sie hier als wirklich eingebürgert und amtsfähig auf. Das Geschlecht zählt unter seinen Mitgliedern eine Menge von Kriegsleuten, Kirchenmännern, Gerichts- und Verwaltungsbeamten, Johanniter- und Stephansrittern, die in der stürmischen Geschichte der Republik bald der Guelfen-, bald der Ghibellinenpartei angehören. Jedoch erst im 16. Jahrhundert hat das Geschlecht eine bedeutende historische Persönlichkeit in dem Giovanni Batista Ricásoli (geb. 1504), Bischof von Cortona und Pistoja, aufzuweisen, der sich durch seine vielfache diplomatische Thätigkeit an den europäischen Höfen hervorgethan hat. Der Herzog Cosmus I. schickte ihn unter andern auch an den Hof König Heinrich's II. nach Frankreich, wo er die florentinischen Emigranten, Piero Strozzi und andere irgendwie und, wenn nicht anders, durch Gift aus dem Wege schaffen sollte. Der französische Hof schlug dies aber dem Gesandten ab, und der „Bischof mit dem Giftfläschchen", wie man ihn zu nennen pflegte, mußte unverrichteter Sache wieder abziehen. Auch verschiedene Gelehrte und Schriftsteller hat das Geschlecht hervorgebracht. Ein Ricásoli lebt als eifriges und angesehenes Mitglied des Jesuitenordens und war lange Zeit der Secretär des Ordensgenerals Roothaan.*) Ein Vetter von diesem ist Bettino Ricásoli, welcher nach dem Grafen Cavour zu Turin an die Spitze des Ministeriums trat, und mit dessen Leben wir uns hier näher beschäftigen wollen.

Bettino Ricásoli, Baron della Trappola, wurde am 9. März 1809 zu Florenz geboren und erhielt eine gute Erziehung. Sämmtliche Ricásoli zeichnen sich durch ein strenges, energisches und unbeugsames Wesen aus, und auch die Erscheinung des Barons Bettino, eine große hagere Figur mit aufrecht stolzer Haltung und ernsten, aristokratischen Gesichtszügen, zeigt diesen Charakter auf. Er heirathete ein edles Fräulein aus der Familie Buonaccorsi, mit der er die ersten Wochen nach der Hochzeit in Florenz verlebte. Ein rauschendes Fest drängte das andere, denn der stolze Baron hielt es für angemessen, mitunter dem Reichthum seines Hauses mit Glanz zu entfalten. Da schien es ihm aber eines Tages, als ob die schöne jugendliche Gestalt seiner Gattin noch andere Anbeter fände, und noch in derselben Nacht reiste er mit ihr ab auf sein altes Schloß Broglio, das im Mittelpunkte seiner Güter in der Gegend von Chianti gelegen ist. Dieses Schloß ist ein wohlerhaltenes und merkwürdiges Überbleibsel des Mittelalters, mit Thürmen, Gräben, Zugbrücken und Zinnen versehen. Die Rüstungen der alten Barone sind in den Sälen der Reihe nach aufgestellt. Kein Stein ist aus dem alten Gemäuer gefallen; die Gräben und Wälle sind unversehrt; in den Ketten der Zugbrücke ist kein verrostetes Glied; in den Thoren und Gattern fehlt kein Nagel. Wenn auch keine geharnischten Männer, so bewachen doch furchtbare englische Bulldoggen die Pforten der alten Burg. Hinter den hohen Mauern Broglios vergrub Ricásoli sein junges Weib neun Jahre lang vor der Welt. Nach dieser Zeit, die vielleicht eine neunjährige Gefangenschaft genannt werden konnte, starb sie und hinterließ ihm eine einzige Tochter, die später einen ihrer Verwandten geheirathet hat. Da das politische Leben dem geistbegabten Baron Bettino keine würdige Laufbahn bot, so widmete er sich auf seinen Besitzungen

---

*) Vgl. Luigi Passarini's aus den florentinischen Archiven geschöpfte Schrift: „Genealogia a storia della famiglia Ricasoli" (mit Stammtafeln, Florenz 1861).

viele Jahre hindurch mit Eifer der Landwirthschaft. Bald auf Reisen, bald auf seinem Schloß, beschäftigte er sich auch viel mit Nationalökonomie. Er führte auf seinen Gütern neue Culturmethoden ein, verbesserte die Rassen seines Viehstandes und half seinen Pächtern ihre Vermögensumstände aufrichten. Der toscanische Adel, von seinem Beispiel ergriffen, begann den Ackerbau als Modesache ebenfalls mit Vorliebe zu betreiben. Der Baron aber sah in dieser Beschäftigung den unter damaligen Verhältnissen einzig denkbaren gesellschaftlichen Fortschritt. Für seine vorzüglichen Weine von Chianti erhielt er auf der pariser Ausstellung die Preismedaille und das Kreuz der Ehrenlegion, und seine zahlreichen gemeinnützigen Denkschriften trugen ihm auch in weitern Kreisen Achtung und Anerkennung ein. Sein Thätigkeitstrieb und die in ihm sich regende Arbeitskraft traten in diesem Wirkungskreise überall mächtig hervor. In dem großen Saale seines Schlosses Broglio hielt er sogar in Person am Sonntage seinen Bauern das Gebet, während ihm der Kaplan zur Seite stehen mußte.

Als im Jahre 1847 das politische Leben Italiens erwachte, richtete der Baron Ricásoli endlich auch seinen Blick auf dieses Gebiet, von dem er sich bisher mit Absicht fern gehalten hatte. Er verfaßte damals unter dem Titel „Factum" eine Denkschrift, in welcher er die politische Lage Toscanas auseinandersetzte und „monarchische Institutionen im Geiste der Zeit" forderte. Großherzog Leopold nahm ihm das nicht übel, sah vielmehr in ihm einen Vertheidiger des Throns der öffentlichen Stimmung damaliger Zeit gegenüber, die ein über monarchische Institutionen hinausliegendes Ziel erstrebte. Der Großherzog hielt es daher für angemessen, ihn in das politische Leben hineinzuziehen, und ernannte ihn zum Gonfaloniere (Bürgermeister) von Florenz. Bald darauf erhielt der Baron auch eine diplomatische Mission. Als nämlich Toscana Oesterreich und Modena rücksichtlich der Cession des Fürstenthums Lucca nicht einig werden konnten, sandte ihn Leopold II., der den König Karl Albert zum Schiedsrichter erwählt hatte, nach Turin, wo sich Ricásoli seines Mandats mit Erfolg entledigte. Inzwischen aber brach die Revolution aus.

Welch ein Feld bot sich da dem nach bedeutender Thätigkeit dürstenden Baron Ricásoli dar, der, obgleich durch und durch Grandseigneur, doch viel zu gescheidt war, um nicht den Fortschritt als nothwendig und unabweisbar zu erkennen. Er gründete mit Salvagnoli und Lambruschini das Journal „La Patria", dessen Programm sich in dem Rufe „Fuori i barbari!" (hinaus mit den Fremden) aussprach. In dieser Zeitschrift erklärte er sich für die italienische Einheit, für eine nationale Monarchie und wollte den Papst ebenso wie die Kroaten aus Italien ausgewiesen wissen. Viele nannten seine Ansichten Utopien. Die Ultraliberalen aber glaubten in ihm ihren Mann gefunden zu haben. Die Republikaner Montanelli und Guerrazzi boten ihm die Hand, um mit ihm in Gemeinschaft die Republik zu begründen. Baron Ricásoli hätte damals der Fiesco von Florenz werden können. Ein solches Bündniß ging er aber doch nicht ein; es wäre dies zu sehr gegen seine aristokratischen Gefühle gewesen. Vielmehr nahm er seine Entlassung als Gonfaloniere von Florenz und wies jede Betheiligung an der demokratischen Regierung zurück. Die Wogen der Volksherrschaft gingen ihm zu hoch, er fühlte sich nicht als Neptun, um sie zu beherrschen, und sehnte sich wieder nach der schwülen Meeresstille unter Leopold II. zurück.

Als nach dem Siege Oesterreichs über die Waffen Piemonts die österreichischen Truppen und mit ihnen die Reaction in die Hauptstädte Italiens wieder einzogen, that Ricásoli seinen Gefühlen keinen Zwang an. Er ward Mitglied der am 12. April 1849 in Florenz zusammentretenden Regierungscommission der constitutionellen Partei, die an den Großherzog eine Deputation nach Gaeta abschickte, um dessen Rückkehr zu erbitten. Ob diese Herren damals im Ernst gemeint hatten, den „constitutionellen" Herrscher zur Rückkehr einzuladen, mag dahingestellt sein; in der That aber kehrte der Großherzog als absoluter Herr von Toscana zurück und seine Beschützer, die Oesterreicher, stellten sich ebenfalls ein. Dies letztere überzeugte Ricásoli freilich sofort, daß für ihn nichts mehr zu hoffen sei. Er hatte den Wahlspruch „Fuori i barbari!" zu dem seinen gemacht und konnte jetzt nicht mit der österreichischen Besatzung zugleich Florenz bewohnen. Der Baron zog sich darum grollend auf seine Burg Broglio zurück. Es heißt, daß Leopold II. ihm vorher Versprechungen gemacht habe, welche er aber nie zu halten gedacht habe. Auf alle Fälle muß der Großherzog damals den Baron Ricásoli schwer beleidigt haben, denn dieser schickte ihm nicht nur seine Decorationen zurück, sondern schwur ihm auch von diesem Augenblicke an tödliche Feindschaft, und er war kein säumiger Feind. Sehr bald fand sich eine gute Gelegenheit, den Großherzog gründlich bloßzustellen. Dieser nämlich, um seinen Finanzen aufzuhelfen, erhob von seinen Unterthanen große Summen Geldes unter dem Titel, daß man die Maremmen aus=